Ludwig Hohl

Herausgegeben von Johannes Beringer

suhrkamp taschenbuch materialien

Suhrkamp

suhrkamp taschenbuch 2007
Erste Auflage 1981

Suhrkamp Taschenbuch Verlag

Satz und Druck: Georg Wagner, Nördlingen
Umschlag nach Entwürfen
von Willy Fleckhaus
und Rolf Staudt

suhrkamp taschenbuch 2007

Mit seltener Konsequenz ist Ludwig Hohl dem nachgekommen, was er als seine Berufung wahrnahm – dem Schreiben. Er hat sich nicht dazu hergeben können, aus seiner Tätigkeit einen Beruf zu machen; zugleich hat er sich geweigert, vor der Höhe und Schwierigkeit der Aufgabe abzudanken und in eine Nebentätigkeit auszuweichen. Den Bedingungen der Mittellosigkeit sich aussetzend, hat er aus Öde und Isolation sich herausgeschrieben: indem er Unmittelbarkeit herstellte und der Sache folgte, blieb er so auch sich selbst treu.

Ungewöhnlich und anachronistisch mutet eine solche Haltung heute wie vor vierzig Jahren an. Sie ist es nicht, wenn ein Schriftsteller ein wirklicher Schriftsteller sein will. An Hohls Beispiel ist zu sehen, wie einer das – gegen Zeit und Umstände, in denen er lebte – geschafft hat. Etwas vom Wunder dieses Überlebens hat Hohls Existenz bis zu seinem Tod umgeben. »Die wahren Schriften: sie geben dem Leben nicht recht; aber das Leben wird ihnen recht geben.«

Der Band stellt die wichtigsten Aufsätze, Rezensionen und Berichte über Hohl aus einem Zeitraum von vierzig Jahren wieder vor. Eine sorgfältig erarbeitete Bibliographie weist neben den Sekundärtexten erstmals den Umfang von Hohls langjähriger ›Zeitungsarbeit‹ auf.

Inhalt

I.

Albin Zollinger
Nuancen und Details 11

Konrad Bänninger
Rechtfertigung des Künstlers.
Zu Ludwig Hohls *Nuancen und Details* 13

Max Frisch
Vom Arbeiten 17

A. Dubach
Nächtlicher Weg 23

Carl Seelig
Ein bedeutendes Schweizerbuch 26

Armin Mohler
Die Notizen oder Von der unvoreiligen Versöhnung . . 29

Carl Seelig
Ludwig Hohl und sein Hauptwerk 32

Werner Weber
Im Zeichen der Spirale. Zu Ludwig Hohls *Notizen* . . . 37

Hugo Loetscher
Ludwig Hohl: *Notizen* 41

André Chalier
Ludwig Hohl und die Lage des Schriftstellers 44

Alexander J. Seiler
Das Kleinste und das Größte.
Zum Werk des Schweizer Zeitgenossen Ludwig Hohl 47

Walter Weideli
Hohl zur Einführung 59

Max Frisch
Über Ludwig Hohl 65

Helmut Heißenbüttel
Zu Ludwig Hohls *Nuancen und Details* 66

Walter Hilsbecher
Das Leben bedeutender. Zu Ludwig Hohls *Nuancen und Details* 73

Karl Krolow
Daß fast alles anders ist 78

Chris Bezzel
Einzelheiten, alt und neu. Zu *Daß fast alles anders ist* . . 80

Eva Friedrich
Daß fast alles anders ist 82

Michael Guttenbrunner
Ludwig Hohl 86

Otto F. Walter
Wenn ich Ludwig Hohl lese 89

Peter Bichsel
Der große Untalentierte 92

Hans Saner
Berggang als Chiffre menschlicher Existenz 95

Nicolas Born
Vom Nächtlichen Weg zur Bergfahrt 98

Robert Mächler
Zu einigen Gedanken Ludwig Hohls 103

Hans J. Fröhlich
Lese-Arbeit. Ludwig Hohls Essays zur Literatur 107

II.

Kurt Müller
Erinnerung und Dank an Ludwig Hohl 113

Georges-G. Schoder
Auf Ludwig Hohls Seite 115

Carl Seelig
Ein Abend mit Ludwig Hohl 118

Jürg F. Federspiel
Fragment und Genie à bâtons rompus 120

Roger Montandon
In Erinnerung geblieben 125

Richard Garzarolli
Bei Ludwig Hohl 128

Adolf Muschg
Ludwig Hohl: Schreiben als Forschung 130

Alexander J. Seiler
Klein sein müssen, um groß sein zu dürfen 134

Christoph Geiser
». . . und das einzelne wurde gewaltig«.
Begegnung mit Ludwig Hohl 138

Adolf Muschg
Laudatio auf Ludwig Hohl 147

Alexander J. Seiler
Unversöhnlich fragend nach dem Sinn.
Zum Tod von Ludwig Hohl 154

Hans Saner
Rede am Tag der Beerdigung 158

III.

Traugott Vogel
Würde und Unwürde der Armut. Über Ludwig Hohl . 163

IV.

Mani Matter
Aus den *Sudelheften* 189

V.

Johannes Beringer
Gebirge ist, was sich erhebt.
Bemerkungen zu Ludwig Hohls
›Zeitungsarbeit‹ und zur Bibliographie 209

Verzeichnis der Veröffentlichungen von und über
Ludwig Hohl. Bibliographie 1923-1980 217

I.

Albin Zollinger
Nuancen und Details

»– Endlich verstand ich (und plötzlich), was meistens der Grund davon ist, daß man nicht einschlafen kann: man hat keine Träume bereit.« In so einem Satz mit allem Drum und Dran liegt die ganze Art dieses Autors beschlossen. Der Gedankenstrich zu Anfang weist auf Verträumtheit eines Dichters ebenso wie auf Genauigkeit des Denkers, er deutet das Auftauchen aus unendlichen Zusammenhängen, er deutet das Vorausgegangene, die Gänze dieser Fragmente, aber auch etwas wie Jubel der Erkenntnis »(und plötzlich)« an; die beiden »endlich« und »plötzlich« spannen ganz in der Beiläufigkeit einen Bogen von Beziehung im Wesen des Erkenntnismäßigen – denn von diesem handelt das Büchlein –, aber der Aphorismus selbst: von welch befreiender Grazie der Richtigkeit und wie dichterisch hintergründig ist sein Gedanke!

So ist alles in diesem ungewöhnlichen Bändchen schauender Betrachtung: langsam dahergesagt, aus Einsichten der Unbestechlichkeit gefolgert, scheinbar gewichtlos, scheinbar nichtig und plötzlich voll Tiefe eines unbewegten Teiches, eigentümliche Legierung von »Philosophie« und »Poesie«, doch ohne eine Spur des Bastardischen, nicht systematisch, sondern organisch, von der Systematik des Organischen. Wie der Dichter, ob er von Großem, von Kleinem spreche, von Gestirnen oder »Utensilien«, immer spricht er vom Ganzen. Immer spricht er vom Gewordenen in Anfeindung des Gemachten. Ausschließlichkeit des Liebenden, Hartnäckigkeit des Gläubigen, Strenge des Wissenden ist in allen diesen asketisch gearbeiteten Sätzen. Wir wollen niemand etwas darüber weismachen: Reiselektüre ist das keine (oder dann ist sie es *sehr*!), Schnickschnack für Gefangene des Betriebes ist es nicht; dieser Prediger ist weder liebenswürdig noch entgegenkommend, er hat keinen Gott außer dem Geist der Wahrheit, dem er dient, um den er sich bemüht; er macht es dem Leser so wenig wie sich selber leicht. Wem es klar wird, daß er es da nicht mit Ungastlichkeit eines Kauzes, sondern mit dem Ernst einer Sache zu tun hat, gelangt zu der Willigkeit, den Spekulationen nachzugehen, Kredit aus Weitherzigkeit der Achtung und das Recht auf Wagnisse der Konsequenz zu gewähren. Die Rücksichtslosigkeit des Zuendedenkens, die Eigenart des Sehens, die Zwanglosigkeit, aus einer originalen Position heraus am Gewohnten vorbeizudenken, sind Merkmale, die diesem Büchlein das Signum der Außerordentlichkeit verleihen. Es wird wenige, aber wertvolle Leser und Liebhaber finden, es legt den Grundstein zu einem Œuvre, das langsam wachsen und eines Tages mit imponierenden, unverrückbaren Proportionen als etwas Einmaliges im schweizerischen Schrifttum dastehen wird. Es hat den im Tempo und in der Nachhaltigkeit ausdauernden Sieg des Wesenhaften in sich. Ludwig Hohl wird jenen eigenartigen »Ruhm in der Unbekanntheit« haben, der in die Tiefe, nicht in die Breite geht.

(*Der öffentliche Dienst*, Zürich, 23. 6. 1939)

Konrad Bänninger
Rechtfertigung des Künstlers

Zu Ludwig Hohls *Nuancen und Details*

Muß es immer noch sein? Drängt die gleichmütig-gleichgültige Welt immer noch den Künstler, den Dichter in die Enge, so daß er nicht bloß schaffen und das Geschaffene darbringen kann, muß er es immer noch beweisen, daß es auch etwas ist, daß es zuverlässig ist, Fülle des innern Lebens, die sich im Wort gestaltet? Sind in der vordersten Front, wo das Neue erkämpft wird, keine anderen Verteidiger als er selbst? – Es ist ja oft so, Genießende sind undankbar und launisch wie Kinder, was man erhält, wird ergriffen und verzehrt, aber auch weggeworfen – da man es uns gibt, was wird Besonderes daran sein?

Durch *Hohls* Reflexionen geht wie ein bitterer Stich diese Lehre vom Gegenspieler des Künstlers, wie soll man ihn bloß nennen? Es wird wohl der Philister sein, den einst die Studenten haßten, er ruht sich in der Routine aus, er macht Vorgemachtes nach – vielleicht auch gar nichts, wie bei Hohl das weibliche Gegenstück zu Hebels geheiltem Patienten; aber Hohl ist grausamer als Hebel, seine Patientin wird nicht geheilt, sie lügt sich an der Arbeit, an der wirklichen Lebendigkeit vorbei. Ihr männlicher Partner tut noch allerhand, aber er ist der Blasierte, der fade Schmunzelnde, der wohl genießen, aber nur ja sich nicht begeistern oder erschüttern lassen will. Er glaubt nicht an das Neue, oder wenn es kommt, sieht er es nicht . . . Es ist der Epimetheus-Typ Spittelers! Nur nichts wagen, wozu denn auch?

Der Künstler aber, wie lebt er? Wie spricht er? (und alle Erforscher, Entdecker, Pioniere müßten ebenso reden):

»Faulheit wird meistens als eine kleine Sache betrachtet, als ein Übel, aber als ungefährlich, das geringste unter den Lastern. Sie ist das Schrecklichste. Ein verheerendes Übel, das verheerendste . . . Verheert sind die Zustände deines Lebens verglichen mit dem, was sie hätten *werden können* . . .«

»Mysterium der Arbeit: Alles nach und nach zu erreichen, *was gar nicht berechenbar war.*«

»Prinzip der Arbeit: Daß man überall hinansteigen kann. (– daß man alles, nur mit Zeitunterschieden, bewältigen kann . . .)«

»Arbeiten und Gebirge. Wie die in die Nacht Steigenden sind wir. (Wie die das Gebirge Hinansteigenden bei Nacht und Nebel . . .)«

Es ist nicht Vermessenheit, die so spricht, sondern eben die besondere Erfahrung eines, der sucht, der die Ruhe und Routine nicht erträgt; zufällig ist es ein Künstler, es könnte auch ein anderer Geist sein, der vorwärts drängt.

»Beim Aufbauen des Künstlers . . . ist immer etwas neu.« ». . . wo nicht Neues ist, da ist nicht Kunst.« ». . . zu Zeiten muß jeder den Schritt über jenen Ort hin tun, wo *alles*, momentweise, in Frage gestellt ist . . .«

Unsere Einsicht in das, was Hohl hier meint, was die *Arbeit* ist, die er so nennt, wird noch geschärft durch die Beziehung zum Wachstum! Ich zeige von diesem Gedankengang nur einige Stufen:

»Arbeit ist nur ein willkürliches Übereinstimmen mit dem Wachstum . . .« »Wir wachsen in die Dinge hinein. Was ist Arbeit? Ein bewußtes, ein willkürliches Fördern dieses Hineinwachsens . . .« Arbeit also willentliche Steigerung unser selbst! –

Dies sind einige der wichtigsten Positionen von Hohls *Arbeitsphilosophie*. Seine Abrechnung mit dem Gegenspieler war scharf und radikal – aber er gibt in reichem Maße dafür das eigene Leben in unsere Hand. Er ist kein Spötter von Natur, sondern aus Not, und in einer Art ärztlicher Funktion. Kein Wunder, daß eine seiner tiefsten Betrachtungen von der *Rettung* handelt. Aufrüttelnder, Pochender gibt es in dem Band auf mancher Seite. Aber Hohl macht es uns nicht leicht. Wie ein Warnungssignal steht Schwierigstes gleich auf der ersten Zeile! Nur wer sich vom Kobold nicht necken läßt, gewinnt sicheren Boden. Bis zum nächsten scharfen Riß!

Von der Mitte aus, den Kernsätzen über die Arbeit, als einem schöpferischen Kampf um das Neue, zweigen andere mannigfacher Art ab. Einfachere, aber willkommen kluge und feine Worte über schriftstellerische Disziplin, über das »Schreib-Arbeiten«, wie er an einer Stelle bezeichnend sagt: schwerere, aber doch von seherischer Klarheit, sind da, die man einer allgemeinen Ethik, der totalen Hygiene zurechnen kann, etwa dieses:

». . . Und dies ist die Frage: Ob einer der Harmonie des

Kleineren die des Größeren opfert, oder der des Größeren die des Kleineren ... Die Beantwortung der Frage entscheidet über den Wert des Menschen ...«

Oder diese tiefsinnige kleine Geschichte vom *Ernst*: eine Novelle in fünf Zeilen!

»Ein Mann sagte öfters: ›Es ist mir nicht Ernst. Es ist noch nicht Ernst‹. Plötzlich stürzten die Boten herein. ›Die Schlacht ist entschieden‹, riefen sie. ›Du hast verloren‹. Er stand erstarrt, verdummt – und ob er allmählich begriff – nicht einmal darum kümmerte man sich mehr.«

Wer liest nicht hier etwas für sich heraus? Wen erinnert nicht dieses Wort an Zustände unserer eigensten Zeit? Hohl ist kein bequemer Mahner, aber das ist es ja, was er wie Sumpfgewässer scheut! Er kann ungemein schroff sein, aber diese Schroffheit steht auf tieferen Einsichten, als sie die Getadelten haben: Etwa wenn er die »verschwendenden Armen« gegen eine *Richterin* verteidigt oder wenn er die Nichtstuer geißelt, die ihr Leben in der Apparatur des Luxus vertändeln. Ebenso kann er wieder aufsteigen zur Bescheidenheit, die weiß, »daß wir nicht für das Vollkommene ... bestimmt sind, daß es aber darauf ankommt, unser Möglichstes, das Richtige zu tun ...«, und er kann, seiner Lehre von der Arbeit getreu, uns über die *Liebe*, wie *er* sie versteht, von seinem Schönsten sagen.

»*Liebe ist gewaltige Kraft.*« »Liebe ist die dich in Leben, in Tun und Sehen verwandelnde.« »Liebe ist nicht der sanfte Hirte, sondern der dich gebieterisch in immer mehr Dinge Treibende ...«, und wenn wir im Schiffe fahren, heißt es »*Liebe war, daß es fuhr.*« In solchen Worten gipfelt die Weisheit des Tätigen.

Hohls Fragmente, die doch letzten Endes ein Ganzes bilden und im einzelnen ganz sind gleich funkelnden Kristallen, sind Gedanken am Rande einer von uns erahnten reichen, künstlerischen Existenz; sie sind nicht eitel um ihrer selbst willen geschrieben worden, sondern gleichsam Sturzwellen drängenden Schaffens, sie steigen aus der Nacht der Arbeit, sie sind Rufe des Einsamen an sich selbst, sie verhehlen nicht seine innerste und manchmal (aber nur blitzartig) die äußere Not, das Wort vom Hunger fehlt nicht in diesem Buche, und vom kalten Bette – sie werden aber Allgemeingut durch die Wucht und die Echtheit der Prägung, die überall den stolzen Meister des Wortes verrät, der Schwerstem gewachsen ist. – Manchmal steigt er, wenn es sein muß, aus den rationellen Bezirken in tiefere hinab, es brechen Worte auf, die an die Rätsel in *Rimbauds* Jünglings-Prosa erinnern und doch wieder nur von Hohl gesagt werden können; wie etwa dieses, das letzte, das wir nennen, wo er gleichsam vor dem Schicksal auf der Lauer liegt, daß es ihn nicht übertölple:

»Gefahr. Furchtsam achtzugeben gilt es auf die erweichende, tröstende, einschläfernde Wirkung des Vordergrundes.«

Und dieses, die Not alles Lebens erschauende:

»Irgendwo ... Sie rennen und rennen –, die Pferde, dem Morgen entgegen, und wissen nicht: jetzt *ward* es Morgen.«

Ich möchte diese dunklern Schichten in Hohls Prosa nicht missen, all das ist ja nicht erkünstelt, sondern gesehen und erlitten. Die Summe des Ganzen ist beträchtlich, sie rührt an die Schultern der *Weisheit*, der Hohl selber in einem Stück ehrfürchtige Worte widmet. Bedenkt man, daß er uns im letzten Jahr den *Nächtlichen Weg* (Maß und Wert, Novemberheft 1938), eine Novelle gebracht hat, die so menschlich ergreifend als sprachmächtig ist, und jetzt diese schwere Fracht von Betrachtungen, so schulden wir ihm respektvollen Dank! Wahrhaftig, hier ist wieder einmal ein Künstler sowohl durch sein kämpferisches, als das rein gestaltende und seherische Wort gerechtfertigt, es kann ihm nicht mehr genommen werden, und doch gehört es allen andern.

(*Neue Zürcher Zeitung*, 27. 8. 1939)

Max Frisch
Vom Arbeiten

»Alles, was wir handeln, muß, wenn es Wert haben soll, vom Betrachtungspunkt der Kürze unseres Lebens aus gehandelt sein. Stehen wir nicht da, so werden wir, auch wenn wir scheinbar tätig sein sollten (äußere Gewalten treiben uns zumeist zu einer scheinbaren Tätigkeit und lassen uns ihr nicht mehr entrinnen), vorwiegend in immerwährender *Erwartung* leben; stehst du aber da, so willst du vor allem anderen selber rasch noch etwas *tun* (– und mit einem ganz anderen Ernste, als jenes Tun geschieht, in dem dich fremde, äußere Mächte gefangen halten). Es ist aber etwas tun und solches Tun – eigenes Tun, zu dem dich nicht fremde äußere, sondern innere Gewalten nötigen – das einzige, was Leben gibt, was retten kann. *Solches* Tun nenne ich Arbeiten.«

Beim selben Verfasser hieß es schon einmal in einem früheren Werk, das sich – damals noch ohne thematische Konsequenz, aber mit ebensolcher Kunst des Aphorismus – um den Begriffe der Kunst, der Arbeit, der Wahrhaftigkeit, der wichtigen und unwichtigen Dinge bemühte:

»Arbeit ist immer ein Inneres; und immer muß sie nach einem Außen gerichtet sein. Tätigkeit, die nicht nach einem Außen gerichtet ist, ist keine Arbeit; Tätigkeit, die nicht ein inneres Geschehen ist, ist keine Arbeit ... Wenn es sich aber um innerliche Stoffe, innere Gebiete der Arbeit handelt? Dann immer nach dem relativen Außen, in diesem Innern wieder dem Außen: So ist das Klare dem Unklaren gegenüber ein Außen, der Gedanke der Ahnung gegenüber, das gesprochene Wort dem Gedanken gegenüber.«

Oder:

»Hindern dich die Umstände an der Entfaltung einer Tätigkeit? Dann wirke auf die Änderung der Umstände hin und du hast darin deine Tätigkeit.«

Worte wie die letzten sind nicht selten, sie sind nicht mehr Spiel der Erkenntnis, sondern Ratschläge: sie möchten helfen, die Rettung zeigen. Das aber ist, bei aller Schärfe des Wortes, der

Herzton, der uns mehr als aller Scharfsinn aufhorchen läßt und mit dem Scharfsinn versöhnt – es ist die Stimme eines Gefährdeten, der sich über die Chance, daß uns geholfen werden kann, keinen schwärmerischen Täuschungen hingibt.

»Ob der Wille, zu retten, so groß sei, daß er genügt, das ist die Frage. Die erste und die größte Frage. Du fragst wieder: wozu genügt? Dann genügt er eben bei dir noch nicht.«

Zum Thema der Arbeit:

»Man darf nicht enden, darauf aufmerksam zu machen, daß die meisten Menschen sich vor dem Arbeiten flüchten nicht in die Faulheit – nicht in die apparente Faulheit –, sondern in eine total tote Beschäftigung; nicht in die Bewegungslosigkeit . . . die wahre heutige Faulheit besteht in einer toten Bewegung.«

Der unermüdliche Ernst, der hier dem Begriff der wahren Arbeit geschenkt wird, erinnert den Leser vielleicht an Rilke, so, wie ihn Hans Carossa einmal schildert: Rilke, der von seinen Gedichten als von einer Arbeit sprach . . . In die Nähe rückt auch jenes andere Wort: O Herr, gib jedem seinen eignen Tod! Dazu sagt unser Autor:

»Der eigene Tod, das ist wohl wunderbar, ist vielleicht das Höchste. Es fragt sich aber, wie dazu gelangen? Der eigene Tod –, ja, er ist die Krönung. Was nützt es aber, einem zu rufen: Laß dich krönen! Wirst du ihm nicht eher die Wege zeigen sollen, die zur Krönung führen? Auf die eigene Arbeit folgt notwendigerweise der eigene Tod.«

Wer die Arbeit so sehr als das Wesentliche, als seinen Freund erkennt, kommt kaum umhin, sich auch um die Ökonomie seiner Kräfte zu kümmern; zumal er an den Anfang seines Buches den einfachen, so betreffenden Satz stellt: Der Mensch lebt nur kurze Zeit . . . Goethe sagt: Gebraucht der Zeit, sie geht so schnell von hinnen, doch Ordnung lehrt euch Zeit gewinnen! Dem Jüngling erschien Goethe in diesem Sprüchlein immer sehr spießig; nicht umsonst hing es in einem Schulzimmer, Mahnung an die Jugend, deren götterhafte Eigenschaft es ist, daß sie nicht leidet an der Zeit. Wie also sollte sie, aus eigener Einsicht, der Ordnung bedürfen, der Ökonomie! Ordnung: Mechanisierung –

»Man weiß«, sagt unser Autor einmal, »wie der durchschnittliche Franzose sein äußeres Leben einrichtet; er wurde dieser Gleichförmigkeit, Sterilität wegen oft verlacht. Aber daß er so lebt, das hängt damit zusammen, daß Frankreich, was die Kultur seiner mittleren Schicht, die durchschnittliche Kultur des Volkes angeht, mit keinem andern modernen Land sich vergleichen läßt. Durch die Mechanisierung des alltäglichen äußeren Lebens werden höhere Kräfte frei.«

Anders gesagt:

»Es war in Urzeiten einmal ein Geschöpf, das die erste Maschine erfand, genauer: fand, entdeckte. (Das wird etwa der Hebel gewesen sein.) Dürfen wir annehmen, daß es sie entdeckte, weil es intelligenter war als die anderen Geschöpfe? Nein, sondern es fand sie durch Zufall (diese *erste* Mechanisierungsmöglichkeit einiger seiner notwendigen Erledigungen): aber sobald sie in seinem Gebrauch stand, *wurde* es intelligenter als die umgebenden Geschöpfe, das heißt, seine Kräfte verließen die Ebene, auf der nun Mechanisierung eingetreten war, und suchten ihre Anwendung auf der höheren. – Immer und überall gilt es: Sobald die Vorgänge auf dieser Ebene mechanisiert sind, treten die schöpferischen Kräfte (die Kräfte schlechthin) auf einer höheren Ebene in Erscheinung.«

Schon diese Worte, die einer Diskussion wohl wert sind, enthalten eine Anschauung, die der Autor später zu seinem zweiten, nicht minder ernsthaft umkreisten Thema macht; selber nennt er es: die Nichtexistenz der großen Tat.

»Das menschliche Arbeiten, das weltverändernde Wirken, vollzieht sich in drei Stufen. Diese sind – erstens: Die große Idee. Zweitens: Die (der großen Idee entsprechenden) Einzelvorstellungen; anders gesagt: die Applizierung der großen Idee, ihre Auflösung in kleine Ideen, Ideen des Einzelnen. Und drittens: Die (den Einzelvorstellungen entsprechenden) Einzelausführungen. Kurz gesagt: Die große Idee, die kleinen Ideen, die kleinen Taten.«

Er fährt fort:

»Und leider bleiben die meisten Menschen stets auf der ersten dieser drei Stufen stehen; bleiben stehen bei der großen Idee oder ihr gegenüber auf einer Art Aussichtspunkt; die Sache bekommt dann die Farbe und den Rang des ›Idealismus‹, der Phantasterei. – Das Höhere als die große Idee sind also die kleinen Ideen, die aus einer großen Idee entsprungen sind; und das noch Höhere die kleinen Taten, die aus den kleinen Ideen entsprungen sind, vorausgesetzt, daß diese ihrerseits wieder aus einer großen Idee entsprungen sind.«

Ein andermal:

»Du habest die große Idee, dein Leben zu ändern (und haben nicht die meisten sie?); so laß die große Idee zerfallen in die ihr entsprechenden Teilauffassungen (wie viele gelangen so weit?), tue diese einzelnen Dinge (langsam, im Maße deiner Möglichkeit, *deiner* Kräfte nur, eins nach dem andern): Dein Leben ist geändert.«

Die Gedanken zu diskutieren, die das Werk vorlegt, überlassen wir gerne dem Leser – sie erscheinen uns in einer Prägnanz, einer fast verführerischen Prägnanz, der gegenüber es nicht leicht sein dürfte, daß unser Widerspruch oder unser Zuspruch sie nicht einfach verwischt und die geleistete Arbeit, die Arbeit in ihrem Sinne, nicht platterdings aufhebt.

Weisheit des Aphorismus liegt zum guten Teil schon in seiner Form – darin nämlich, daß er abbrechen kann, daß er an einer Erkenntnis nicht immer noch festhält, wenn diese lange schon wieder ins Leere weist. Man sagt, jeder Vergleich hinkt; er hinkt in dem Maße, als er zu lang, zu ausführlich ist. Der Aphorismus entzieht sich dieser Gefahr: durch Verzicht auf System, auf lückenlose Entwicklung, die meistens von einer lebendigen Einsicht ausgeht und sie verhunzt. Andererseits ist es die Gefahr jeder Aphoristik, daß sie schroff, unversöhnlich, unsympathisch und anmaßend wirkt schon ihrer Kürze wegen; sie gibt nicht die epische Lage oder die dramatische Szene, die Umstände, die eine solche Stichflamme erzeugten, er steht ohne alldas und erhebt eben dadurch den Anspruch, allgemein zu gelten. Unser Autor hat das Geschick, manchmal mit zwei oder drei Worten auch die Situation noch mitzugeben. Eine weitere Gefahr ist die Koketterie, die Kunst der sprachlichen Verblüffung; der Aphorismus wirkt oft als Feuerwerk, das man plötzlich, eben noch entzückt und gefesselt, satt bekommt, es fehlt ihm die Ruhe der Sonne. Sein Denken wirkt allein durch die Form, die ein Aufblitzen ist, zusammenhanglos oder exaltiert, ohne daß es in seinem wirklichen Gehalte das sein muß.

Auch über den Leser wäre einiges zu sagen – zumal bei uns erleben wir leicht, daß er seinen Ernst kündigt und von Arabesken spricht, wenn eine Anschauung nicht zu Tode systematisiert wird. Ein helvetischer Verdacht gegen alles, was nicht mehr schwerfällig ist, kommt hinzu; so überschwänglich wir es andererseits loben und lieben, wenn es in welscher Zunge geschieht. Begreiflicherweise! das andere Idiom dispensiert uns von der Qual neidvoller Vergleiche, es heißt: Im Französischen kann »man« das ...

Es gibt nun Stücke bei unserem Autor, die in der Kunst, in der Kühnheit der Balance allerdings weit gehen. Auch dafür ein Beispiel:

»Herr Meyer, das ist ein Herr, der von sich gerne behauptet, daß er festen Boden unter den Füßen habe. Nachdem es mir endlich gelungen war, Herrn Meyer zu definieren – als den Mann, der bei lauter Nichtgelegenheiten: also *nicht* beim Durchschreiten eines Sumpfgewässers oder Flusses (wo wir auf eine solche Auskunft gespannt wären, wo sie einen Sinn haben könnte), nicht beim Durchqueren eines durch Neuschnee trügerisch gemachten Gletscherspaltengewirres; sondern wenn ein neuer Planet entdeckt wurde, oder wenn man von Johann Sebastian Bach redet, oder von den Kunsthändlern, die durch van Gogh reich geworden sind, oder von der Bedeutung der Träume: der bei lauter solchen Nichtgelegenheiten versichert, *er habe festen Boden unter seinen Füßen* –, habe ich gründlich nachgedacht, was das heißen soll.« U.s.w.

Man kann das Artistik nennen. Er stellt, kann man sagen, die Pyramide eines Gedankens auf die Spitze und dann zieht er den Finger darunter weg. Es ist Zirkus der Sprache, atembeklemmend. Wäre es mehr nicht als dies, so wäre es immer noch unterhaltender als der Trott, den die Sprache in so vielen anderen Büchern geht; der Mangel an handwerklichem Können ist eine fast vaterländische Vorliebe geworden. Wer aber bei solchem Vorwurfe bleibt, überhörte das Wichtigere: es ist in diesen Aphorismen ein Ernst des Denkens, fühlbar in einem fanatischen Ernst zur Präzision, eine Würde, die auch durch gelegentliche, menschlich wohl begreifbare, aber höchst schnoddrige Polemik nicht abzutragen ist; eine Haltung, der wir glauben:

»Man kann nicht etwas voll erkennen und nicht tun. Das Erkennen geht *unmerklich* in die Tat über ... Es ist mir zwar klarer als irgendetwas, daß das Höchste nur im Erkennen, daß die einzige wirkliche Erlösung des Menschen nur im Erkennen sein kann: Aber dem Menschen folglich sagen ›Erkenne!‹ und meinen, irgendetwas getan zu haben, ist reiner Wahn. Es kommt darauf an, das Richtige zu tun; *Arbeiten ist die Realisierung des Erken-*

nens. Aus Erkennen genährt, nährt es das Erkennen. Das Erkennen nährt sich nicht selber.«

Mit diesen seinen eigenen Worten, die nicht eben von vielen erreicht werden, habe ich einen Verfasser anzuzeigen versucht, den nur wenige kennen: er heißt *Ludwig Hohl*, ein Mann in reifen Jahren. *Vom Arbeiten / Die Notizen oder Von der unvoreiligen Versöhnung*, im Selbstverlag erschienen, Rue du 31 Décembre in Genf, ist ein Heft in der Größe eines Traktätleins – erstes Kapitel eines umfänglichen Werkes, das wir nicht kennen können, da es, wie nahezu alle Werke des Verfassers, in der Schweiz bisher keinen Verleger gefunden hat.

(*Neue Schweizer Rundschau*, September 1943)

A. Dubach
Nächtlicher Weg

Die Sprache dieses Dichters scheint eine einzige Verpflichtung zu kennen: wahrhaftig zu sein. Und aus der Erfüllung dieser Verpflichtung entsteht ihre außergewöhnliche, strenge und lebendige Schönheit. Selten wohl wird solch eine gedankenvolle Prosa geschrieben. Es geschieht nicht viel in diesen Geschichten. Das Geschehen wird nicht in die Breite und Weite und Spannung, sondern in die Tiefe verfolgt (wo es allerdings noch spannender zugeht). Und bei dieser Arbeit wendet der Verfasser eine Beobachtungsmethode von fast wissenschaftlich strenger Präzision an. Das könnte in die Kälte und Erstarrung führen; und ab und zu scheint es auch so, ab und zu überkommt den Leser ein Gefühl der Hoffnungslosigkeit –, nämlich da, wo die subtile Beobachtung ausartet in einen schon fast spielerischen Scharfsinn, oder – was auch vorkommt – abgleitet in spukhaft visionäre Regionen. So zum Beispiel in der Erzählung *Der Igel.* Gewiß, man kann auch einen tiefen Sinn hinter dieser Tragigroteske suchen. Und vor allem ist diese Geschichte von dem einsamen Ehepaar, das durch ein seltsames Fabeltier in so große Not gerät, in einer unbeirrt klaren, edlen Sprache und mit plastischer Wucht erzählt.

Auch *Drei alte Weiber in einem Bergdorf* sind Gestalten, die mit ungeheurer Schärfe und Deutlichkeit in ihren gigantischen Maßen hingestellt sind – und dabei doch (besonders in dem liebevoll gezeichneten Bild der »Stillen«) tief an das menschliche Empfinden rühren. – Und das ist überhaupt das Merkmal der schönsten dieser Erzählungen: ihre reine, tiefe Menschlichkeit; am unmittelbarsten und rührendsten zum Erlebnis gebracht in der Geschichte *Das Pferdchen.* (Der Entstehung nach die früheste dieser Erzählungen, aus dem Jahre 1929.) Worte wie solche wird man nicht vergessen (und sie scheinen so ewiggültig, daß man fast glaubt, sie nur vergessen zu haben): »Die Allerletzten schreien nicht, sie reden nicht. Sie blicken nur mit unergründlich ernsten Todesaugen.

Mit so unergründlichen Augen, weil manchmal schon ein

anderer durch sie blickt, einer, der mehr weiß, als was der zeitliche Wille die Menschen wissen läßt. Einer, der dankbar alle Verbesserungen des Lebens annimmt und der doch für sich niemals glaubte, daß irgendeine mit Blut nicht zu teuer bezahlt wäre.

›Wirklich, was könntet ihr denn *mir*? Ich werde schon tot sein, bis ihr kommt. Aber die mir Gleichenden werden wieder die letzten sein, irgendwo in dunkler Tiefe.

Keine zeitliche soziale, nur eine ewige Änderung kann uns retten – die schon da ist, dem, der will.‹«

Solchermaßen läßt Hohl seine Geschöpfe reden –, und wenn wir sie auch nur zwei Worte sagen hören, wie den unbekannten geheimnisvollen Wanderer in der Titelerzählung *Nächtlicher Weg* – die Worte bleiben haften, in ihrem Klang, in ihrer Farbe, in allem, was der Dichter aus wahrer Einfühlung in die Not des Nächsten hineinzurätseln vermag.

(Die stimmungsvollen Federzeichnungen von Hanny Fries fügen sich unaufdringlich dem Ganzen ein).

Es soll noch eine Erzählung erwähnt werden, die wohl, neben den beiden letztgenannten, die bedeutsamste in dieser Sammlung ist. Sie trägt die Überschrift: *Und eine neue Erde ...* Wieder ist es ein Wort, das Schicksal gestaltet. Ein junger Künstler hört dieses abgerissene Wort: »– – *wir dürfen nicht!*« aus dem Munde eines älteren Freundes. – Wir erfahren dann, wie der junge Maler in Not und immer größere Not gerät; durch alle Stadien des langsamen, einsamen Verhungerns wird er durchgeführt (wobei diese Stadien vom Dichter mit einer fast grausamen – das will heißen, mit der einzig wahren und deswegen liebevollsten Deutlichkeit und Genauigkeit geschildert werden), und immer ist es dieses Wort: »Wir dürfen nicht!«, was ihn vor dem letzten, dem Schritt, der Willkür und Vermessenheit bedeuten würde, zurückhält. Er lebt und leidet weiter. »Und erinnert dabei an etwas Unbesieglicheres als Eisen: Pflanzen, die immer wieder und noch auf dem unscheinbarsten, schmalsten, allerletzten Grunde wachsen.«

Er verhungert nicht, dieses Mal nicht, aber er wird irrsinnig. Doch in der Nacht vor dem Zusammenbruch geschieht ihm ein Traum, und dem Traum geht in halbwachem Zustande – vielmehr in überwachem Zustande – eine Verkündigung voran. »... diese allergrößte Verkündigung:

›*Und ich sah einen neuen Himmel und eine neue Erde.*‹

Die Worte wandelten mit Glänzen heran und zogen mit Glänzen um ihn herum, und sie blieben in seiner Nähe, in ihrer Nähe schlief er ein.«

Am nächsten Morgen ist ihm alles verwandelt. ». . . weil alle Dinge, und die geringsten Dinge, heute von innen her erleuchtet waren. Ja . . . er wußte wohl noch, daß um ihn herum immer dieselben Gassen lagen! Aber das andere, das im Traum Gesehene – eine Wahrheit war es doch. Er sah zwei Wirklichkeiten, wenn auch schwer zu sagen wäre, wie sich ihre Lagen zueinander verhielten . . . Sollte aber etwa eine der beiden Wirklichkeiten dennoch nicht bestehen – eins ist sicher: Das Land der Erfüllungen, das Gesicht mit dem Strom unterm blauen Himmel, wird er nicht mehr aufgeben!«

Die äußere Katastrophe, die dann doch eintritt, erscheint diesem Erlebnis gegenüber wesenlos.

Dieses sind kurze Andeutungen eines reichen und tiefen Inhaltes. Erzählungen kann man vielleicht wiedererzählen – innere Entwicklungen auf einer solchen Ebene nicht.

Vertieft man sich aber in die Sprache und in die Gedankengänge dieses Dichters, so könnte ein Bild erstehen: das eines zähen, einsamen, gründlichen Arbeiters, der sich eigenwillig seinen eigenen Schacht in die Tiefe gegraben hat: edelstes Metall schlägt sein Meißel aus den Wänden; funkelnde, kostbare Steine fallen ihm in die Hände. – Dann wieder lange, finstere, fruchtlose Strecken. – Es wäre tragisch, wenn diesem unbeirrbaren Sucher die Erkenntnis vorenthalten bliebe, daß die Hauptader frei zu Tage gefördert ist, daß die notwendigste Arbeit bevorsteht – »dem, der will«.

(*Das Goetheanum*, Dornach, 5. 3. 1944)

Carl Seelig
Ein bedeutendes Schweizerbuch

Wie eine Erlösung empfindet man heute jeden ernsten Versuch, den konventionellen Wall von kleinbürgerlicher Bauern- und Tendenzliteratur, in dem das Schrifttum der deutschsprachigen Schweiz zu erstarren droht, zu durchbrechen. Ein solcher Versuch liegt im Band *Die Notizen oder Von der unvoreiligen Versöhnung* vor. Der Artemis-Verlag in Zürich hätte seine Herbstproduktion nicht ehrenvoller krönen können, als mit diesem beinahe 500 Seiten starken Werk, das größtenteils während den Jahren 1934/36 in Holland entstanden ist – übrigens unter körperlichen Entbehrungen und seelischen Kämpfen, von denen sich der feierabendliche Leser kaum eine Vorstellung macht. Sie haben das Gesicht des Verfassers Ludwig Hohl, dem wir kürzlich in einer nur von wenigen Personen besuchten Vorlesung in Zürich persönlich begegneten, runenhaft gezeichnet. Er war von Genf herübergekommen, um mit klarer, präziser Stimme aus den *Notizen* vorzulesen. Aus der Einsamkeit des geistig Schaffenden trat er mit dunkel beschattetem, schwermütigem Gesicht für eine Stunde in die Öffentlichkeit, um ohne allzugroße Hoffnung nach jenen Lesern zu suchen, die (um ein Bild seines geliebten Aphoristikers Lichtenberg zu gebrauchen) nicht erst hören, wenn man ihnen die Ohren abschneidet. Der Dichter machte damals den Eindruck eines ungemein leidenschaftlichen, durch die vielen Kämpfe ermüdeten Künstlers. Er sagte wie entschuldigend: »Alles, was je geschaffen wurde, ist Fragment geblieben. Wie fragmentarisch muß also erst meine Vorlesung wirken!«

Tatsächlich ist auch der erste Band der *Notizen* – der zweite soll im Frühjahr 1945 folgen – ein Fragment. Aber was für ein großartiges, konzessionsloses und streng durchdachtes Fragment! Es stößt an und rebelliert. Es wirft durch die Tradition geheiligte Begriffe respektlos um, verhöhnt marode Scheinexistenzen und feuert mit sauberer Waffe gegen die Zeit, in die wir gesetzt sind. Denn erst der Widerstand gegen seine Zeit macht nach der Ansicht von Ludwig Hohl den Wert des Schriftstellers aus. Mit einiger Übertreibung bemerkt er, daß in der Schweiz, dem Land der solidesten Leute, die unsolideste Prosa geschrieben wird. Er darf sich diese Kritik leisten, denn was er selber aus seinen Manuskripten preisgibt, ist von einer beglückenden Solidität im Gedanklichen und im Sprachlichen. Sein klarer Verstand und seine handwerklich meisterliche Sprache lassen kein Geflunker und kein unsubstantielles Wort zu. Mit Nachdruck vertritt er die Auffassung, daß sich die Welt im Großen nicht ändern läßt. Worauf es ankommt, ist die Nuance, das Detail, das dieser Welt erst ihren Glanz gibt. Welche Aussichtslosigkeit, sie verändern zu wollen, wenn man sich nicht selbst verändert! Aber die Mehrzahl der Menschheit ist viel zu faul und zu dumm, um überhaupt an irgendwelche Veränderung zu denken. Lieber geht sie eine Stunde lang beten, als daß sie eine Minute dem richtigen Denken widmet. Richtig und zur rechten Zeit denken: das ist für Ludwig Hohl überhaupt der Fixstern, nach dem er sich richtet. Er gehört zu jener Elite der geistigen Arbeiter, die von innen nach außen stoßen, immer nach neuen Erkenntnissen und bleibenden Werten suchend.

»Um Leser zu fangen, muß man Romane schreiben. Um sie zu verlieren, muß man gut schreiben«, lesen wir in diesen *Notizen*, die den Mitmenschen keinen Seifenschaum um die Backen schlagen. In zwölf Abteilungen steht lebendigere Philosophie und Weltschau als in vielen philosophischen Wälzern. Aus dem Kapitel »Reden, Schwatzen, Schweigen« angeln wir: »Würde ich jemals einem raten, er solle schweigen? Niemals; sondern: reden, reden! Und jedesmal, wenn er zu schwatzen beginnt, soll er eine aufs Maul bekommen« – aus dem Kapitel »Vom Arbeiten« die zwei klugen Sätze: »Einige bemühen sich immer, in die Geschichte einzutreten. In die Geschichte tritt man von selber ein.« Über die Technik des Siegens wird man durch die lapidare Notiz belehrt: »Die beste Technik des Siegens besteht darin, keine Technik des Siegens zu haben, sondern eine Sache, und die Technik des ergebensten Dienstes an dieser Sache.«

Ludwig Hohl hat in seinem vierzigjährigen Leben vieles gelesen, aber noch mehr gedacht. Seine Lieblingsautoren scheinen der ewig-junge Georg Christoph Lichtenberg, Goethe, Proust, Karl Kraus, Gide, Valéry, Hamsun und der Schweizer Robert Walser zu sein, den er den weitaus besten jüngern Prosaisten der Schweiz nennt. Ihn selbst hat die Kürze seines Lebens zur Kürze des

Schreibens gedrängt. Wie ein Wolf fällt er in die selbstgerechte, denkfaule und an tausenderlei Fehlurteile gekettete Gesellschaft der Zeitgenossen. Wie harmlos-nüchtern liest sich der Titel *Die Notizen*! Aber dahinter steht ein tapferer und entschlossener Kämpfer, um dessen Fahne sich alle ernsthaften Bücherleser scharen sollten.

(*Luzerner Tagblatt*, 14. 11. 1944)

Armin Mohler

Die Notizen oder Von der unvoreiligen Versöhnung

Die Schweiz ist oft ein »Holzboden für die Kunst« genannt worden. Und wirklich – wer etwa kennt mehr als den Namen unseres hervorragendsten lebenden Erzählers, den von Robert Walser, der irgendwo zurückgezogen noch in einem stillen Winkel lebt? Ist nicht auch das Schicksal unserer größten lyrischen Begabung, das Albin Zollingers, bezeichnend, der vor wenigen Jahren unter dem Übermaß an Arbeit zusammenbrach, das man diesem Lehrer aufbürdete, während man den offiziellen Versfabrikanten Schiller- und andere Preise nachschmiß? Und wieviele wissen, daß wir in *Ludwig Hohl* eine bedeutende »aphoristische« Begabung besitzen? – 1939 ist der erste Teil seiner ersten Aphorismensammlung erschienen (*Nuancen und Details I/II*, Zürich, Verlag Oprecht). Doch ein Widerhall blieb aus und Hohl war in der Folge auf die Notlösung des Selbstverlages angewiesen (*Nuancen und Details III*, 1942 Genf, *Die Notizen I: Vom Arbeiten*, 1943 Genf). Erst neuerdings haben sich wieder größere Verlage seiner angenommen. Neben einem Bändchen Erzählungen (*Nächtlicher Weg*, 1943 Zürich, Morgarten-Verlag, jetzt Artemis-Verlag) hat es nun der Artemis-Verlag in Zürich übernommen, Hohls Hauptwerk, die 12 Teile der 1934 bis 1936 in Holland geschriebenen *Notizen* herauszugeben. Auf Ende des letzten Jahres ist die erste Hälfte in einem fast 500 Seiten starken Bande erschienen. Doch wieder besteht die Gefahr, daß das Wort dieses wesentlichen Schriftstellers ob dem Lärm der Bestseller und der Forderung des Tages nicht gehört wird.

Fünfhundert Seiten Aphorismen? – Doch wir haben diese »Aphorismen« schon oben zwischen Anführungszeichen gesetzt. Ludwig Hohl schreibt nämlich gar keine Aphorismen, wenn man darunter die knappe, komprimierte, abgeschlossene Fassung einer Lebensweisheit im Sinne der großen französischen Aphoristiker versteht. Hohls Form ist offen, er läßt den Leser am Denkprozeß selbst teilnehmen. Zu Unrecht hat man ihm »Unterformung« vorgeworfen. Eine solche Kritik verkennt das von Hohl Angestrebte. Wenn wir selbst noch den Begriff »Aphorismus« angewendet haben, so geschah das allein darum, weil es für die Kategorie, in die auch dieses Werk einzureihen ist, noch keinen verbindlichen Namen gibt. Mehr und mehr beginnt diese Kategorie das Gesicht der europäischen Literatur der Gegenwart zu bestimmen. Sie steht mitten drin zwischen Essay und Aphorismus, ohne klar eines von beiden zu sein. Als ein Zurückziehen auf das einzelne »Blatt« hat man sie zu definieren gesucht. In ihren bekanntesten Formen tritt sie auf als *Tagebuch* (André Gide, Ernst Jünger) und so haben denn auch Hohls *Notizen* den Charakter eines Tagebuches (wenn auch äußerlich die Form eines Aphorismenbandes gewahrt bleibt). Und zwar eines inneren Tagebuches. Sein Eigentümliches ist, daß es langsam Schritt für Schritt an einer geistigen *Entwicklung* in all ihren einzelnen Stadien teilnehmen läßt. Dadurch wird es auch deutlich von einem echten Aphorismenbuch geschieden: man darf keine Einzelheiten für sich nehmen, das Werk ist im Zusammenhang zu lesen.

Was wir an Hohls *Notizen* besonders hervorheben möchten, ist ihre Selbständigkeit. Sie sind zwar nicht zuletzt ein Dialog mit großen Geistern der Vergangenheit und Gegenwart, von Spinoza und Goethe bis zu Valéry und Katherine Mansfield. Trotzdem aber sind sie nicht Plagiat wie das meiste, was heute auf dem Buchmarkt erscheint, erwecken sie nicht das peinliche Gefühl provinzieller Verspätung. Es wird da einmal nicht wiedergekäut, was in unseren Nachbarstaaten vor einem Vierteljahrhundert en vogue war, sondern man spürt sich, obwohl diese Notizen vor zehn Jahren geschrieben wurden, in seiner jetzigen Not angesprochen. Gewiß, manches mag zu Widerspruch herausfordern. Der eine wird sich an Urteilen über historische Phänomene wie Mittelalter und Reformation stoßen, der andere an dem antiholländischen Ressentiment (das besonders aufschlußreich ist, wenn es bei dem verwandten Schweizer auftritt), dem dritten mag der zuweilen zutage tretende Atheismus als zu aufklärerisch erscheinen (bis er allerdings merkt, daß es sich da um einen »Atheismus« besonderer Art handelt). Doch es sind ja keine Rezepte, die man von einem solchen Buch erwartet. – Den »Inhalt« der *Notizen* in wenigen Sätzen anzudeuten ist schwer. Das Ganze ließe sich vielleicht am ehesten der Versuch einer »empirischen« Philosophie des Lebens nennen. Das Zentrum, um welches sich alles übrige gruppiert, ein Ethos der Arbeit. Und Begriffe wie »Arbeit«, »Bewegung«, »Leiden«, »Kommunikation« als Schlüsselworte. –

»Wann hatte ich doch diesen unfaßlichen Traum von den Edelsteinen? – ›Man *fabriziert* sie, man findet sie nicht, aus der Erde fabriziert man sie.‹ –?

Das war eine kolossale Ahnung, der Traum eines Überganges.« (II. 204)

(*Basler Studentenschaft*, Juni 1945)

Carl Seelig
Ludwig Hohl und sein Hauptwerk

Vor zwei Jahrzehnten ereignete sich bei dem aus der appenzellischen Gemeinde Grub stammenden Ludwig Hohl eine jener geistigen Eruptionen, die in der Geschichte der Kunst und der wissenschaftlichen Forschung nicht selten sind: während zwei Jahren stürzte und flammte aus ihm das vielschichtige, weit über tausend Schreibmaschinenseiten umfassende Prosawerk, dem er den Titel *Die Notizen oder Von der unvoreiligen Versöhnung* gegeben hat. Ende 1936 lag das geistige Fundament in der ersten Konzeption fertig vor. Aber im Bestreben, seine Arbeit wenn möglich bis zum äußersten Grad der inneren und äußeren Vollendung zu treiben, hat Hohl daran noch acht Jahre lang gefeilt und ihr reinigend, straffend und umbauend die gewissermaßen gesetzmäßige Struktur gegeben, die ihr in der heutigen Gestalt das Ansehen einer Festung verleihen, die ein überaus strenger Architekt mit Zinnen und Zimmern, mit Fenstern, durch die Luft und Licht strömt, aber auch mit schattigen Kellern und schaurigen Verließen versehen hat. Nichts ist dem Zufall überlassen worden; nirgends hat sich ihr Schöpfer zu rokokohaften Spielereien verleiten lassen. So ist mit allen Aspekten der Kompromißlosigkeit und der Unnachgiebigkeit (auch gegen sich selbst) eine geistige Leistung entstanden, die – sooft sie auch im Einzelnen zu Widerspruch oder gar zu feindlichen Ressentiments herausfordern mag – durch das hohe Maß an Einsamkeit und künstlerischer Disziplin, an geistiger Konzentration und an Mut, der Wahrheit zuliebe sich unbeliebt zu machen, die Tagesliteratur überdauern und in unserem Schrifttum etwa jenen Parkettsitz einnehmen wird, der den Tagebüchern und Notizen von G. Ch. Lichtenberg, Friedrich Hebbel, Franz Kafka, Julien Green und André Gide in unseren Nachbarstaaten zugebilligt worden ist.

Die Drucklegung dieses Riesenwerkes hat sich lange hinausverzögert. Nachdem der vor einem halben Jahrhundert als Sohn eines Pfarrers in Netstal geborene Autor 1939 mit dem Bändchen *Nuancen und Details* und 1943 mit der Novellensammlung *Nächtlicher Weg* dem Namen Ludwig Hohl den ersten literarischen Glanz gegeben hatte, erschienen im Oktober 1944 in einem Band von 477 Seiten als *Notizen* die ersten sechs Teile seines Hauptwerkes. Von den zweitausend Exemplaren sind bis heute 230 Exemplare verkauft worden: ein Ergebnis, das keineswegs gegen das Buch, sondern eher gegen den Geschmack unserer Leserschaft spricht. Unerquickliche Verhältnisse haben dann dazu geführt, daß der zweite, abschließende Band der *Notizen* im Umfang von 622 Seiten (das vorzügliche Namens- und Sachregister inbegriffen) erst dieser Tage im Artemis-Verlag (Zürich) erscheinen konnte und jetzt wegen der kleinen Auflage von nur 400 Exemplaren mit dem Preis von Fr. 49.50 bezahlt werden muß. Vermutlich wird er jedoch einmal eine bibliophile Rarität darstellen. In der Genauigkeit, mit der Hohl jeden Punkt, jede Klausur, jedes Komma und jede Numerierung der einzelnen Abschnitte überwacht und ihnen einen streng-logischen Sinn gegeben hat, erinnert dieser Einzelgänger an Karl Kraus, dessen Geisteshaltung sich so wenig dem billigen Opportunismus unterworfen hat wie diejenige von Ludwig Hohl. Dessen Kampf ist ein wütender, in seiner Aussichtslosigkeit erschütternder Kampf, sich gegen die menschliche Dummheit und Denkfaulheit zu stemmen. Hierin weiß er sich ganz mit Goethe einig, der in *Wilhelm Meisters Lehrjahre* geknurrt hat: »Das Menschenpack fürchtet sich vor nichts mehr als vor dem Verstande; vor der Dummheit sollten sie sich fürchten, wenn sie begriffen, was fürchterlich ist; aber jener ist unbequem, und man muß ihn beiseite schaffen; diese ist nur verderblich, und das kann man abwarten.«

Nach den zumeist bewundernden Urteilen über den ersten Band der *Notizen* hat sich Hohl dagegen gewehrt, daß er von den Kritikern in die Reihe der Aphoristiker eingereiht wurde. Seine fragmentarische Form verleitet in der Tat dazu. Aber es ist richtig, daß diese Rangierung den vielerlei Variationen, in denen sich die *Notizen* vom Lyrischen bis zum Dialogischen bewegen, nicht gerecht wird. Eher könnte man Ludwig Hohl als einen epischen Dramatiker bezeichnen, der die Tragödie unsrer Zeit, falsch, verschwommen oder gar nicht zu denken, in außerordentlich fesselnde Partikel auflöst. Die Anregungen dazu springen ihm teils aus intimen Beobachtungen, die auf genauesten Details beruhen – in der Erkenntnis, daß der Schriftsteller vom präzisen Detail und von der zartesten Nuance ausgehen muß, um das

Allgemeine unkonventionell und richtig zu gestalten –, teils aus philosophischen Meditationen und Lesefrüchten entgegen, die er oft geistvoll zu variieren versteht. Am feurigsten hat er sich an Spinozas *Ethik*, an Goethes *Faust*, seinem *Westöstlichen Divan* und seinen Sprüchen in Prosa sowie an den Essays von Montaigne und an G. Ch. Lichtenbergs Glossen entzündet; doch auch Proust, Valéry, Katherine Mansfield, Karl Kraus und André Gide stehen ihm nahe. Als besessener Formkünstler fühlt sich Hohl auch der Avantgarde der Surrealisten verwandt. Jedoch erstrebt er bei haarscharfer Formulierung immer klarste Aussage und exakten Schuß in die Mitte. Es mag schon mit seinem leidenschaftlichen Wesen und seinem Fanatismus, immer das richtige Wort an den richtigen Platz zu setzen, zusammenhängen, daß seine Prosa nie Fett ansetzt. Sie ist gespannt wie die Muskulatur eines Marathonläufers. In der Rückerinnerung auf das viele Gestrüpp, das er aus der Urfassung in jahrelanger Kleinarbeit weggeschnitten hat, darf der Autor von seinen *Notizen* sagen: »Was hier steht, das Sichtbare, das sind ja nur die Gipfel oder die Gräte – ich aber ging durch das Gebirge, erstieg die ganzen Berge, war in den Bergen, schaue durch die ganzen Berge hindurch.« Der Satz könnte ebensogut von zwei anderen brillanten Stilisten des 19. Jahrhunderts: von Nietzsche oder von Kierkegaard sein, zu denen Hohl jedoch merkwürdigerweise in keiner näheren Beziehung zu stehen scheint.

Es ist ein weiter Kreis von Themen, die Ludwig Hohl in den sechs Hauptteilen (Varia, mit einem autobiographischen Anhang; Apotheker; Literatur; Traum und Träume; Vom Tod; Bild) ansticht und analytisch durchdenkt, wobei er auch in den autobiographischen Partien das Subjektive energisch ins Objektive umbiegt. Dies mögen auch jene Leser bedenken, die den Polemiker Hohl am liebsten mit Knüppeln mundtot machen möchten. Er greift nämlich kritisch in Gebiete hinein, die sozusagen zu unseren Nationalheiligtümern gehören: so zerlegt er Gottfried Kellers *Abendlied* (»Augen, meine lieben Fensterlein«) derart grausam und scharfsinnig, daß es tatsächlich einiges von seinem Ruhmesglanz verliert. Ferner wirft er den schweizerischen Dialekten falsche Bildlichkeit vor und eine routinemäßige Methodik, die zum schwatzhaften Leerlauf führt. Spiritueller als den primitiven Satz: »Die Schweizer sind stolz darauf, so schöne Berge geschaffen zu haben«, finden wir das Paradox: ». . . Aber der wahre Gessler ist heute Wilhelm Tell.« Wo Hohl unter der Bezeichnung »Apotheker« den amusischen helvetischen Spießer attackiert, wird er manchmal sackgrob. Aber wenn er beispielsweise unter »Redaktionellem« vermerkt: »Inserat: Das Hirn eines Literaten ist zu vermieten, da dieser eine Redaktionsstelle angenommen hat«, so hoffen wir, daß die Herren Redaktoren den Humor aufbringen werden, solche Bosheiten amüsiert hinzunehmen. Überhaupt: wir wollen doch diesem dornenreichen und – Gottlob! – völlig unjournalistischen Schriftsteller dankbar die Hand schütteln, daß er geistigen Zündstoff in unsre Literatur trägt. Äußert sich dieser auch nicht immer wie bei Novalis als »Blütenstaub«, sondern mit penetrantem Schwefelgeruch, so besitzen Hohls *Notizen* doch das Rückgrat zur eigenen Stellungnahme. Starke Opposition wird nicht nur gegen die Schweizer, sondern auch gegen die Holländer bezogen, unter denen Hohl bei der Niederschrift der *Notizen* längere Zeit vor seinem Daueraufenthalt in Genf gelebt hat. Ferner hegt er einen schier pathologischen Haß gegen die Hunde und religiösen Feiertage, unter denen er einzig die Fastnacht (bei ihm »Fasching« genannt) gelten läßt. Warum? »Weil ich die Wahrheit mag, darum.« Eine zärtliche Vorliebe bringt er den sonst meist verachteten Sperlingen entgegen. So mischt sich manches Kauzige und Widerborstige in dieses außerordentliche Werk, das – als Ganzes gesehen – eine blendende Kristallsammlung von geistigen Erkenntnissen über die komplexe Natur des Menschen, das heutige Leben, das Reich des Traumes und des Todes ist. Es wäre unredlich, Hohl mit einem massiven Generalurteil als destruktiven Literaten abzutun. So schreibt er mit spürbarer Wärme über Jacob Burckhardt, Robert Walser, Carl Spitteler und Konrad Bänninger, während seine Einstellung gegen Rilke und Hesse eine eher ablehnende ist. Im ganzen paßt auf ihn selbst die magische Definition, die er in der Anmerkung Nr. 79 unter »Varia« vom Schriftsteller gibt: »Der Schriftsteller. – Da liegt er nun auf der Lauer – wie der Fischer an felsiger Küste auf der Lauer nach Fischen liegt – wie der Jäger in verrotteter Schlucht neben einem Baumstrunk, Gewehr im Abschlag, wartet: denn es kommt etwas vorüber, manchmal, bald, kommt etwas vorüber: dann kracht der Schuß, matt, er sammelt, findet es – so liegt er auf der Lauer, an diesem müden Tag nach dem Rausche, morsch, ohne Kraft ist sein Zustand, und da kommt plastisch, einmalig, einfach das Glänzende heran: Er sammelt, nimmt, findet es. – Ist es von ihm? Nein, es ist nicht von ihm, wer könnte sich rühmen, so etwas zu besitzen? Er hat es gestohlen, hergebracht. Er ist ein Dichter.«

(*National-Zeitung*, Basel, 10. 10. 1954)

Werner Weber

Im Zeichen der Spirale

Zu Ludwig Hohls *Notizen*

In jedem Literaturlexikon (beispielsweise in dem sehr hilfreichen von Wolfgang Kayser) ist nachzulesen, was unter einem Aphorismus zu verstehen ist. Der Aphorismus (wird gesagt) ist eine Kurzform in Prosa, ausgezeichnet durch besondere Prägnanz; Werturteil und Formulierung sind in ihm betont subjektiv; er schließt ein Thema nicht ab, sondern reizt denjenigen, der sich mit ihm beschäftigt, zum Weiterdenken; er ist oft gekennzeichnet durch das Stilmittel der Paradoxbildungen. – Bekannt, wenn auch nicht entsprechend gelesen, sind die wichtigeren Vertreter der Gattung: Larochefoucauld, La Bruyère, Chamfort; im deutschen Sprachbereich Lichtenberg, Friedrich Schlegel, Novalis, Nietzsche. Was die Literatur der Schweiz angeht, so hatte sie zwar nie einen grundsätzlichen, aber immer wieder einen verkappten Aphoristiker. Einer der letzten merk- und denkwürdigen unter diesen ist Carl Spitteler gewesen; einer der jüngsten ist Max Frisch. – Und dann begegnet man dem Werk Ludwig Hohls und muß sich korrigieren: in ihm hat die jüngere Schweizer Literatur einen grundsätzlichen Aphoristiker. Er selber zieht für seine Äußerungen die Bezeichnung *Notizen* vor; darin ist durchaus kein preziöses Bescheiden-Tun zu sehen. Aber das merkt man erst nach langem, hartnäckigem Lesen in diesen Notizen.

Bei jedem Wortkunstwerk (auch für die bildenden Künste gilt es) vermögen wir, indem wir uns aus dem Erlebnis, das uns das Werk bereitet, zu Überlegungen herausarbeiten, diese Dreiheit zu unterscheiden: den Künstler, den Gegenstand des Künstlers, das Werk – konkret: Herrn Liliencron; die Musik, die daherkommt; das Gedicht darüber. Das reinste Schöpfungswunder ist aber dort handgreiflich, wo im erreichten Werk dessen Urheber und dessen Vorlage aus den augenblicklichen Umständen in den Anschein des Ewigen hinaufgekommen sind. Das ereignet sich selten. Das meiste, was gedichtet wird, ist ein Trachten – wie alles geistgeprägte Leben. Und es ist als solches jedenfalls wunderbar. Von da her wird der Arbeitssinn der Aphoristiker bestimmbar. Sie erreichen jenes reinste Schöpfungswunder nie: weil sie gar nicht darauf tendieren; sie wollen nur die Bedingungen dafür reinhalten oder reiner machen. Sie leisten das als Wächter an der Seite der Dichter und Trachter, indem sie Fragen stellen, wo man diese nicht gern hat oder nicht erwartet; indem sie nach Sachen fragen, die für eine Frage nicht wert genug erschienen; indem sie etwas übergroß vorstellen, um sichtbar zu machen, wie dünn dasselbe ist; indem sie uns etwas auf Handgröße verkleinern, um uns dessen immenses Gewicht erfahren zu lassen. Zusammengenommen: indem sie Schwall, Rauch, Ungefähres, glattes Obenhin bloßstellen, um genaue, durchleuchtete Entscheidungen immerfort zu ermöglichen und zu schärfen. Sie sind die Füchse im Wald; sie räumen mit dem Abgestandenen auf. Man muß lang im Wald gewesen sein, bis man die Füchse liebt (mit den Rehen geht es leichter).

Auf Ludwig Hohl bezogen, trifft das zu wie für jeden andern Mann seines Schlages. Mit ihm in ein geistiges Zwiegespräch zu treten gewährt zuverlässige Impulse zur Frische, nämlich jene, die durch einen schockierend unabhängigen Sprecher ausgelöst werden. Man hat bei ihm Gelegenheit, sich auf Schritt und Tritt durch Bemerkungen betroffen oder auch getroffen zu empfinden, man möchte bellen, verbeißt es dann aber, weil man, lächelnd, auf einmal das Gran entdeckt hat, in dem eine Wahrheit sitzt. Übrigens: die zitierten Namen tun als solche nichts zur Sache; ich könnte, wie jeder andere, an mancher Stelle, da eine Halbheit oder etwas Ähnliches angeprangert wird, meinen eigenen hinsetzen. Das ist das Merkwürdige: der Aphoristiker schießt ein Punktfeuer, bei dem jedermann getroffen wird. Von da her wird die Spannung in diesen *Notizen* unterhalten, in denen sich zugleich der Notierende abbildet wie nur je in einer Konfession.

Einmal schreibt Ludwig Hohl zum Thema »Attraktionen im Tiergarten« unter anderem das folgende auf: ». . . Den Motorradfahrer, der mir schon früher so großen Eindruck gemacht hatte, wieder gesehn; er fährt in einem mäßig großen, aus dünnen Brettern aufgerichteten Zylinder, nicht im Kreise nur an den senkrechten Wänden, sondern schließlich zugleich auch auf und nieder, in schärfsten Kurven hart am obern Rand des engen, leicht gebauten, bebenden Zylinders seinen Lauf brechend. Die Wirkung der erstaunlich kühnen und gefährlichen Fahrt – auf welcher ihn diesmal noch ein sehr hübsches Mädchen begleitet – ist abermals gleich groß: Wie beim Hören gewisser Musik wandelt es mich momentweise heftig an, ich muß gegen das Heulen kämpfen. (Denn es erscheint mir: was hier einer mit dem Motorrad macht, das macht ein anderer im Geiste: dieselbe Gefahr, dieselbe Einsamkeit; inmitten des Unverstandes der Gaffer.)«

Bei solchen Gelegenheiten wird man des Sichtvermögens dieses Betrachters inne. Scharf auf den Gegenstand eingestellt und geduldig ihm gegenüber, verweilt er denkend und im Denken aufgliedernd, bis sich der Haken findet, an dem etwas Weitreichendes aus den beschränkten Zufällen herausgehoben werden kann. Was sind seine Gegenstände? Es sind die Details des Alltäglichen. Darum ist er in seinen Notizen immer unser Nachbar, der für seine Setzungen die üblichen Meter Distanz von unserem eigenen Zaun grundsätzlich nicht innehält: er baut auf unser Feld und stellt sich damit vor, daß er in hundert Verwandlungen immer dieses wiederholt: »Wie wäre es, wenn die Menschen, statt täglich eine Viertelstunde zu beten, nur fünf Minuten verwenden würden, sich über sich selbst zu besinnen? Ja, nur eine Minute! – sich langsam, mehr und mehr, üben würden, sich selbst, und andere, zu sehen?« Ludwig Hohl erhellt sich den Blick auf das Leben durch den Blick auf den Tod. Er hat die Kraft, sich eine Sache in vollkommener Lebensgefahr vorzustellen, um sie, mit einer auf den letzten möglichen Augenblick gerafften Aufmerksamkeit noch einmal ereignishaft betrachten zu können. Er hat den Tod als Verstärker. Aber er hat ihn nicht als Helfer zu letzten Schlüssen, zu Aussageformeln. Er hat ihn als Antrieb zu einer Denkarbeit, die den Kreis als eine mögliche Bewegungsfigur verabscheut, dagegen die Spirale als dem strebenden Geiste gemäß hochschätzt. Denn (so notiert Ludwig Hohl): »Der Kreis mag die Vollendung darstellen; aber diese eben bedeutet den Tod, sobald sie statisch wird . . . Du kommst, auf der Bahn des Kreises wandernd, immer am selben Ort vorbei; du erlebst nichts. Der Kreis hat keinen Raum. Dagegen gibt es Kurven, die wunderschön sind, durch immer neue Räume führende Kurven . . . (Alle diese Kurven ›leben vom Kreise‹ könnte man vielleicht sagen. Wir leben auch von den Punkten der Vollendung, denen wir entgegenstreben.)«

Was ich da zitiere, ist eine Paraphrase zu jener vorher mitgeteilten Notiz »Attraktionen im Tiergarten«. Sie soll den Hinweis auf die Denkfigur, und das heißt auch: auf die Gestaltungsfigur dieses Buches verstärken. Es ist die Spirale – das Zeichen, in dem sich die Ruhe und das Beständige in der Verwandlung abbilden. Themen kehren wieder, werden von neuem betrachtet, abermals notiert. Was fest bleibt, das ist: die Energie zur unvoreiligen Versöhnung mit den Dingen. Voreilige Versöhnung bedeutet für Ludwig Hohl das Einlenken der Denkbewegung auf die Kreisbahn, diesen Ort der Beruhigung aus Oberflächlichkeit. Unvoreilige Versöhnung wird sinnbildlich im Verweilen auf der Spirale – mit dem steten Wissen um den letzten Kreis, den nur ein Gott mit lebendiger Kraft zu bewohnen vermag. In diesem Gedanken hält das Werk Ludwig Hohls zusammen. Darum trägt der Notizen-Band den Untertitel »Von der unvoreiligen Versöhnung«.

Ludwig Hohl schreibt seine Notizen unter dem Eindruck der Daseinserfahrung, die in der Kunst von Joyce und Proust zum Abbild gekommen ist. Er notiert als ein Mann unseres Zeitraums – notiert mit den stilistischen Rechten des Aphoristikers, die wir genannt haben, Lichtenberg neben Kraus, Gide, Montaigne, Goethe als Ahnen verehrend, nicht auf Neuigkeit versessen, sondern der Maxime Goethes zugetan: »Die originalsten Autoren der neuesten Zeit sind es nicht deswegen, weil sie etwas Neues hervorbringen, sondern allein weil sie fähig sind, dergleichen Dinge zu sagen, als wenn sie vorher niemals wären gesagt gewesen.«

(*Neue Zürcher Zeitung*, 27. 11. 1954)

Hugo Loetscher
Ludwig Hohl: *Notizen*

Mit Erstaunen wird man vernehmen, daß der Band *Notizen II oder Von der unvoreiligen Versöhnung* nur durch Intervention des Anwaltes von Ludwig Hohl zustande kam. Das ließe vermuten, als könnte man ohne weiteres auf einen Autor wie Ludwig Hohl verzichten; vielleicht daß der Büchermarkt rasch bereit ist für diesen Verzicht, aber weniger die schweizerische Gegenwartsliteratur. Und warum sollte der Büchermarkt nicht einen Beitrag zur schweizerischen Gegenwartsliteratur leisten?

Sicherlich, Ludwig Hohl ist kein liebenswürdiger Autor, er wird sich nie ein breites Publikum erschreiben. Ludwig Hohl ist ein unbequemer Autor. Aber wir haben unbequeme Schriftsteller notwendig, sonst fangen wir an Literatur als Palliativ zu betrachten; je saturierter man wird, um so stärker ist der Ruf nach Linderungsmitteln. Unbequem ist er. Denn wenn man fragt, was er eigentlich sei: ein Dichter? Ein Philosoph? Ein Publizist? Ein Literat? Ein Aphorismen-Schreiber? Ein Kritiker? Wer könnte genau Antwort geben? Aber ist die Frage so wesentlich? Es ist ein falscher, wenn auch ein herzhafter Glaube, zu meinen, nur das Eindeutige zähle. Wieviele eindeutige Dichter haben nichts zu sagen: da werden die Zwei- und Mehrdeutigen schon deutungsvoller.

Da gibt es bei Hohl Aphorismen von gescheiter Kürze, essayistische Passagen, verdeckte und versteckte Tiefe, Prägungen und Bemerkungen von haftender Prägnanz, eine ernste Verpflichtung gegenüber der Sprache, Hinweise, Andeutungen, Historietten, Skizzen, Porträts, Gespräche mit den guten und besseren Europäern, Zitate, Träume; da ist Schärfe, Geist, Ironie, Gabe des Schauens und Schreibens; da ist Überschärfe, Nur-Geist, Wiederholungen, Längen, Anlehnungen.

Notizen nennt das Hohl, als ob das alles zufällig und rasch hingeschrieben worden sei, Augenblicksgeburten. Aber alle Eintragungen hängen thematisch zusammen, einander bedingend und ergänzend, so daß man eigentlich zum ersten Band greifen muß; sei es, daß Hohl gegen den Apotheker polemisiert, die

Figur des Gebildeten, für den alles selbstverständlich ist und Bildung eine Art von Techniken, oder daß er gegen das sogenannte Praktische anrennt, das oft nur Mangel an Phantasie und der Anspruch geistiger Leere ist, oder gegen das Mittelmäßige in Literatur und Sprache, in Denken und Handeln. Erbarmungslos ist hier Hohl und ohne voreilige Versöhnung. Hinter der Dialektik gibt es Versöhnung, es bleibt nicht alles bloße Polemik. Es gibt zwar kein Häuslich- und Heimischwerden in der Wahrheit, aber eine sichere Einkehr in deren Herbergen.

Was die Notizen mehr zusammenhält als die verschiedenen thematischen Felder, ist der ihnen gemeinsame Denkstil. Eine Art zu denken, die sowohl bei den Begriffen wie bei der Bildersprache Unterstützung holt, welche paradoxe Formulierungen gelten läßt, wo trotz Klarheit das Dunkle-Traumhafte hineinspielt, wo alle Übergänge fehlen, ohne daß Lücken da wären, prismatisch, perspektivisch, nicht diskursiv. Ein Denkstil, wie ihn unsere Zeit begünstigt, Hohl würde wohl sagen, der einzig mögliche. Dieser Denkstil zeigt sich in der Sprache so: Gedankenstriche, Erklärungen mit d. h., Varianten zum Vorhergehenden; plötzliches Einsetzen und Aufhören mitten in einer Satz-Konstruktion; Einschiebsel, Klammern, intellektuelle Schachtelung; Setzen von Doppelpunkten als Zeichen einer raffenden, auf Quintessenzen hinzielenden Sprache.

Wenn man Hohl liest, soll man unbedingt die Bitterkeit, gesteigerte Subjektivität, die Aggressivität hören? Oder vielleicht doch eher an die Situation denken, aus welcher Ludwig Hohl schreibt, – eine entbehrungsreiche Situation? Wenn er allein dasteht, dann nicht deswegen, weil er sich absonderte, weil er abwegig ist, sondern weil er eine Art des homme de lettres vertritt, wie wir ihn in der Schweiz selten haben, weil die Atmosphäre fehlt, innerhalb welcher er gedeihen könnte. Denn er bringt Impuls, Vitalität, Ernsthaftigkeit mit für einen Kampf, der bei uns gar nicht so ernst genommen wird, weil wir Literatur nicht als Brot, sondern lediglich als Beilage betrachten. Darum erscheint Ludwig Hohl oft als brüllendes, wildes Tier, weil er sich in einem literarischen Zoo befindet.

Aber wie oft wird am Rande Wesentlicheres geschrieben als in der Mitte. Literatur und Denken geht gewöhnlich ohne Imprimatur. So waren diesem Bohémien der Schweizerischen Gegenwartsliteratur einige Notizen vergönnt von Luzidität und Zielsicherheit, Notizen, welche in ein Buch eingetragen werden, worüber kein Verleger bestimmen wird und wo Ludwig Hohl stets Anwalt in eigner Sache sein wird.

(*Die Tat*, Zürich, 25. 12. 1954)

André Chalier

Ludwig Hohl und die Lage des Schriftstellers

Wagt es ein Schriftsteller, die ›anerkannten‹ literarischen Genres zu durchbrechen, so ist sein Verleger stolz darauf, unter den Hausautoren ein besonderes Talent zu haben. In den meisten europäischen Ländern ist das denn auch der Fall. Nur bei uns in der Schweiz könnte man manchmal meinen, wir seien um das Gegenteil bemüht. Obwohl die Literaten bei uns eher dünn gesät sind, freuen wir uns überhaupt nicht, wenn ein neuer hinzukommt.

Dies vorausgeschickt, muß man sagen, daß uns Ludwig Hohl nicht gerade entgegenkommt. Wie er mir anvertraute, ist ihm die Auseinandersetzung lieber als der Beifall. Es ist nicht unbedingt von Vorteil für ihn, daß er die seltene Gabe besitzt, unangenehme Fragen zu stellen und an Probleme zu rühren, die man für gewöhnlich lieber im Dunkeln läßt. Der Untertitel, den er seinem Werk *Die Notizen* gegeben hat, bestimmt seinen Standort: ›Von der unvoreiligen Versöhnung‹. Welt und Gesellschaft akzeptieren, warum nicht! Aber nur mit der Weitsicht des Unbestechlichen und nicht ohne mit dem Finger auf die schwachen Stellen gezeigt zu haben. Hohl hat mit größerer Intensität gelebt und gelitten als der Durchschnittsmensch. Das hat ihn geprägt und befähigt, geradeheraus, mit einer fast naiv scheinenden und bis ins letzte Detail reichenden Ehrlichkeit das Leben und die Welt darzustellen. Daß er auch seine Rolle als Bürgerschreck spielt, leuchtet dem ein, der weiß, was für eine starke Persönlichkeit Hohl ist.

Nachdem ich mich in die Lektüre der *Notizen* vertieft hatte (ohne zu ahnen, wie sehr ich von all diesen Überlegungen und Betrachtungen fasziniert sein würde), stellte sich alsbald der Vergleich mit Léon Bloy ein, was auf den ersten Blick absurd klingen mag. Schaut man jedoch genauer hin, so gibt es viel Ähnlichkeit zwischen dem Autor von *Vier Jahre Gefangenschaft auf Cochons-sur-Marne* und dem der *Notizen*. Abgesehen davon, daß letzterer überzeugter Atheist ist, ist da der gleiche Schrei aus

Wut und Leid, dieselbe Lust, es mit dem Gegner aufzunehmen, und wenn es Windmühlen wären.

[...]

Um eine Idee dessen zu vermitteln, was *Die Notizen* sind, wüßte ich nichts Besseres wiederzugeben als das, was Otto Basler dazu bemerkt hat: ». . . ein aphoristischer Roman; ein Roman in der Form vielleicht, wie er in hundert oder mehr Jahren . . . einmal Mode sein wird.« Ich ginge noch weiter und würde sagen: ein Roman, der nur aus dem Skelett besteht, ein Roman ohne Held (es sei denn, der Autor ist der Held; dieser tritt aber praktisch nicht auf), ohne Handlung, ohne Beschränkung durch einen fixen Plan; ein Roman, in dem allein Ideen gegenwärtig sind, in der strikten Ordnung und Reihung der Logik des Denkens.

Die Notizen, gegliedert in Teile und numerierte Abschnitte, bilden ein vollkommen homogenes, kohärentes Ganzes.

Man kann beim Lesen nicht mit allem einverstanden sein – im Gegenteil. Es ist eine herausfordernde Lektüre, auf die man sogar wütend werden kann. Manchmal möchte man das Buch zum Fenster hinausschmeißen, weil man es als Zumutung empfindet. Und dann liest man doch weiter. Es klingt komisch, aber für mich ist das das aufrichtigste Lob, das man den *Notizen* spenden kann, und ich bin sicher, daß mich Hohl, der weiß, wie sehr ich von seinem Werk eingenommen bin, recht versteht.

Dies kann natürlich nur jenen kleinen Kreis von Zeitgenossen interessieren, denen Denken – Gehirnarbeit – ein Vergnügen und eine Notwendigkeit zugleich ist. Die *Notizen* werden also alles andere als ein Verkaufserfolg sein.

Außerhalb jeder literarischen oder philosophischen Betrachtungsweise, beleuchtet dieses Werk (selbst entgegen den Wünschen und Interessen des Autors!) gewisse Aspekte und Schwierigkeiten der Schriftsteller unserer Zeit, die hier einmal angesprochen werden sollen.

Nach der Publikation des ersten Bandes der *Notizen*, 1944, weigerte sich Hohls Verleger, den zweiten Band herauszubringen, obwohl ihn ein Vertrag dazu verpflichtete. Es kam zum Prozeß, Hohl gewann ihn, und so konnte jetzt – zehn Jahre später – der zweite Band erscheinen. Die literarische Kompetenz, welche die Richter des Zürcher Handelsgerichts an den Tag legten, ist übrigens beachtlich.

Damit scheint die Sache erledigt zu sein. Wer einen Blick in die Prozeßakten wirft, ist indessen überrascht, wie selbstverständlich man sich über die materielle Lage des Schriftstellers hinwegsetzt: Wenn er keinen Nebenberuf annimmt (für einen wahren Schriftsteller steht die eigene Produktion immer an erster Stelle), ist ihm ein selbst bescheidener Lebensunterhalt verwehrt. Er ist gezwungen, von privatem Geld, Vorschüssen des Verlegers, geringfügigen Subventionen zu leben, oder besser gesagt, zu vegetieren. Seit den Romantikern weiß man, wie anregend Not auf die Musen wirkt. Mir scheint jedoch, daß man dies nur im nachhinein meinen kann. Der Betreibungsbeamte vor der Türe hilft sicher nicht, eine Ode zu dichten. Etwas anderes – was Ludwig Hohl unmißverständlich dargelegt hat – ist die Stellung des Autors in der Gesellschaft. Hat man nicht einen begehrten Literatur-Preis in der Tasche, kann man sich unmöglich als Schriftsteller (geschweige denn Dichter!) ausgeben, ohne Befremden zu erregen. »Es sind nicht die Manuskripte (und wären es die eines Montaigne), die in den Augen der Welt aus jemandem einen Schriftsteller machen, sondern allein das in Büchern Gedruckte.« Und diese Bücher müssen oft erst noch großen Erfolg haben, damit ihr Verfasser als Schriftsteller ankommt und auch als Person Chancen hat, ernst genommen zu werden.

Villiers-de-L'Isle-Adam hat nie daran gezweifelt, nach seinem Tod zu einem Denkmal zu kommen. Ein schwacher Trost für einen Lebenden!

(*La Tribune de Genève*, 5. 3. 1955. Übersetzt von Hugo Sarbach)

Alexander J. Seiler

Das Kleinste und das Größte

Zum Werk des Schweizer Zeitgenossen Ludwig Hohl

»Er wollte gelassen das einsamste Leben annehmen, wenn ihm in diesem nur die Möglichkeiten zur eigenen Leistung, zum Malen, nicht entzogen wurden.« Viele haben Ähnliches geschrieben, Unzählige Ähnliches gesagt – ganz Wenige haben es gelebt. Der Maler Andreas W., von dem es hier gesagt ist, wird bei dem Versuch, es zu leben, vor Hunger und Erschöpfung wahnsinnig. In der Irrenanstalt stellen die Ärzte die Diagnose, »es sei nicht ausgeschlossen, daß der Patient nach einiger Zeit geheilt wieder entlassen werden könne.« Doch müsse man sich hüten, »den Mann nach einer allfälligen Heilung (...) wieder denselben Verhältnissen zu überlassen (...), denn das Leben, das er führe, habe einen schlechten Einfluß auf seinen Geisteszustand.«

Ludwig Hohl, der dies vor fast drei Jahrzehnten in einer seiner ersten Erzählungen geschrieben hat, ist bis heute zwar weder verhungert noch wahnsinnig geworden. Und doch hat er den Satz vom »einsamsten Leben« eingelöst mit einer Konsequenz, wie sie nur jenen ganz Wenigen beschieden (oder soll man sagen: vergönnt?) ist. Seine Leistung: vier Bände einer Prosa, die zum Dichtesten, Härtesten, Wahrsten gehört, was in den letzten Jahrzehnten in deutscher Sprache geschrieben wurde. Sein Leben: die äußerste Armut, nein: Not; die größte geistige Isolierung; und jene totale Erfolglosigkeit, die auf die Dauer auch den Stärksten wenn nicht bricht, so doch unterhöhlt. Wer heute den Namen Hohl in die literarische Diskussion wirft, erntet entweder blanke Ahnungslosigkeit oder jenes halbe Lächeln, das besagen soll: ich weiß, ich weiß – und das besagt: ich weiß gar nichts.

Man weiß gar nichts von Hohl. Zwei, drei seiner Schriftstellerkollegen achten, verehren ihn; ein paar Kritiker haben ihm bei gebotener Gelegenheit den Tribut ihrer professionell gedämpften Zustimmung entrichtet; wer sonst seinen Namen kennt, gibt sich fast ausnahmslos mit dem fait divers zufrieden, daß da in Genf ein

Mann, ein verschrobenes und verkanntes Genie (vielleicht auch nur ein interessanter Spinner?) in einem Kellerloch à la Dostojewskij haust, allein mit ein paar Katzen und einem Rotkehlchen und einigen dreißig Metern durch den Raum gespannter Wäscheleine, an der zu Tausenden die Zettel mit jenen »Notizen« hängen, die kein Mensch liest. (Kein Mensch liest sie, das stimmt: von Hohls vier gedruckten Büchern wurden insgesamt keine tausend Exemplare abgesetzt, und wer sie heute kaufen will, der muß warten, bis sich der Verlag dazu bequemt, aus dem Überfluß der Restposten wieder ein paar Exemplare binden zu lassen.) Ab und zu mag im »souterrain« des ärmlichen Mietshauses im Arbeiterviertel Jonction ein neugieriger Reporter erscheinen, angezogen von der lokalen Fama um den kuriosen »Monsieur Ludwig«, von dem mir der Taxichauffeur launig mitteilt: »C'est un bohème, quoi?« Sonst: Schweigen unter der niedrigen, stockfleckigen Decke der einstigen Waschküche, nur unterbrochen von lauten Stellen in dem inneren Dialog, den der Bewohner dieser Katakombe seit vier Jahrzehnten mit sich führt – mit sich und jenem Leser, den er bisher nicht gefunden hat, und der in seinen Büchern doch aufs bestimmteste mitenthalten, mitgebildet, wohl vor allem: vorgebildet ist. »Mehr und mehr habe ich mich überzeugen müssen«, heißt es da schon zu einer Zeit, als der Erfolg (oder doch das Echo) noch denkbar war, »daß die Bedeutung eines Schriftstellers proportional ist seiner Fähigkeit, sich über die Leser hinwegzusetzen; – *bei einer löwenmäßigen Sicherheit – denn ohne das Soziale geht es nicht –, doch einen Leser zu haben, und einen wunderbaren.*«

Ludwig Hohls Mißerfolg mag monumental sein, ein unbegreifliches Ärgernis einer Zeit, die gewohnt ist, jede, auch die geistigste Leistung an der klingenden Münze und den dröhnenden Lautsprechern des Erfolgs zu messen (und in der theologisierende Schillerpreisträger denn auch wirklich so viel verdienen wie noch vor dreißig Jahren bestenfalls ein Edgar Wallace) – relevant an diesem Mißerfolg ist im Hinblick auf eben jenen potentiellen Leser doch nur, daß er das Werk selber verstellt und in die heute mit Recht so verpönten Sphären esoterischer Exklusivität entrückt. Über Hohls Mißerfolg, sein Außenseitertum ist viel, über sein Werk sehr wenig geschrieben worden. »Das einzig Wichtige ist das Werk«, sagt Hohl, über die Blätter des Manuskripts »Von den hereinbrechenden Rändern« gebeugt, deren definitive Ordnung und Sichtung er seinem von Entbehrung und Krankheit geschwächten Körper auch heute noch täglich abzuringen versucht. »Das Werk – von allem anderen bleibt nichts übrig, soll nichts übrig bleiben vor dem Gericht. Nicht jedem ist es vergönnt, einen Schlußstein zu setzen von der Art jenes ›dans le temps‹, mit dem Proust sein Lebenswerk krönte. Und doch, und doch, es bleibt nichts als das Werk.« Das Licht ist trüb in dem vom Dunst der Zigaretten und des billigen Rums verhangenen Raum, und Hohl hat Mühe, den Text zu entziffern, den er mir vorliest. Immer wieder hält er inne, um die Gläser der schweren Hornbrille klarzureiben, noch klarer zu reiben. Aber die belegte, gleichsam zerfressene Stimme klärt sich, wird tragend, schwillt an, und aus dem unterirdischen Grollen verhaltener Leidenschaft löst sich etwas wie ein sehr harter, sehr reiner Glanz. Ich denke an jene Stelle aus den *Notizen*: »›Unrein, unrein!‹ riefen die mittleren Engel. Aber aus dem höchsten Himmel tönte ein Ton: ›Rein!‹.« Dann jene andere: »Sein Gewicht rührte eben daher, daß er den Dingen nicht davonlief, sondern an seinem Orte blieb, um sie weiterzubringen (. . .); daß er die Dinge, das Seinige bejahte, somit auch das unentrinnbar verbundene Dunkel bejahte . . .« Und endlich: »Arbeiten ist nichts anderes als aus dem Sterblichen übersetzen in das, was weitergeht.«

Fünf Jahre nachdem Hohls letztes Buch, der zweite Band der *Notizen*, fast unbeachtet erschienen ist, mag es an der Zeit sein, sich seinem Werk ohne Schielen nach dem – Mißerfolg zuzuwenden.

Nuancen und Details

Ludwig Hohl wird als Pfarrerssohn am 9. April 1904 in Netstal (Kanton Glarus) geboren. »Meine Kindheit, im ganzen, war so scheußlich, daß ich von ihr lieber nicht zu reden beginnen will.« Der Besuch der Schulen erfolgt im Kanton Thurgau; er »hörte gegen das zwanzigste Jahr hin, allmählich und irgendwie auf (so daß wohl meine Bildung, soweit eine vorhanden ist, als überwiegend autodidaktisch bezeichnet werden muß). Die entscheidende Zeit geistiger Formung – Umwandlung, Festigung – verbrachte ich im Ausland (1924 bis 1937).« Mehr hat Hohl über seine »äußere« Biographie nicht geäußert. Über die »innere«: »Ich sehe nur Einzelnes, wie etwa: Rund ein Jahrzehnt meines Lebens, von Zwanzig bis gegen Dreißig, war von einem heftigen dunklen Ringen erfüllt (ich spreche selbstverständlich nur vom Bereiche des Schreibens, denn was im übrigen dunkles Ringen ist . . .), bis dann auf einmal ein mächtiger Ausbruch kam (*Die Notizen*, 1934 bis 1936 = 30. bis 33. Jahr); einem dunklen Ringen: unendlichen Schreibarbeiten – ›Arbeiten‹ jedoch im niederen Sinne, nicht im wirklichen, dem schöpferischen; von unter größtem Selbstzwang stehenden Schreiben und Schreiben, das keine Frucht brachte – abgesehen von, gegen das dreißigste Jahr hin, einigen Ausnahmen, kleinen Inseln: ein paar Erzählungen von geringer Bedeutung und Stücken von ›Nuancen und Details‹. Dann, wie schon angedeutet, kam alles von selbst. ›Die Notizen‹ sind geschrieben worden in einem während dreier Jahre fast unveränderten Zustand – welcher mir aus der Ferne als derjenige einer fortwährenden Glut, wie die Zeit einer einzigen Eruption erscheint. Dann nahm Jahr um Jahr die schöpferische Potenz langsam immerzu ab; es war nach dem großen Ausbruch irgendetwas erschöpft worden. Bis, in Zusammenhang mit einer neuen Verbindung, vor allem aber durch die Erwartung meines Kindes und jene kurze Zeit, die mir mit ihm zusammenzuleben vergönnt war, ein zweiter Höhepunkt eintrat (die hauptsächlichen Stücke von *Von den hereinbrechenden Rändern*, 1949-1951).« Auch an Hohls Biographie ist das einzig Wichtige das Werk, und wo dieses »Autobiographisches« enthält wie den Anhang zum VII. Teil der *Notizen*, da stehen dann wiederum Sätze wie: »Ich will nie mehr sagen, daß ich ein Werk fertig habe: *alles ist Werk*.« Oder: »Ja, ich fasse nun alles, was sinnvoll – mit voller Bejahung seines Wesens – unternommen ist, als Produktivität auf.« Und: »Unabhängigwerden: ganz und gar nichts nachfragen Staat und Familie (sozialem Ausweis, Stellung) und, was mehr noch ist, überhaupt der Meinung der Menschen; und, was am schwersten ist, manchmal auch der der Nächsten.«

Nein, das Leben dieses Ludwig Hohl besteht nicht in dem umkehrbaren Ablauf der Ereignisse und Daten, die dazu da sind, Herrn Meyer zu einem Nekrolog von durchschnittlicher Zeilenzahl zu verhelfen. Es beginnt, und es wird enden mit jenen *Nuancen und Details*, die er, Hohl, als Titel über sein erstes Werk von Belang setzt: Untersuchungen, Ausscheidungen, Ausformungen auf Grund jener allmählich aufdämmernden und eines

Tages hell aufblitzenden Erkenntnis, daß die Welt, die Wahrheit nur im Einzelnen, im Kleinsten zu fassen sei, und dieses nur im Hinblick auf das Größte. »Bei einer Arbeit hatte ich plötzlich das eindringliche Gefühl, daß man nicht nur vom Ganzen aus das Einzelne finden kann, sondern auch vom Einzelnen aus das Ganze dominieren«, heißt es in *Nuancen und Details*, und im I. Teil der *Notizen* steigert sich diese Erfahrung zu der Einsicht: »Dieser hielt sich ans Einzelne und änderte das All. Jener predigte das Universale und änderte weder das All noch das Einzelne.« Aus der gequälten Schwermut der ersten Erzählungen, die tappend, gehemmt von der konventionellen Vorstellung des »Dichtens«, um das dunkel geahnte Weltgeheimnis kreisen, erwacht ein zum Schauen geborenes Auge zu den hellen Durchblicken, welche die Dinge, alle Dinge, für den bereit halten, der sie ernst nimmt. »Man darf nicht dichten beim Dichten« – diese zweite, grundlegende Einsicht ergibt sich nun wie von selbst, und sie öffnet Hohl den Zugang zu seiner Form, seinen Mitteln, so wie jene erste ihm seinen »Stoff« erschloß: das Leben im Leben oder, wie er es bald formuliert, das »Verhältnis zwischen der Wirklichkeit und dem Realen«. Und auch alles andere ergibt sich nun von selbst oder ist, um eine Lieblingswendung Hohls zu gebrauchen, »schon da«: fast plötzlich wird der unbeholfene Anfänger zum souveränen Meister des Worts, des knappen, hartglänzenden, fugenlosen Aperçus, der lapidaren Einheit von Bild und Gedanken, des scharf konturierten Fragments, in dem doch jedesmal die Summe des Ganzen aufleuchtet. »Sich eine Idee des Ganzen machen entspricht dem schwächsten geistigen Vermögen. Die höchste Summe von einzelnen Vorstellungen häufen – nein: durchlaufen – entspricht dem größten geistigen Vermögen.« Und: »Alles ist Fragment gewesen, was je geschaffen worden ist.«

Die Notizen

In drei Jahren äußerster materieller Not und »größter geistiger Einöde« entstehen in Holland jene über tausend Druckseiten der *Notizen*, in denen wir bis heute Hohls Werk zu erblicken haben. 1944, sieben Jahre nach Abschluß des Manuskripts, erscheinen die ersten sechs der zwölf thematisch geordneten Teile in einem ersten Band, der das Erscheinen des zweiten in Jahresfrist ankündigt. Aber erst nach zehn Jahren und durch ein handelsgerichtliches Urteil ist Hohls Verleger dazu zu bewegen, seine vertragliche Verpflichtung zu erfüllen. So zerfällt nach außen von Anfang an in zwei Hälften, was als Einheit geschaffen und nur als Einheit zu verstehen ist, und Hohl wird von der Kritik (mit einer einzigen Ausnahme) als das gewertet und rasch auch abgestempelt, was er wesentlich nicht ist: als glänzender, erratischer Aphoristiker, als ein Mann, der zu allem Möglichen, Wichtigem und Unwichtigem, Wesentlichem und Entlegenem, gescheite Gedanken und frappierende Einfälle vorzubringen hat. Das aber, worum es geht: eben jene Summe des Ganzen, die sich nur als Fragment und im Fragment sagen läßt und die das genaue Gegenteil der künstlichen, konstruierten und darum leeren »Endresultate« und »Schlußfolgerungen« der Herren Universalisten und »Quintessenzenmeier« ist – das wird übersehen, muß übersehen werden. Man pflückt die Früchte und übersieht das, was man an ihnen erkennen soll. Auch Nietzsche müßte, so betrachtet, als Aphoristiker gelten.

Dabei ist das künstlerische und denkerische Gesetz, unter dem die *Notizen* in ihrer Gesamtheit stehen, im Gegenteil jenes, daß Resultate, Konklusionen, ewige Wahrheiten nichts – Methoden, Wege, Applikationen alles seien. Die Wahrheit mag ewig, unveränderlich, unteilbar sein – real wird sie nur in dem ganz konkreten und immer neu einzuschlagenden Weg, der zu ihr führt, in dem kurzen und jedesmal einmaligen Augenblick ihres Aufblitzens. »*Schauen ist tatsächlich alles, Wissen geht immer fehl* (das heißt das Wissen, das dauern will; das *höchste* Wissen kann nur einen Moment bestehen, eben den Moment, da es entsteht, im Schauen enthalten ist).« »Die Welt besteht aus Straßen, von denen die wenigsten erst begangen sind. All der ungreifbare Raum um dich besteht aus Straßen, die du nicht als solche vermagst zu erkennen. Straßen muß der Mensch nicht bauen. Den Mut haben, eine Straße zu erkennen, das ist Leistung.« Und: »Unser eigentliches Ziel ist der Weg. Die Größten sind nur *die größern Wegkundigen.*« Erkenntnis kann man nicht übermitteln, vermitteln, aufbewahren – sie ist nur dort, wo der Einzelne sie vollzieht, und das heißt: neu vollzieht. Und in diesem Vollzug ist denn auch bereits die Tat enthalten: »Wo Schau und Tat eines werden, dort ist das Höchste. Durch das Tun wächst das Sehen, durch das Sehen wächst das Tun.«

Eine tätige Schau, eine fortwährende Praxis des Erkennens – das sind *Die Notizen*: Dichtung auf jener höchsten Ebene, wo sich Künstler und Denker treffen, um im Sehen, im Bild den Begriff, im Gedanken all jene Bilder zu verbrennen, die nicht in den Dingen selber wurzeln. Und siehe: solches Dichten, fern, fern allem Erdichten, ist nichts anderes als eine höchste Form jenes Tuns, zu dem der Mensch, jeder Mensch, bestellt ist in diesem Leben. Mehr: sie ist die höchste Form, die höchste Verdichtung des Lebens selber, des unerschöpflichen, immer schöpferischen – und wo immer solche Verdichtung, solcher Vollzug des Lebens geschieht, da ist der Tod überwunden. »Es ist aber etwas tun und solches Tun – eigenes Tun, zu dem dich nicht fremde Gewalten nötigen, – das einzige, was Leben gibt, was retten kann. *Solches* Tun nenne ich Arbeiten.« Und so darf es denn heißen: »Arbeiten ist nichts anderes als aus dem Sterblichen übersetzen in das, was weitergeht.«

Vom Arbeiten und vom Tod

Das Arbeiten und der Tod – das sind die zentralen Themen der *Notizen.* Um zum rechten Arbeiten, zum Schöpferischen zu kommen auf welchem Gebiet auch immer, muß der Mensch mit dem Tod anfangen, denn wo er nicht arbeitet, nicht verdichtet, nicht schöpferisch ist, da allerdings ist das Leben nicht mehr als eine Krankheit zum Tode. »Wo du nicht positiv – nicht eigenes Leben – lebst, lebst du schon negativ, schon das Leben anderer«, und das heißt: den Tod, das Verkümmern, das Dahinsiechen. »Der Mensch hat die Pflicht, reich zu sein«, und »es gibt nur ein Unglück: daß einer nichts zu tun hat oder gezwungen wird, etwas Falsches zu tun. Falsch« aber »ist jede Tätigkeit, die die Fähigkeiten des Ausübenden nicht steigert.« »Die Produktivität ist die höchste Produktion.«

Wem es noch nicht klar sein sollte: was Hohl Arbeiten nennt, ist der diametrale Gegensatz, mehr: die Gegenposition zu jenem mechanischen Ausführen, Wiederholen, Funktionieren, das der Mensch des zwanzigsten Jahrhunderts unter Arbeit versteht. »Man darf nicht enden, darauf aufmerksam zu machen, daß die meisten Menschen sich vor dem Arbeiten flüchten nicht in die Faulheit – nicht in die apparente Faulheit –, sondern in eine total tote Beschäftigung; nicht in die Bewegungslosigkeit ... die wahre heutige Faulheit besteht in einer toten Bewegung.« Und: »Dies habe ich gesehen: Die Leute strengen sich nicht an; vielmehr: sie strengen sich sehr an, sich nicht anzustrengen; sie ermüden sich irgendwie.« Und so erkennen sie auch nichts, sehen nichts, sind blind, und so sagen sie denn, die Welt sei nicht zu verändern, und alles bleibe doch beim Gleichen. Jener Herr Meyer sagt es, »der von sich gerne behauptet, daß er festen Boden unter den Füßen habe«, und jene Frau Meyer sagt es, die ständig damit beschäftigt ist, sich Beschäftigung zu verschaffen. Und dabei: »Sage ich denn, daß Frau Meyer die Werke Goethes hätte schreiben sollen? Das Schöpferische in dem universalen Sinne, wie ich es verstehe, hat nicht nur mit jenen eigentlicheren, den höchsten Werken zu tun; es geht, jeden nach seinem Maß, alle an. Auch Frau Meyer könnte ein wertvolleres Leben führen, – könnte nicht nur, sie hat es sogar durchaus nötig: so nötig, daß sie darüber krank ist seit Jahren.« Krank zu jenem Tode, der nicht erst kommt, sondern schon da ist mitten im Leben.

Fast zwei Jahrzehnte vor Samuel Beckett entstehen Hohls *Notizen* aus jener Situation der modernen Existenz, die im »Warten auf Godot« ihr geläufigstes Bild gefunden hat: der Erschöpfung, der Lethargie, der totalen Lähmung des Menschen und deren Spiegelung in dem immer rasenderen Leerlauf der Apparatur. Aber anders als die sogenannte Avantgarde begnügt Hohl sich nicht mit einer brillanten Diagnose, sondern holt aus zu der einzig möglichen Gegenbewegung: jener des Menschen zu sich selber. Die *Notizen* sind nichts anderes als die aus kleinsten Anfängen, den Nuancen und Details des Alltäglichen, sich steigernde Spirale dieser Gegenbewegung – und gleichzeitig die Bestimmung von deren geometrischem Ort: der eigenen Stelle. Wenn irgendein Werk der zeitgenössischen deutschen Literatur die Modebezeichnung »existenziell« verdient, dann sind es diese *Notizen*.

Die unvoreilige Versöhnung

Was kann der Mensch tun an der eigenen Stelle, er, dessen Mittel bescheiden, klein, scheinbar nichtig sind? Er, der Machtlose? Eben dies: keine Macht wollen, sondern Wert; mehr Leben wollen nicht als Quantität, sondern Qualität. »Vom Erreichbaren und vom Unerreichbaren« handelt der II. Teil der *Notizen*. Er könnte auch heißen: von den Anwendungen des Arbeitens. Weniges ist erreichbar, vieles ist unerreichbar, aber im erreichten Erreichbaren, und nur in ihm, wird auch das Unerreichbare erreichbarer. Es gibt keine »großen Taten«, sondern nur diese drei: die große Idee, die kleinen Ideen, die kleinen Taten. Sind sie geschehen, ist auch die große Tat bereits getan. »Daß die Welt sehr wenig durch den Geist, durch die menschliche Tätigkeit geändert wird, wissen wir ganz genau. Aber: *wie klein* auch die durch den Geist geschehene Veränderung sei; wir wissen, *daß darin doch das ganze Leben*, darin allein der Wert ist.« Und darum »meine ich, nein, bin ich überzeugt, daß jeder gerade nur dadurch lebt, wie er die Welt doch verändert und sollte diese durch ihn geschehene Veränderung noch so gering sein«. In der Un-Sprache der modernen Psychologie ausgedrückt: wir leben nicht aus unserer Anpassung, sondern aus unserer Neurose; nicht aus unserem Gleichgewicht, sondern aus unserem Zwiespalt, nicht aus der Vermittlung, sondern aus dem Drama. Und nur im Austragen, Ausfechten dieses Dramas, das bei den Becketts und Ionescos, bei den Meyers und Müllers nicht stattfindet, liegt die echte, die erreichbare, die unvoreilige Versöhnung. »Der Mensch muß erst seinen Bruch mit der Natur sehen, um wieder Natur zu sein.« Nur wer Zwei gedacht, gesehen hat, darf Eins sagen. Und von jedem, der dies tut, irgendwo, im Kleinsten, Nächstliegenden – von jedem, der die Zwei nicht leugnet, sondern aneinander steigert, gilt dann jenes Höchste: »Wenn DU dich verwandelst, verwandelt sich die Welt.« Die wahre Versöhnung geschieht immer nur durch jene »dritte Klasse, die des Sokrates, die der Unversöhnlichen«. Denn überall dort, wo nichts Neues, keine Veränderung, kein Drama geschieht, wo alles beim Alten und dessen Erhaltung bleibt – da ist der Tod bereits eingetreten, dort herrscht Verwesung.

»Von der unvoreiligen Versöhnung« lautet der Untertitel der *Notizen*. Er ist insofern irreführend, als die *Notizen* diese Versöhnung eines Unversöhnlichen nicht verkünden, predigen, abhandeln, sondern vollziehen, man möchte sagen: leben. Aus der unvoreiligen Versöhnung sind sie geschrieben, und daraus ergibt sich auch alles Weitere, was von ihnen hier gesagt werden kann. Ob sie nun von »Reden, Schwatzen, Schweigen« (III. Teil) oder von jenem »Leser« (IV. Teil) handeln, dessen schöpferischer Widerstand ihnen eingebildet ist; ob es um die Kunst geht oder um das Schreiben (V. und VI. Teil) oder ganz einfach um »Varia« (VII. Teil) – jeder einzelne Abschnitt und auf weite Strecken jeder einzelne Satz sind Zeugnisse jenes schöpferischen Sehens, das nur die voll ausgehaltene und immer wieder gesteigerte Spannung zu den Dingen verleiht. »Wir werden alles in seiner Härte lassen«, heißt es von diesem Sehen und seinen Gesichten. »Wir werden uns zehntausendmal nötigen, einfach abzubrechen, wenn die Hinüberführungen, die Milderungs-Glanz-Stückchen beginnen. (. . .) Wir werden tausendmal sengen und tilgen, wenn es uns in ermüdetem, in umnebeltem, in forciertem, jedenfalls der Natur abgewendetem Zustand doch vorgekommen ist, etwas mehlig-Verbindliches, mild-auslaufen-Lassendes, den Leser Umschmeichelndes zu dem Richtigen hinzusetzen. – Und immer werden wir tausendmal vorziehen, etwas Unverständliches zu schreiben, statt dem Leser zuliebe ein Unverstandenes. (– alles Schmeichelnde, verbindlich Grüßende, Konventionelle ist unverstanden: undurchsichtig, undurchklärt.)« Und das Geheimnis solchen Sehens: »Höheres, oder Intensiveres, als volle Lebensteilnahme gibt es nicht. Wenn diese irgendwo erreicht oder fast erreicht ist, geht ein ungemeines Zittern, Glitzern, eine Radiation davon aus, die immer dieselbe ist.«

Aber auch die vorwiegend polemischen Teile VIII und IX (»Apotheker«, »Literatur«) gehören nicht minder zum Bau des Ganzen als die abschließenden »Traum und Träume« (X), »Vom Tod« (XI) und »Bild« (XII): zur unvoreiligen Versöhnung gehört auch der Gang durch jene Bezirke, wo es keine, keinerlei Versöhnung gibt, und erst wenn sie durchmessen sind, gewinnen die versöhnenden Kräfte, jene des Bildes, die allein den Tod überwinden, ihre volle Potenz. Dann, erst dann, darf es etwa heißen: »›Er lebt im Traum.‹ Das Schöpferische muß sich tatsächlich im Traum halten können. Es kommt auf die Kraft an, mit der man den Traum bewahren kann. Was morgen Wirkung und Tat ist, muß immer heute Traum sein.« Oder: »Wer nicht zaubern kann, der ist verloren.« Oder: »Alles, was du bist, wirst du einst sein.« Bilder: Traum, Freude, Wunder, Zauberei, auch Kunst – sie sind das, was der Mensch gewinnt, wenn er mit dem Tod anfängt: Mittel und Resultate zugleich des richtigen »Arbeitens«; und weil sie in der Phantasie, der »höchsten menschlichen

Tätigkeit«, den Tod überwinden, darum ist »der Kreis eine Lüge« und die Spirale der einzige geometrische Ort des Lebens. »Was die größte Herrlichkeit, das höchste Glück ist? Wenn das subjektive Denken plötzlich ins objektive umschlägt. Das ist genau ein Augenblick wie der, in dem man den Tod überwunden hat; es ist derselbe Vorgang; man kann den Tod nur so überwinden.« »Die Evokation der Dinge ist das Ewige.«

Ludwig Hohl und die Zeit

Muß nach all dem noch eigens ausgesprochen werden, daß Ludwig Hohl ein höchst moderner, ein im genauesten Sinne zeitgemäßer Künstler ist? Wenn ich bedenke, daß mir vor kurzem ein angesehener Schweizer Kritiker bedeutete, Hohls Erfolglosigkeit sei wohl nicht zuletzt dem Umstand zuzuschreiben, daß er in seinen »Aphorismen« immer nur Goethe, Montaigne, Spinoza, Lichtenberg, bestenfalls Proust und Valéry, niemals aber Joyce, Kafka, Sartre, Camus, Faulkner und Ezra Pound zitiere – dann scheint es mir doch angezeigt zu sein. Ähnlich wie das Lebenswerk Rudolf Kassners bezieht auch das Ludwig Hohls seine Modernität – und was heißt das anderes als eine tiefe Übereinstimmung mit dem Puls unserer Zeit? – aus seiner strengen Isolierung von allen kurzlebigen Modernismen. Es ist aus jenem harten Material gemacht, das von jeher nur darum die Jahrhunderte überdauerte, weil es nicht den Wanderdünen des sogenannten Zeitgeistes, sondern dem glühenden Magma der Spannung zwischen Vergangenheit und Zukunft entnommen war. Der Mut zum Fragment, zur Offenheit eines von keinerlei System verbauten Denkens; die vorbehaltlose Annahme des eigenen Subjektiven als des einzig möglichen Wegs zum Objektiven; die Gewißheit, daß der Mensch zuletzt nicht zum Denken im à-peu-près ephemerer Begriffe, sondern zum Schauen der Dinge in der Idee bestellt sei; der Verzicht auf die Bequemlichkeit vorgeformter (und hohl gewordener) Formen; und vor allem anderen die entschiedene Weigerung, abzudanken vor der Frage nach dem Sinn – das alles stellt Hohl in die sehr schmale Reihe jener Zeitgenossen, die einen Weg in die Zukunft weisen. »Und so hatte er an den Grenzen der Nacht sich sein Haus eingerichtet, zuäußerst an der Kante, wo die Welt plötzlich abbricht, um ins nichts zu versinken. Sie gewährte ihm keinen andern Platz. Der Sprung in die Nacht, ja, diese Möglichkeit wäre ihm geblieben, aber er sagte: ›wir dürfen nicht‹, und hat sich dort sein Haus eingerichtet« – so heißt es in jener Erzählung von dem Maler Andreas W.

(*National-Zeitung*, Basel, 24. 4. 1960)

Walter Weideli
Hohl zur Einführung

»– Wollten sie ihn feiern?
Er war ja gar nicht mehr.«
L.H.

Hohl bedarf keines Kommentars. Was er schreibt, ist klar, direkt, genügt sich selbst. Nicht sein Werk zu glossieren ist daher meine Absicht, sondern darauf *aufmerksam* zu machen, ihm mehr Leser zuzuführen – *erstens* seine Existenz aufzuzeigen und *zweitens* seinen Nutzen. Es ist nicht wahr, daß sich ein Genie von selber durchsetzt, und auf jeden Fall, aus dem alleinigen Grund, daß es genial ist. Bis jetzt bewies Ludwig Hohls Geschick – oder Mißgeschick – eher das Gegenteil. Seine *Notizen* [Zahlen in Klammer beziehen sich im Folgenden auf dieses Werk; Anm. d. Übersetzers] entstanden zwischen 1934 und 1936. Der erste Band fand erst 1944 einen Verleger. Es brauchte zehn Jahre – einen gewonnenen Prozeß und Rekurs beim Bundesgericht –, damit der zweite erscheinen konnte. Und noch heute, ein Vierteljahrhundert nach der Niederschrift, bleiben diese etwas über 1000 Seiten, die zu den aussagekräftigsten gehören, die je bei uns geschrieben wurden, unbekannt, außer für ein Dutzend Kenner, die sich – so Frisch oder Dürrenmatt – manchmal unter vier Augen darauf berufen. Man kann diese Umstände beklagen; man kann sie auch erklären. Sie müßten nicht sein, könnten anders sein. Untersuchen wir sie also!

Das Denken, sagt Hohl, ist eine Arbeit, und alle Arbeit hat gegen konkrete, einzelne Widerstände anzukämpfen. Hohls Kampf ist genau datierbar. Er führte ihn zu einer Zeit, in der sich sein Land dem Geiste unzugänglich zeigte wie vielleicht nie zuvor. Es ist wahr, daß sich dieses Land bedroht fühlte. Nun, Furcht führt zur Lüge! Man verlangte damals von einem Schriftsteller, daß er gewisse ›Werte‹ verteidige, an erster Stelle eine falsch aufgefaßte, falsch definierte Freiheit. Freiheit kann – wie jeder andere Wert – weder in Besitz genommen, noch verteidigt werden: man muß sie Tag für Tag neu erobern. Wer nach ihr verlangt wie nach einem Vermögen, nach einer Erbschaft, hat sie schon verloren. Die Schriften dieser Epoche – diejenigen wenigstens, die aufgenommen, gelobt wurden – zeugen von der Gefallsucht der überwiegenden Zahl unserer Schriftsteller. Jene Schriftsteller (falls sie diesen Namen überhaupt verdienen) verleugneten die wirklichen Konflikte ihrer Zeit, gingen ihnen aus dem Wege. Sie übernahmen fixfertige Lösungen, Formeln, eine Sprache, eine Ästhetik, die andere, vor ihnen, mühsam erarbeitet hatten, die aber jetzt, bei ihnen, toter Buchstabe wurden. Diese Faulheit, diese Abdankung bekämpfte Hohl als einer von wenigen. Und er war der einzige jedenfalls, der dagegen so entschieden, präzise und gründlich ankämpfte. Für ihn beginnt nämlich die Moral bereits auf der Stufe des einzelnen Wortes. Der Polemiker Hohl macht nicht den ganzen Hohl aus, bei weitem nicht. Jeder Schriftsteller bei uns, und deshalb auch jeder Leser, der lesen lernen möchte, täte aber gut daran, die Kapitel der *Notizen*, in denen Hohl polemisiert, genau anzuschauen. Zu sagen, Hohl erweise sich darin als ›brillanter Stilist‹, halte ich für falsch. Vor dem Stil kommt die Genauigkeit, die Treffsicherheit des Schreibens. Wer genau denkt, wer nachdenkt, schreibt treffend. Treffend schreiben: das ist Stil, und nichts anderes. Man sollte also sagen, Hohl sei ein Meister des Schreibens. Wie er, werde ich mich im Folgenden an das *Besondere* halten. Um von der Strenge seiner Methode eine Vorstellung zu geben, wähle ich ein einziges Beispiel – das vielleicht gewagteste – aus. Mit der Selbstsicherheit, die sich ein wirklich anspruchsvoller, produktiver Kopf ohne weiteres leisten kann, greift Hohl dabei Gottfried Keller, den Schriftsteller der Schriftsteller, das unanfechtbare und unangefochtene Vorbild aller damaligen ›nationalen‹ Dichtkunst, an. Genauer gesagt, kritisiert Hohl nur den Versemacher Keller. Drei Verse genügen ihm, um zu zeigen, was Dichtung ist und was nicht, Dichtung, die, wenn es sich wirklich um solche handelt, weder national, noch sonst etwas sein kann, sondern nur Dichtung.

KELLER »Man merkte, daß der Wein geraten war:
Der alte Bettler wankte aus dem Tor,
Die Wangen glühend . . . usw.«

HOHL »Er war total betrunken. Und zwar darum war er betrunken, weil die diesjährige Weinernte von besonders guter Qualität war. Oder umgekehrt: man merkte, daß der Wein geraten war (Doppelpunkt, d. h., jetzt kommt der Beweis): Ein alter Bettler war total betrunken. Solche Argumentation erlaubt sich der Dichter Keller in seinen Versen, der in seiner Prosa auch etwas zehnmal weniger Idiotisches für unmöglich gehalten hätte. (Weiß doch jedes Kind, daß man aus der Besoffenheit des alten Bettlers vielleicht hätte schließen können, daß er eingeladen worden war oder ausnahmsweise viele Almosen zusammengebracht oder in einer besonders finsteren Laune Wein gestohlen hatte – oder irgend etwas Ähnliches, nur nie und nimmer, daß die Qualität des Weines in diesem Jahr ein besonderes Niveau hatte.) Was geht daraus hervor? Dies: daß Keller, wenn er Gedichte machte, Verstand und höhere Ansprüche ausschaltete; seine Finger in die Leier greifen ließ und sich zufrieden gab, wenn es nur irgendwie dudelte, – wenn nur Reime und Verse fertig wurden und eben wie ein Gedicht aussahen; das heißt, daß Gottfried Kellers Versdichten der reinste Dilettantismus war.« [IX, 39]

Wenn Keller (der üble Keller) eine derart niederschmetternde Kritik einstecken muß, kann man sich vorstellen, was die kleinen albernen Potentaten unserer Literatur der dreißiger Jahre erwartet. Hohl nennt sie selten namentlich: Er hat etwas gegen Mängel, nicht gegen Leute. Darum hat diese Freude an der Kritik nichts an Bissigkeit verloren. Wären *Die Notizen* zu der Zeit erschienen, auf die sie sich entstehungsmäßig beziehen, und hätten sie die betroffenen Kreise sowie deren Leser erreicht, so hätten wir heute vielleicht bessere Leser und bessere Autoren. Aber es ist noch nicht zu spät: Fehler wechseln, die Methode bleibt.

Polemik war für Hohls Denken nur der Ansporn, nichts weiter. *Die Notizen* passen in keine Kategorie. Wenn ich sie definieren müßte, würde ich sagen, es handle sich da um Denk-, besser: Schreibübungen. Der Denkvorgang kann für einen Mann wie Hohl nicht vom Schreibvorgang getrennt werden. In diesem Sinne ist Hohl wirklich Schriftsteller, Künstler. Indem er schreibt, stößt er auf die moralischen Gesetze des Denkens, das heißt der Existenz, da alle Existenz, die nicht in Denken, Arbeiten besteht, aufgehört hat zu sein. Schreiben heißt also arbeiten, und Hohls Erfahrung dürfte für jeden Arbeiter – ob Schriftsteller oder nicht – lehrreich sein.

Was heißt arbeiten? Hohl antwortet: die Welt verändern. Zu einer Zeit, da sich die Schweiz von der Welt auf sich selbst zurückzog und ihrer kleinlich bewahrten Vergangenheit nachhing, mußte diese Definition geradezu revolutionär tönen. Ihre Tragweite reicht indessen über die Zeit und über das Land, in denen sie laut wurde, hinaus. Sie ist im Zusammenhang mit den Strömungen und den sich zuspitzenden Konflikten der gesamten deutschen Kultur zu sehen. Jeglicher romantischer Magie abhold, kann das Denken eines Hohl in gewissem Sinn in der Nähe desjenigen eines Brecht oder eines Lukács angesiedelt werden. Ich sage ›in gewissem Sinn‹, denn Hohls Materialismus unterscheidet sich als Moral von Anfang an sehr stark vom marxistischen Optimismus jener Epoche.

Den Schlüssel zum Verständnis dieses Unterschieds liefert folgende Stelle der *Notizen*: »Ich gebe zu, daß auch Weise wie ein Sokrates die Welt ungemein wenig verändert haben ... – wenngleich wiederum ein Sokrates die Welt doch viel mehr geändert haben mag, als man, nachdem man *jene* Art Prüfung bis zum Äußersten getrieben hat, annehmen möchte ...« [VIII, 6]

Bei aller Dynamik gründet Hohls Denken letztlich in der Angst. Zu Beginn und am Schluß der *Notizen* (falls man sich die Mühe nimmt, sie von A bis Z zu lesen, kann einem das nicht entgehen) wird über den Tod nachgedacht. Hohls ›cogito‹ lautet: »Alles, was wir handeln, muß, wenn es Wert haben soll, vom Betrachtungspunkt der Kürze unseres Lebens aus gehandelt sein.« [I, 1] Der Tod lauert uns von allen Seiten auf, verschlingt uns bei der geringsten Unachtsamkeit. Den Tod Tag für Tag in Schach zu halten, schenkt dem Arbeiter Befriedigung. Daß dies aber noch nicht Arbeit ist, sondern eine heimliche Form der Faulheit, muß gleich gesagt werden. Wer tätig ist, ohne die Dinge und sich selbst zu verändern, arbeitet nicht. Und deshalb ist Ideologie die größte Negation wirklicher Arbeit. Denn der Mensch ist vergänglich und kann es nicht mit allem aufnehmen: er kann höchstens den einen oder andern ganz bestimmten Widerstand zu überwinden suchen. Die Ausführung besteht nicht in, aus großen Ideen kommenden, großen Taten, sondern »in lauter kleinen Taten, zahllosen, mühsamen, *gewöhnlichen*« [I. 19]. Wer nur einen Teil des Ganzen anpackt, verändert indessen das Ganze. Er lebt, ist dem Tod entkommen, weil es nur im Wandel und in dauernder Infragestellung Leben gibt. Und hier begegnen wir bei Hohl einem Paradox von unerhörter Kühnheit. Gegen Ende der *Notizen* steht »der warnende Satz, daß, obgleich alle Veränderungen umsonst sind, meine Liebe nur denen gehören kann, die doch die

Veränderungen wollen: um das Unveränderliche zu erhalten« [XII, 115; Anm. d. Übersetzers].

Wie kann man vor dem Tod bestehen? Wenn man ihn kennt. Wie lernt man ihn kennen? Wenn man arbeitet. Wer die Dinge verändert, dringt nicht darauf, sie zu besitzen. Wer zum Verzicht bereit ist, übersteigt sich selbst. Er ist mehr, als was er tut. Er ist ganz bei der Sache, er ist wirklich auf der Welt. Wer ernsthaft gearbeitet hat – und wäre es auch nur einmal in seinem Leben –, hat den Tod überwunden. Er hat ein Stück Jenseits gesehen, *kann* sterben. Und wer richtig lebt, stirbt richtig.

In diesem Augenblick systematisiere ich – Hohl graut vor Systemen. Sein Denken will und kann nicht anders sein als fragmentarisch. Es schreitet anhand einer Kette von Beobachtungen voran, nähert sich von allen Seiten der Wahrheit, kreist sie langsam ein, zeigt sie vor, lebt mit ihr. Daher rührt diese dramatische Schreibweise, von der man ruhig sagen kann, sie sei eine ›handelnde Schreibweise‹. Die von Hohl ausfindig gemachten Wahrheiten werden nur für den wirksam, der sich anstrengt, sie zu überprüfen, sie selber zu erlangen. Hohl ist kein Lehrer, noch sucht er zu überzeugen; was er sucht, ist: Kommunikation. Sein Schreiben, sagt er, gleiche dem Schreiben von Briefen: »Ich schreibe jetzt meinem Freund, dem Menschen, einen Brief; und er wird ihn lesen.« [VII, 131; vgl. auch II, 153; VII, 151; XII, 40 usw., Anm. d. Übersetzers]

Es sind beunruhigende Briefe. Oft wirkt Hohl irritierend auf uns; man könnte meinen, er habe sich selber verlaufen. Immer wieder greift er unsere Ungenauigkeiten, unsere häufigsten Irrtümer, all diese kleinen Sprichwortweisheiten an, mit denen wir uns so schnell begnügen. Wenn sich alles wie von selber ergibt, wir uns aufatmend zurücklehnen, wirft Hohl wieder alles über den Haufen. Wir verlieren auf einmal den Boden unter den Füßen, unauflösbar scheinenden Widersprüchen ausgeliefert. Dem Anschein nach unauflösbar, denn in Wirklichkeit beruhen diese Widersprüche auf unserer Oberflächlichkeit, unseren Illusionen, unserer Faulheit und Nachlässigkeit. Bei den Widersprüchen anfangen, aus ihnen herauskommen, um eine höhere Wahrheit – die einzig wahre – zu erreichen: diese Methode heißt Dialektik.

Wie jeder Dialektiker schürt Hohl die Unzufriedenheit. Wer ihn liest, ohne Probleme zu haben, hat ihn nicht gelesen. Ein wirklicher Leser erschrickt über Hohl, leidet unter ihm und wird geplagt, bis er endlich erwacht. Wer Hohl gelesen hat, kann nicht mehr schreiben, kann nicht mehr arbeiten wie zuvor. Und jedesmal, wenn er nachgeben möchte, ist Hohl wieder da und zwingt ihn, es nicht zu tun. »Was ist das gute Schreiben? *Reden mit eigenen Worten.*« [IX, 73]

Alles bei Frisch, alles bei Dürrenmatt nahm hier seinen Anfang. Jegliche wahre Kunst stützt sich auf diese Erfahrung, hat daraus eine Lehre gezogen. Was ist aber mit all denen, die nie mehr etwas in Zweifel ziehen, die sich auf festetablierten Gemeinplätzen sicherfühlen? Nun, ihnen kann auch Hohl nicht mehr helfen. Die von Hohl nichts wissen können oder wollen, sind zahlreicher, als man meint. In den Wind zu reden hat mehr als einem Menschen geschadet. Auf gewissen Seiten der *Notizen* brechen Empörung, Ungeduld und Ärger durch. Hohl beobachtet dann nicht mehr. Er verallgemeinert, moralisiert. Er schimpft und flucht über abstrakte Schreckgespenster wie ›Apotheker‹, ›Hunde‹, ›Holländer‹. Er sagt nicht mehr: Ich weiß, sondern: Das kann ich leiden, das nicht. Es sind Momente, in denen man ihn kaum wiedererkennt. Ganz einfach, weil sich der Gegner davonmacht; weil er sich – vielleicht im tiefsten Innern von Hohl selbst – verbirgt; weil dies der tückische Feind in uns allen ist, jener Dämon, der Baudelaire ein mühsames Leben lang geduldig auflauerte, um ihn am Ende zu verschlingen. Genaugleich wie man aber Baudelaire nur dann schätzen kann, wenn man alles an ihm – auch das Ende, auch den Tod – schätzt, müssen wir Hohl so, wie er ist, akzeptieren. Wir können seine ganze Stärke nur dann begreifen, wenn wir um seine Schwächen, seine inneren Nöte, aus denen sie siegreich hervorging, wissen. In den *Notizen* kommt ein sehr schönes – schönes, weil wahres – Bild vor, das von den Bäumen, die »in ihrem Geist« der Sonne zustreben. Kein Baum wird sie je erreichen. Ihr entgegenstrebend, nimmt ein Baum aber Form an, wächst aufrecht in die Höhe, breitet seine Äste immer weiter aus, wirft immer längere Schatten, bekommt immer mehr Blätter und Früchte. Und: ». . . man sieht endlich: ein schöner Baum.« [II, 264; vgl. auch II, 103; Anm. d. Übersetzers]

(*Journal de Genève*, 17./18. 3. 1962. Übersetzt von Hugo Sarbach)

Max Frisch

Über Ludwig Hohl

[Aus einem Brief an den Walter-Verlag]

Ihnen sage ich meinen herzlichen Glückwunsch, daß Sie jetzt Ludwig Hohl verlegen, der eigentlich noch nie verlegt worden ist. Am Rang dieses eigentümlichen Werks habe ich zusammen mit einigen andern, vor allem Jüngeren, nie gezweifelt; daß die Verleger, aufmerksam gemacht, nie eingestiegen sind, ist verwunderlich und auch wieder nicht, verwunderlich, da die Sprach-Leistung doch so offensichtlich ist, aber Ludwig Hohl deckte sich niemals mit der Nachfrage auf dem intellektuellen Markt, tut's auch heute nicht – und besteht trotzdem oder gerade drum und nicht einmal als sogenannter Geheimtip: sein Werk besteht seit Jahrzehnten. Wie viele Werke tun das, wenn nicht Ruhm sie in permanenter Mode hält? Ein Werk, angelegt vor dreißig Jahren, vor dem Zweiten Weltkrieg, oder literarisch datiert: vor dem Kafka-Ausbruch, vor so manchem Klassiker-Wechsel, vor der posthumen Krönung eines Wittgenstein, vor den Sprach-Experimenten, die heute zur Pflichtkür jedes Mittelbegabten gehören, und vor der Ausrufung der »Texte«, dabei kein prophetisches Werk, also nicht posthum-aktuell, weil die Zeitgeschichte es bestätigt, aber virulent jetzt wie vor Jahrzehnten und lesbar, als wäre es jetzt entstanden, abseitig-gegenwärtig »unberühmt«, aber vorhanden, als Sprache akut, ich denke, das ist Rang. Ich beglückwünsche Sie als Verleger. Es lag nicht auf der Hand, Ludwig Hohl wieder oder endlich herauszugeben; es ist keine Entdeckung und kein Denkmalschutz; keine Wiedergutmachung; es ist eine Erschließung von etwas Vorhandenem; es ist nur wichtig und richtig.

(*literarium 12. Hauszeitschrift des Walter Verlages*, Olten u. Freiburg i. Br. [1964])

Helmut Heißenbüttel
Zu Ludwig Hohls *Nuancen und Details*

1

Ist das kennzeichnend? Im Jahre seines 60. Geburtstages, 1964, ist es noch immer notwendig, den Schweizer Schriftsteller Ludwig Hohl ausdrücklich und mit den Daten seiner Bio- und Bibliographie vorzustellen. Ludwig Hohl wurde geboren am 9. April 1904 in Netstal im Kanton Glarus. Von 1924 bis 1937 lebte er außerhalb der Schweiz. In der Vorrede zum ersten Band der *Notizen* heißt es: »Die Notizen sind entstanden in den drei Jahren 1934 bis 1936, während deren ich in Holland in der größten geistigen Einöde lebte.« Seit 1937 lebt Hohl in Genf. Seit 35 Jahren hat er versucht, die Existenz eines Schriftstellers zu erfüllen, unter den schwersten Bedingungen, mit den höchsten Ansprüchen. Die Härte der Bedingungen zu steigern erschien ihm als eine notwendige Konsequenz dessen, was er sich vorgenommen hatte. »Die Erwägung, ob etwas kompliziert und neu aussehe und ›dichterisch‹ genug für gewisse Leute, hat mich nie leiten können. Es kam mir auf etwas ganz anderes an ...; vielleicht den Hitzegrad oder den Härtegrad. Was wird der gute Leser verlangen? (...) Er wird danach fragen, ob der Autor das festgehalten hat, von dem er meinte, daß kein anderer es schreiben könne. Oder: ob er ihm etwas mitbringt von seiner besonderen Reise, und wenn es auch das Kleinste wäre.«

Das Ergebnis der unter diesen Bedingungen stehenden Schriftstellerei sind einige der bemerkenswertesten Veröffentlichungen innerhalb des deutschen Sprachraums und eine Anzahl unveröffentlichter Manuskripte. Wobei auch das Gedruckte zum Teil, mit Hilfe befreundeter Subskribenten, im Selbstverlag erschien. Veröffentlicht wurden die drei Teile der *Nuancen und Details* 1939 und 1942, in der Erstausgabe seit langem vergriffen, der dritte Teil war bisher überhaupt nicht der Öffentlichkeit zugänglich. *Die Notizen oder Von der unvoreiligen Versöhnung*, das bisherige Hauptwerk, Band 1: 1944, Band 2: 1954. *Vom Arbeiten* 1943, *Nächtlicher Weg* 1943, *Vernunft und Güte* 1956, *Wirklichkeiten*, eine von Heinz Weder zusammengestellte Auswahl aus den unveröffentlichten Manuskripten *Bergfahrt* und *Von den hereinbrechenden Rändern*, 1963.

2

In den *Nuancen und Details* versuchte Hohl zum erstenmal zu erfassen, was er als Aufgabe des Schreibens, als die geistige Existenz des Schriftstellers begreift. Die drei Teile dieser Arbeit bilden sozusagen den Eingangsraum zum Gesamtwerk. Fast alle Motive sind bereits angeschlagen, wenn auch oft keimhaft unausgeführt und manchmal erst deutlich erkennbar, wenn man Späteres zurückprojiziert. Das Buch hat eine gewisse imperative Färbung, kennzeichnend für den Impuls des Anfangs. Man darf, wenn die drei Teile dieser Arbeit nun (zum erstenmal vereint und als Ganzes der Öffentlichkeit zugänglich) wieder vorgelegt werden, eines nicht außer acht lassen: daß es sich um ein Frühwerk handelt. Die Entstehungsdaten hat Hohl angegeben für Teil I 1933/34, für Teil II 1932-35, für Teil III 1931-35. Die ältesten Stücke sind also vor 33 Jahren entstanden; Hohl war zu dieser Zeit 27 Jahre alt. Wie groß auch die Folgerichtigkeit und die Geschlossenheit des Gesamtwerks sein mögen, man darf nicht vergessen, daß mit den *Nuancen und Details* die Kenntnis des Schriftstellers Hohl nur beginnen kann.

3

Welcher Art ist das Werk Ludwig Hohls? Auf diese Frage geben bereits die *Nuancen und Details* eine Antwort, die zugleich für das Spätere gilt. Der Titel bezeichnet, worauf der Blick fällt, was die Sprache zu erfassen versucht. Es sind Nuancen, nicht Grundsätze, Details (nicht Einzelheiten), wie sie, historisch gesehen, etwa in den *Sudelheften* Georg Christoph Lichtenbergs gesammelt sind. Wenn auch Hohl sich an verschiedenen Stellen auf diese Ahnen (wie auf Hebel oder Nietzsche) beruft, kann man ihn nicht einfach in seiner Nachfolge sehen. Verwandter scheint seine Methode der Walter Benjamins in der *Einbahnstraße*.

In der Vorrede zum zweiten Band der *Notizen* heißt es: »Das Werk – was immer es sei – kann jedenfalls nicht richtig erfaßt werden, bevor man seine Einheit erfaßt hat. Es ist *nicht eine Sammlung von Aphorismen*!« Diese Einheitlichkeit des im herkömmlichen Sinne Verschiedenartigen, ja Disparaten, ist es wohl, die Hohl immer wieder und vor allem andern erkannt wissen will. Deutlich wird das etwa in einer polemischen Anmerkung (um 1950) zu den *Notizen:* »Dieser Ausdruck ›fragmentarische Andeutungen‹ ist mir heute fast unerträglich geworden. Immer Fragmente und fragmentarisch! Aber ›Literatur ist das Fragment der Fragmente‹, konnte Goethe sagen, und wenn durch die Fragmente der Strom geht, sind sie eben nicht mehr Fragmente, sondern dann ist das Gesetz wieder da, worauf alles ankommt: und die Andeutung ist dann auch nicht mehr Andeutung, sondern *deutlich* (worauf gerade alles ankommt). – Schließlich aber gar: Wenn schon als Andeutungen das bezeichnet wird, was doch deutlich ist, warum *denn dazu noch* als *fragmentarische* Andeutungen?«

4

Die *Nuancen und Details* sind aufgeteilt in drei Teile; diese wiederum bestehen aus durchnumerierten Einzelstücken, Teil I aus 42, Teil II aus 54, Teil III aus 15 Stücken. Der Umfang dieser Stücke reicht von einem Satz bis zu acht Seiten.

Dieser einfachen äußeren Einteilung entspricht eine große innere Variationsbreite der Aufzeichnungen. Sie reicht von Maximen und Fragen zu Traumprotokollen, Parabeln und Kurzporträts. Charakteristisch ist die Mischungstendenz zwischen den einzelnen Typen. Die Maxime tendiert zur bildhaften Auflösung, Traumberichte wenden sich ins essayistisch Reflektive. Begriffliches und Anschauliches wirken ineinander. Dies Ineinanderwirken gehört zur Methode. Philosophische und literarische Schreibweise fließen nicht nur ineinander über, zunehmend beginnt aus beiden ein Drittes sich abzuzeichnen.

Beispiele für die noch offene Mischung finden sich in *Nuancen und Details* am ehesten in den Parabeln, etwa im 24. Stück des 2. Teils »Von den verschwendenden Armen oder An eine Richterin«. Aber auch in einem Stück wie diesem: »Dämmernder Blick in die Herrlichkeit einer vollbeschäftigten Welt«. Zum Charakter des Frühwerks gehört es, daß in *Nuancen und Details* das postulierende Element noch den Vorrang hat. Die Konkretisierung der Redeweise nimmt in den späteren Werken zu. In den bisher veröffentlichten Stücken des Manuskripts »Von den hereinbrechenden Rändern« scheint die Verschmelzung von Begrifflichem und Anschaulichem in eine eigentümliche neue Sprachform abgeschlossen.

5

Das erste Stück der *Nuancen und Details* lautet: »Soll einer, der selber nicht sprechen kann (unter keinen Umständen –), zuhören können?« Diese Frage ist an den Leser und über ihn hinweg gerichtet. Sie fragt nach dem Sinn der sprachlichen Umsetzung von Erfahrung, wenn der, der das allenfalls wahrnehmen kann, doch nicht in der Lage ist, den Prozeß der Umsetzung zu realisieren. Die Frage bleibt offen. Aber indem sie gestellt wird, zeigt sich das Dilemma, das sich hinter ihr verbirgt. Wie erreicht die Mitteilung die, die selber nicht mitteilen können? Kann, wie es im Vorwort zur *Logisch-philosophischen Abhandlung* von Ludwig Wittgenstein heißt: »vielleicht nur der sie verstehen, der die Gedanken, die darin ausgedrückt sind – oder doch ähnliche Gedanken – schon selbst einmal gedacht hat«? Doch schon in dem verstärkenden Zusatz »(unter keinen Umständen –)« deutet sich an, daß die Frage nicht im Sinne Wittgensteins, sondern als Aufforderung begriffen werden muß, die erst, in der Möglichkeit des Zuhörenkönnens und des Zuhörenmachens, die Mitteilung provoziert, in Gang bringt und zugleich in Gang hält. Das Mitgeteilte erweist sich dabei nicht als etwas, das lehrhaft subjektive oder objektive Einsichten anbietet, die angenommen werden können oder nicht; sondern es spricht etwas vor, das der Leser für sich dann nachmachen, einüben muß. Die Erfahrung des Autors und dessen Mitteilung ist stellvertretend für die »Sprachlosen«. Sie können zuhörend nicht sprechen lernen, wohl aber nachsprechen. Dies aber hat nur Sinn in einer Situation, in der die selbstverständlichen Übereinkünfte der Lehre oder der Konvention ihre Selbstverständlichkeit verloren haben und alles nur noch, und auch da unsicher, von Fall zu Fall gilt.

»Zwischen zwei Todgefahren zieht sich unser Leben hin: als der schmalste Weg; wir gehen ihn durch fortwährendes Regulieren des Raums der beiden Todgefahren – wir *lernen* mehr und mehr regulieren: wehe dem, der es nicht lernen will.« Dies Regulieren, so kann man sagen, ist es, was sich in einer schriftstellerischen Arbeit wie der Hohls ausdrückt. So wird für ihn der Begriff der

Arbeit, in einem ganz spezifischen Sinn, zu einem Schlüssel für die schriftstellerische Tätigkeit. »Kunst wird ebensowenig erarbeitet wie das Kind oder wie das Leben. Aber ebensosehr, wie die Dispositionen erarbeitet werden, in denen das Kind, oder das Leben, gedeihe, werden die Dispositionen erarbeitet für die Kunst. Die Gewaltsamkeit gilt den Vorbereitungen, nicht der Kunst.« An einer anderen Stelle folgt der Maxime: »Es gibt keine ausweglosen Situationen« die Definition der Situation als etwas in jedem Fall Offenes und Auflösbares und der Schlußsatz: »Diesen Ausweg einschlagen, das ist Arbeit.«

6

Die Rolle eines Schriftstellers dieser Art begründet sich in der erleidenden Beispielhaftigkeit seiner subjektiven Erfahrung. Er kann sich nicht vermitteln durch Formen der Poetik, des Romans, des Gedichts. Seine Subjektivität ist das äußerste und allein noch gültige Objekt seiner Darstellung. Dabei verliert dieses Objekt, in der Stellvertretung der sprachlich-gedanklichen und der sprachlich-anschaulichen Umsetzung, alles Beiläufige. Hohl unterscheidet selber da noch sehr genau, verbannt das seinem Empfinden nach lediglich Personale in Anhänge, fühlt sich allerdings zugleich verpflichtet, dies Personale mit einzufügen, gleichsam wie eine Stifterfigur auf mittelalterlichen Altarbildern.

Aber diese Reste des unaufgelöst Personalen werden, so scheint es, geringer, verlieren sich immer mehr. Eben dieser Prozeß schließt in sich ein das Leiden der realen Person des Autors. Er selber löst sich auf in beispiellose Anonymität. Das hat nichts damit zu tun, daß das Werk Hohls bis heute weithin unbekannt geblieben ist. Auch die Anerkennung würde das Erleiden nicht mildern, da es nicht eine Sache der öffentlichen Repräsentanz oder der gesellschaftlichen Einstufung ist. Indem die beispielhafte und unvermittelte sprachliche Realisierung der Subjektivität ihren höchsten Grad erreicht, zersetzt sich die der realen Person des Autors. Er ist nicht er selbst, sondern sein Buch.

»Wie die in die Nacht Steigenden sind wir. (Wie die das Gebirge Hinansteigenden bei Nacht und bei Nebel. Die Nacht ist furchtbar, wenn sie aus der Höhe drückt; weit leichter noch, in sie *hinab*zusteigen.) Man geht und geht. Wohin gehst du? – Einen

Berg besteigen. – Und so ermattet man endlich, verliert die Hoffnung: ist das nicht Dummheit? – und nachher würde man jeden Meter zählen. Eines ist doch wahr: man kommt im Nebel langsamer vorwärts.

Ich hatte vor Jahren eine Vision der Aiguille Doran – des Berges, der mir seither noch viele Visionen gab, jenes wunderbaren Berges der Westalpen, plattig, aus grauem und schwarzgrünem Granit, überhängend, eine unglaubhafte Nadel von einer Seite und von der andern ein schwach geöffnete Schere, schief in den Himmel starrend, grauenhaft bei einer düsteren Morgenrotbeleuchtung, und mit größten Schwierigkeiten nur zu erklettern –: Nachdem er im schwersten Kamin der großen Felswände gerungen und sich auf ein kleines Plattförmchen gerettet hatte, *stand einer* sehr hoch, sehr hoch da droben über ihm, und hatte ein Lächeln auf den Lippen! Und der Keuchende sah diesen.

(Ich konnte mich aber nicht nur in dem einen denken. Ich konnte zugleich an beide denken. Ich wußte, daß jener andere das Lächeln nur diesem einen Ort gegenüber hatte, nicht aber gegenüber dem auch um ihn und über ihm sich Türmenden:) Höher oben ist es leicht. – Alle Male höher oben ist es leicht. Laßt uns auch daran ein wenig denken: *Es gibt immer ein Höheroben.*«

7

Hohls Werk verkündet keine Lehre. Es errichtet auch nicht, so sehr philosophischer Geist in ihm lebendig ist, ein philosophisches Systemgebäude. Die Lehre, die ihm abzulesen wäre, könnte allein die der beispielhaften Reflexion, die des parabolischen Exempels sein. Auch diese wäre auf keinen Nenner zu bringen, der sich begrifflich isolieren ließe. Aber ebensowenig wie es eine Lehre verkündigt, ist Hohls Werk Dichtung. Zwar stellt es, wie die großen Kompendien des Jahrhunderts, von Arno Holz' *Phantasus* und Velimir Chlebnikows Plan zum *Großbuch* bis zu Jorge Guillens *Cantico*, Ezra Pounds *Cantos* und Charles Olsons *Maxismus* eine Summe dar, aber es enthält sich noch der poetischen Rekonstruktion der Welt, die alle diese Werke kennzeichnet. Die Objektivität einer solchen Rekonstruktion erscheint zu literarisch. Ebensowenig allerdings lassen sich die Bücher Hohls als stilisierte Tagebücher umschreiben. Nicht die Dokumentation mit Hilfe des personalen Erlebnismaterials, sondern die Demonstration des beispiellos Beispielhaften ist gemeint. Vergleichbar wären vom Methodischen her die *Philosophischen Untersuchungen* von Ludwig Wittgenstein, von der Seite der beschreibenden Phänomenologie die Meskalinberichte von Henri Michaux. In ein solches Koordinatensystem etwa muß man das Werk Hohls stellen, um zu erkennen, welchen Rang es hat. Die Neuveröffentlichung der *Nuancen und Details* aber kann unter anderem nur den Sinn haben, vorzubereiten auf das, was später geschrieben wurde. Sie würde sinnlos, wenn ihr die Nachfolge des Späteren nicht garantiert werden könnte.

(März/April 1964)

Walter Hilsbecher

Das Leben bedeutender

Zu Ludwig Hohls *Nuancen und Details*

[. . .] Die *Nuancen und Details* [. . .] kann man als Vorarbeit zu den *Notizen* auffassen, wenn man das Wort Vorarbeit im Sinne von Hohls Arbeitspraxis erläutert. Klammert man behelfsweise seine erzählenden Schriften zunächst einmal aus, dann läßt sich sagen: Hohl hat nicht einzelne Bücher geschrieben, er schreibt vielmehr an einem einzigen, noch immer unabgeschlossenen Werk, wobei er zwar von Buch zu Buch voranschreitet, – jedoch nicht so, wie eine gerade Linie sich fortsetzt, sondern nach Art sich stetig erweiternder Kreise. Die *Nuancen und Details* wären nach diesem Bild als der innerste Kreis zu verstehen. Das macht sie denkbar geeignet zur Einführung in die Welt Ludwig Hohls. Und wenn ich sage: die Welt, dann geschieht das bewußt. Denn um eine Welt, eine Vorstellungswelt, geht es und um ihr Sichtbar- oder Hörbarwerden (oder allgemeiner: ihre Verwirklichung) im Wort. (Man mag dabei an Kafkas Tagebuchnotiz denken von der »ungeheuren Welt«, die er, Kafka, im Kopf trage, ohne damit das Spezifische beider Welten – der Kafkas, der Hohls – zu vermengen.) Daß es sich bei dem, was Hohl schreibt, um Teile eines einzigen großen Werks handelt (»Bruchstücke einer großen Konfession«, könnte man mit Goethe sagen, auf den Hohl sich vielfach beruft), geht schon aus der Tatsache hervor, daß die Motive und Themen, die Hohl in den *Nuancen* anschlägt, in den späteren »Notizen« wiederkehren. (»Varia« heißt in den *Notizen* das 7. Kapitel, und in diesem Begriff spricht sich ein Prinzip aus, das nicht nur »Verschiedenes« meint, sondern eben auch Abwandlung, Wiederkehr und in Abwandlung und Wiederkehr: Ergänzung, Verfeinerung, Differenzierung, Vertiefung.)

Das gibt freilich noch immer keinen Eindruck davon, was das Besondere von Hohls Vorstellungswelt ausmacht. Wahrscheinlich ist es sogar ratsam, die »Vorstellungswelt« zunächst im Hintergrund zu belassen und sich an das formale Bild seiner

Prosa zu halten. Im Hauptwerk ist die Rede von einer »großen Idee«, die sich auf dem Weg über »kleine Ideen« in »kleinen Taten« niederschlage. Die Summe der »kleinen Taten« sei dann die »große Tat«, nämlich »das Werk«. Damit ist vor dem Fehlschluß gewarnt, es handle sich bei den *Nuancen und Details* um eine Sammlung von Aphorismen, wie es den Anschein haben könnte. Die drei Teile des Buchs enthalten laufend bezifferte Aufzeichnungen, deren Umfang zwischen zwei Zeilen und mehreren Druckseiten schwankt. Diese Aufzeichnungen sind nicht der Niederschlag ungeordneter Einfälle, sie sind vielmehr (wie Eisenfeilspäne in einem Magnetfeld) gerichtet. Vielleicht kann man sie annähernd als »philosophische Brocken« bezeichnen, Denk-Ergebnisse, gleichweit vom Fragment und vom Aphorismus entfernt. Oder genauer womöglich: angesiedelt im literarischen Feld zwischen Aphorismus und Fragment, vom Aphorismus unterschieden dadurch, daß sie Denk-Wege mit einschließen, vom Fragment durch die jeweils sich schließende Form, von beiden sich abhebend in ihrer Eigenschaft, an eine Mitte gebunden zu sein: durch die formale Geschlossenheit und eine spezifische sprachliche Disziplin.

Es ist sicherlich richtig zu sagen: Hohl gebe mit seinem Werk kein System. Aber man muß diese Aussage ergänzen durch die Feststellung, daß es selbst System hat. Es verweist lichtpunkthaft auf ein im Dunkeln verborgenes »unendliches System«. Die Aufzeichnungen sind Inseln eines »submarin« zusammenhängenden Kontinents.

Ich sprach im Zusammenhang mit der Form von Hohls Aufzeichnungen von Denk-Ergebnissen und Denk-Wegen. Ein Denker also. Ich sage Denker und nicht Philosoph. Hohl selbst spricht nicht von philosophieren, sondern von denken. Sein Denken ist keine akademische Philosophie. Sein Denken ist seine Art zu existieren, seine Art, das Leben zu leben. Der Gegenstand seines Denkens ist – bei aller Vielfalt der Motive – das lebendige Leben und als höchste Form des lebendigen Lebens: das lebendige Denken. Unter dem Namen, auf die er sich immer wieder beruft, fallen (neben Goethe) Heraklit, Spinoza, Montaigne, Pascal auf: Denker, deren Denken in unmittelbarem Kontakt mit der Existenz blieb, ihr entsprang und wieder in sie zurückfloß. Von der Kunst, soweit Hohl sich mit ihr beschäftigt (und er tut es ausgiebig), erwartet er dasselbe. Kunst ist für ihn Leben, und

Leben will zur Kunst erhoben werden. Das geht in seinen Augen alle Lebenden an, nicht nur die Künstler, die Dichter und Denker. Man erinnert sich an Paveses Begriff vom »Handwerk des Lebens«, das es zu erlernen gelte, damit es aus der Unfreiheit der Stümperei führe. Pavese gewann Freiheit nur durch den Tod. Hohl würde sagen: er sei ungeduldig gewesen. Es komme darauf an, das Augenmaß für die persönlichen Möglichkeiten zu schulen, die Anforderungen an die persönliche Lebensleistung nicht zu niedrig, aber auch nicht zu hoch zu veranschlagen, nichts zu versäumen, aber auch nichts zu forcieren. Es gehe um den rechten Ausgleich »zwischen Leichtigkeit und Druck«, heißt es bei ihm an einer Stelle.

Er selbst spricht nicht von »Handwerk«, sondern von »Arbeit«: für ihn ein zentraler Begriff. Lebendiges Leben ist: arbeiten, damit das Leben leichter, geistiger, künstlerischer, dichterischer werde, – die Dispositionen für Können, Kunst, Souveränität schaffen. »Alles Können ist leicht (Shakespeares Dramen und Bachs Musik zu schreiben) – für denjenigen, der dort angekommen ist. Warum sind aber so wenige angekommen? – Wir wachsen in die Dinge hinein. Eines ist so leicht wie das andere, das ›Schwerste‹ wie das ›Leichteste‹, *wenn* wir angekommen sind. – Wir wachsen in die Dinge hinein. Was ist arbeiten? Ein bewußtes, ein willkürliches Fördern dieses Hineinwachsens.«

Ein Begriff von Arbeit, der nichts mit der toten Beschäftigungssucht unserer Tage zu tun hat, mit ihren leeren mechanischen Wiederholungen, in die man sich vor der eigentlichen Arbeit flüchtet. Arbeit ist Wachstum, Wachstumsförderung, nicht Eile. Es ist auch nicht – wie es Hohl in seiner Neigung zum einfachen Bild ausdrückt: den Boden spänen, bis nichts mehr vom Boden zurückbleibt. Arbeit ist der Feind jeder Schematik und Stumpfheit. Aber »die Allgemeinheit liebt nicht die Beobachtung, geht an den Erscheinungen meistens stumpfen Sinns vorüber.« Sie »hängt an dem Schema, das nach einer längst vergangenen Theorie festgelegt worden ist: nach diesem Schema bildet sie ihre Kenntnisse und nennt sie Kenntnisse der Wirklichkeit!« Doch um der Wirklichkeit gerecht zu werden, »muß man vorsichtig sein mit der Anwendung von Gesetzen, muß man jene vor der Erscheinung bescheidene, immer neu beobachtende Haltung haben, welche man das Dichterische nennt«. Das widerspricht nicht den Gesetzen der Wissenschaft, sagt auch nichts gegen deren Fortschritt. Nur muß man sich klarmachen, daß die Wissenschaft »ein Verhältnis nach dem anderen aus der unendlichen Zahl der Verhältnisse» wissenschaftlich klarmacht. Ihr Fortschreiten ist ein unendlicher Weg. Die Resultate wissenschaftlichen Erkennens folgen einander in »einer fortlaufenden (endlosen) Kette«. Anders ist es mit der Weisheit. Da gilt es, die vormals erreichte Höhe wieder zu erreichen. »Heraklit war zweifellos schon so weise wie Goethe«, aber es bedurfte »der ganzen Leistung Goethes«, um »dieselbe Schau wieder zu erreichen«. Dieselbe Schau: damit ist gemeint: »die höchstmögliche Durchdringung der wissenschaftlichen Erkenntnisse«, soweit sie die jeweilige Zeit bereitstellt. Durchdringung mit dem eigenen Leben, dem eigenen Bewußtsein, dem Leben seines Bewußtseins. »Der Bereich der menschlichen Tätigkeit«, heißt es in den *Nuancen*, »ist ein von Fackeln erleuchteter Platz in einer ungeheuren Nacht. Rings um dich, um das Helle, das du machst, zieht die Nacht ihren Kreis, und sie zieht Kreis um Kreise, in immer ungeheurerem Bogen, und sie dehnt sich aus ins Unendliche. Du sollst doch unaufhörlich ihren Rand verändern, etwas ins Helle hereinnehmen aus ihr. Zwar wird sie dadurch nicht geringer, sie weicht nur weiter zurück (denn ihr Gesetz ist die Unendlichkeit). Aber dein Leben wird bedeutender.«

Darum geht es: nicht um die Quantität intellektueller Siege, sondern um die höhere Bedeutung des persönlichen Lebens, darum, daß das Leben »bedeutender« (und das heißt eben leichter, geistiger, heller, künstlerischer, dichterischer) wird. Der Komparativ all dieser Adjektive verweist zugleich auf die Bedeutung des Wegs. Es gilt, nicht stehenzubleiben, bei keinem Ergebnis. »Alle bedeutenden Weltsysteme«, sagt Hohl, »auch die großartigsten, sind in ungefähr *einem* Satz zu sagen. Und dieser Satz ist fast nichts. Das ist eben die Bedeutung ihrer Schöpfer, daß sie diesen Satz, den jeder Apothekerlehrling nachher – ja oft auch vorher – so glatt herredet, *nicht* über die Lippen brachten, oder beinahe nicht, sondern den größten Teil ihres Lebens brauchten, um ihn zu sagen.«

Nach diesem summarischen Hinweis auf die Vorstellungswelt Hohls, der vielleicht etwas ahnen läßt von dem, wer Hohl ist, noch ein Wort über seine Sprache. Sie hat etwas von der Sprödigkeit (oder bildhafter noch) der Felsigkeit seiner schweizer Heimat. Sie erinnert an die seines (wenn auch französisch schreibenden) Landsmanns Ramuz. Sie trägt die Spuren von Arbeit, von Bildhauerarbeit. Sie tendiert zum Bildwerk, aber sie spiegelt auch die Arbeit am Bildwerk, die Bewußtseinsarbeit, die Reflexion wider. Sie spiegelt sogar die Pausen der Arbeit, das Absetzen des Meißels, das Atemholen, die Unterbrechung der Reflexion und ihre Wiederaufnahme im Fragen. Von Frage zu Antwort und erneuter Frage schreitet sie fort. Sie hat Spuren eines zornigen Pathos, das man begreift, wenn man den Rang dessen, was sie ausdrückt (und wie sie es ausdrückt), erkannt hat und weiß, daß die Öffentlichkeit Jahrzehnte hindurch an ihr vorbeigehört hat. Sie ist – wenn auch mit jedem Wort die Sprache unserer Zeit – nicht »modern«, sondern zeitbewußt-zeitlos in dem Sinn, wie es das Denken ist, für das sie steht (und einsteht). Sie hat etwas Verläßliches, das Dauer verspricht.

(*Frankfurter Hefte*, Oktober 1965)

Karl Krolow
Daß fast alles anders ist

Der Schweizer Ludwig Hohl [. . .] ist ein ebenso schwer »einzuordnender« wie konsequenter Schriftsteller, jemand, der sich durch die Art, die Methode seines Schreibens der landläufigen Rubrizierung entzieht. Seine Niederschriften gleichen dem Essay, der Skizze, dem denkerischen »Entwurf«, dem Aphorismus, dem Aperçu, der Traumnotiz. Das alles wechselt untereinander oder geht ineinander über, weil das eine des anderen bedarf, so sehr, daß Trennungen unmöglich erscheinen. Das gilt auch für ein neues Prosabuch, das etwas von einem Notizenbuch hat und sich *Daß fast alles anders ist* nennt. Damit ist bereits etwas vom Wesen dessen mitgeteilt worden, was den Leser erwartet: der Kampf mit einer Schwierigkeit. Es ist die Schwierigkeit, etwas sprachlich zu fixieren – die sogenannte Wirklichkeit, Fakten wie Träume –, die wesensmäßig solche Fixierungen zu verhindern sucht. Diese »momentanen« Aufzeichnungen sind jeweils Versuche, mit Sprache nicht Erreichbares oder äußerst schwer Erreichbares vor derartiger Sprachlosigkeit zu bewahren. Eine Sprachlosigkeit, die so tödlich wäre, wie es kompliziert ist, mittels Sprache Vorgänge, Ereignisse, Erinnerungen, Träume, Befürchtungen, Phantasien, Voreingenommenheiten glaubwürdig werden zu lassen. Dem »Momentanen« der Prosa-Fixierung ging der Zustand von Bereitwilligkeit, von permanenter, gespannter Aufmerksamkeit voraus, die solche Bereitschaft für Augenblicke in eine zögernde, Umwege suchende Sprache entläßt. Dieser Prozeß wird in den zweiundvierzig Aufzeichnungen (zum Teil äußerst kurzer, komprimierter Art) gleichsam vorgeführt. Man nimmt an den Verhinderungen, den Irritationen teil. Was zustande kommt, ist eine Auseinandersetzung des Sprach-Wesens mit sich selber, mit seinen Eigenschaften, seinen Grenzen. Die äußerst »kontrollierte«, zweiflerische und überwachte Prosa von Ludwig Hohl dringt auf diese Weise – in immer neuen Ansätzen – rigoros ins Sprachgefüge ein, in die Problematik der Identität von Sprache und Realität, Wirklichkeit. Was entsteht, ist ein lautloses Fechten auf einem ebenso lautlosen verbalen Schlachtfeld. Es gibt nirgends Aufwand, nirgends Getümmel, nirgends auffällige Gesten. Aber sichtbare Barrieren – so die vielen Klammern, die Hohl setzt, die unruhig machenden Hürden im bequemen Sprachfluß. So wird die Hohlsche Mitteilung sperrig, widersetzlich, weil sie von Widersetzlichem handelt. Denn für Hohl ist, indem er ans Schreiben geht, »fast alles anders, als fast alle Menschen, fast immer, es sich vorstellen.« Schreiben bleibt für ihn »überaus schwierig. Und mit all dem kommt man nicht zu den Dingen, nicht zu einer Kenntnis der wirklichen Lage, welche ganz anders ist.« Das beginnt für ihn bereits beim Briefe-Schreiben: »Immer wieder habe ich (als ich noch Briefe schrieb) erfahren müssen: je mehr Mühe ich mir gab, deutlich zu schreiben, um so weniger (mit seltenen Ausnahmen) wurde das Geschriebene verstanden.« Es kann zu einer Manie der Verhinderung kommen, zu einem kunstvoll verzögerten An-die-Arbeit-gehen. Plötzlich wird eine artistische Misere offenkundig. Hohl ist von ihr nicht frei. Manchmal erinnert seine methodisch-mediative Prosa-Anstrengung an Verwandtes bei Francis Ponge: das Unerbittliche, das Redliche, der verbissene Verbalismus. Aber es kommt nicht zu den Petrifizierungen, die beim französischen Zeitgenossen auftauchen. Bei Hohl zieht sich die Schwierigkeit mitunter zu einer linearen Klarheit zusammen. Mit solchem Konzentrations- und Klärungsvorgang setzt Beruhigung ein.

(*Bücherkommentare*, Freiburg (i. Brsg.), Juni 1967)

Chris Bezzel
Einzelheiten, alt und neu

Zu *Daß fast alles anders ist*

»Doch ich muß vorher noch etwas Erklärendes hinzufügen« – dieser Einschub in der sehr ungleichartigen, ärgerlichen und zugleich erfreulichen neuen Fragmentsammlung des 1904 geborenen, in Deutschland immer noch so gut wie unbekannten Schweizers Ludwig Hohl kennzeichnet den widersprüchlichen Charakter dieser 42 Betrachtungen, Träume, Erzählungen. Sie haben etwas oft quälend Langatmiges, Zerbröckelndes, vielleicht doch Schweizerisches, und zugleich die dringend gesuchte Wirkung, den Leser zum Nachdenken zu bringen, seine Mobilität zu transponieren in eine innere des genauen Betrachtens. So aussichtslos es ist, für dieses disparate Buch ein eindeutiges Urteil zu finden, so leicht ist es, die qualitative Spannweite dieses unbedingt aufrichtigen, selbstkritischen Autors mit zwei Beispielen anzudeuten. Wir finden eine so erhellende Montage wie diese: »›Kriege hat es immer gegeben, daher wird es immer Kriege . . . geben.‹ (Die Höhlenbewohner sagten: ›Immer hat man in Höhlen gewohnt, also wird man immer in Höhlen wohnen . . .‹).« Daneben aber gibt es nicht selten einen solchen peinlichen Satz: »Wie sind überall Wunder!«

Ludwig Hohl ist ein Revolutionär, aber oft einer der Bewahrung. Er ist ein erhellender Wachträumer, aber unter dem Diktat des Leistungsprinzips, das er ebensowenig überwindet, wie den Goethe in sich. Das verhärtete Leistungsprinzip liegt Hohls Konzept der »Schöpferkraft« leider durchweg und unreflektiert zugrunde. Da ist es zum elitären Denken, zur positiv herbeizitierten »Exklusivität«, zum »Schöpferischen überhaupt«, zur höheren »Geistesstufe« nicht mehr weit. Eckermanns Diktator wird mehrfach zitiert, und es gibt – schon wundert man sich nicht mehr – »die allgemeinen Menschen«, den »faulen und nichtigen Menschen« im Gegensatz zu dem »allein Großes erreichenden«. Faulheit und Dummheit werden da zu unbefragten Existentialien, denen es wohl mit Recht so geht wie den heideggerschen: sie halten kritisch-soziologischer Nachprüfung nicht stand. Das ist das Dilemma bei diesem Autor: er lebt nicht selten ein wenig hinter dem Berg. Als menschlich, als natürlich, als »Gesetz der Natur« kann ihm so erscheinen, was durch und durch sozial und historisch vermittelt ist. Natürlich ist Ludwig Hohl viel zu klug, um mit irgendeinem Wort affirmativ wirken zu wollen. Er tut es dennoch öfters einfach deshalb, weil sein Begriffsapparat der Tradition zu sehr verpflichtet ist, weil, was der Autor differenzierend heraushebt und intendiert, sich dem Leser oft dann erst als richtig zeigt, wenn er das mit unangemessenen Mitteln Gesagte selber differenzierend heraushebt.

Wenn diese Beobachtungen stimmen, wenn ein Teil der Texte dieses schmalen Bandes als vergeblich, als beliebig und als affirmativ statt als kritisch bezeichnet werden muß, wieso ist es dann doch möglich, dieses Buch insgesamt ausdrücklich zu empfehlen und ihm größere Verbreitung zu wünschen, als ihm wahrscheinlich beschieden ist? Weil Ludwig Hohl trotz des Gesagten eine ausgesprochen starke und sehr seltene Kraft des Unterscheidens besitzt, weil er imstande ist, die Differenz zwischen der Wirklichkeit und »dem Realen« (seiner Lieblingskategorie), zwischen dem deutlichen Bild und der ungreifbaren Wirklichkeit auszuhalten und zugleich, mit den Mitteln seines auf dem Detail insistierenden Denkens, zu *zeigen*. Es gibt Sätze in diesem Buch, die schlagartig und dauerhaft erhellend sind, Sätze meist von sensibler ethischer und psychologischer Beobachtungsgabe höheren Grades, bedenkenswert und aufhaltsam wie der Grundsatz dieses Buches: »Daß fast alles anders ist . . . fast alles anders, als fast alle Menschen, fast immer, es sich vorstellen.«

Und unversehens begreift man, daß auf schon obskure Weise dem Leser dieses Buch auch dort nicht zum Nachteil ausschlägt, wo es ungenau ist: es liefert (frei nach Wittgenstein) die Leiter mit, auf der der Leser über die Sätze hinaussteigen kann. Das macht die ungewöhnliche und zeitraubende, die Dinge langsam ins Rollen bringende Methode des Autors, der Modelle gibt für etwas, was er selbst nur zum Teil einlöst: befreites, terminologisch entfesseltes, konkretes Bilddenken, in dem »das Reale« traumhaft aufscheint, versöhnt mit der Wirklichkeit.

(*Süddeutsche Zeitung*, 11. 10. 1967)

Eva Friedrich
Daß fast alles anders ist

Träume, Erzählungen, Reflexionen

Daß fast alles anders ist: diesen schönen, unheimlich anziehenden und das heißt wohl zum Nachdenken anregenden Titel trägt ein kleines Buch, das unlängst im Walter-Verlag, Olten, erschienen ist. Sein Autor ist Ludwig Hohl – kein ganz unbekannter Name (man hat ihn von Zeit zu Zeit im »Du« lesen können), aber vermutlich auch nicht einer, der in der literarischen Diskussion sehr viel Raum einnehmen wird. Hohl ist Schweizer, und er schreibt – das fällt schon bei der ersten Berührung mit seinen Texten auf – ein sehr unabhängiges Deutsch, das heißt eine von der Macht des intellektuellen Jargons und von der des einheimischen Dialekts gleicherweise gelöste, sehr freizügige und sehr offene Sprache. – Zu solcher Ausdrucksweise (und zu ihrer Erhellung) gehören etwa die folgenden kleinen Sätze, die der Autor als »kurze Stücke« bezeichnet: »Alle großen geistigen Leistungen sind aus der Heimatlosigkeit entstanden.« Oder: »Eine meiner wichtigsten Erfahrungen ist (möge Hamsun sagen, was er will): *daß die Erde nicht bindet.*« – Und damit sind wir bereits in der Mitte des Buchs. Was jedoch nicht heißen soll, daß nun die Hauptsache schon gesagt sei. Das Buch hat vielmehr eine ganze Reihe von solchen Kern- oder Herzstellen.

Ich kenne im Rahmen der gegenwärtigen deutschen Literatur nichts, was sich den Hohlschen Texten – es sind lauter kurze und kürzere Texte, die man teils als Aufzeichnungen, teils als Aphorismen oder essayartige Gebilde bezeichnen kann – vergleichen ließe. Man denkt vielleicht u. a. an etwelche Titel und Benennungen, die von Paul Valéry stammen: Tel Quel, Variétés, écrits de circonstances. Aber solcher Vergleich bleibt im Formalen stekken, im äußeren Habitus. Er genügt auf den ersten Blick, sofern wir uns nämlich auf die freie Form, auf die scheinbare Improvisation dessen, was hier steht, beziehen. Der Kern der Sache wird damit nicht getroffen.

Hohls Buch enthält Aufzeichnungen von Träumen, Erzählungen, Reflexionen. Es enthält Geschriebenes gleichsam auf verschiedenen Stufen – so als ob der Schreibende selbst, während er schreibt, dem Stoff seiner Erfahrungen mehr oder weniger nahe, in größerem oder geringerem Ausmaß davon erfaßt wäre. Die Vorstellung, daß man zu dem, was man umkreist, in ständig wechselnden Distanzen sich befindet, liegt hier sehr nahe. In den früheren Texten, vor allem in jenen, die von Träumen handeln, erscheint das Geschriebene gelegentlich als eine Art Niederschlag, als eine Spur lebendiger Vorgänge, die nicht auszuschöpfen und nicht abzusehen sind, auf die man aber hinweisen, auf die man als Leser mit Hilfe des Autors und durch seine Vermittlung sein Ahnungsvermögen richten kann.

Hohl ist Künstler: in seiner Präzision, seinem Unterscheidungsvermögen, seiner Subtilität. Er ist es nicht so sehr als einer, der uns Produkte liefert, als vielmehr in seiner Eigenschaft als sensibler, emotiver, träumender und immer aufs neue: als nachdenklicher Mensch. Diese Fähigkeiten: des Träumens, Merkens, Denkens, der Sensibilität und der gefühlten Teilnahme treten in den kleinen Texten (die man zwar rasch und ohne größere Mühe lesen kann, auf die man aber zurückgreifen muß, um sie besser zu verstehen) in einer erstaunlichen Frische und Ursprünglichkeit, recht eigentlich als die Originalität des menschlichen Wesens hervor. – Sensibilität, Subtilität: Man kann das »Begabungen« nennen, und in gewisser Weise sind sie der Inhalt des vorliegenden Buchs. Gleichzeitig ist Hohl die Hauptperson dessen, was er schreibt, mit dem sehr wichtigen Vorbehalt freilich, daß er sich nicht darstellt. (Man könnte an dieser Stelle sagen: Ich bin mir selbst Erfahrung, aber ich kann mir nicht zum Objekt werden. Der in eigener Sache »Objektive« neigt immer ein wenig zur Selbstübertreibung bzw. -unterbietung. Wer sich dagegen ernst genug nimmt, kann sich auch als Durchgangspunkt sehen.) Er denkt zum Beispiel als ein Mensch, der sich exponiert, als einer, der in einer intensiven Bewegung begriffen ist, oder aber als einer, der zum Überleben kaum mehr die Kraft hat. Diese Vorgänge: Exponieren, wachsende Intensität, Überlebenkönnen oder -müssen (die hier lediglich als eine Reihe von Beispielen stehen), können als eine Art »Handlung« aufgefaßt werden. In diesem Sinne tritt der Autor, ob ihm das nun lieb ist oder leid, im wesentlichen als Versuchender auf. Er wäre somit ein Essayist, aber das Wort hat vermutlich für den lebendigen Menschen noch mehr Berechtigung und Bedeutung als für den Schriftsteller.

Was ist Wirklichkeit? – bzw. was ist Realität? – Diese Frage geht wie ein roter Faden durch die Hohlschen Texte hindurch. – »Die Wirklichkeit und das Reale« heißt einer der Titel, und darunter steht folgendes:

»Diese Gegenüberstellung war mir seit langem so wichtig, daß ich bisweilen erwog, die fünf Wörter als Titel dieses Buches zu verwenden. – Unter Wirklichkeit verstehe ich das, was alle Welt darunter versteht oder doch die allermeisten; jene, die sagen: ›Nachts in seinen Träumen war wohl alles gut und waren schimmernde Klarheiten, aber in der Wirklichkeit . . .‹ und ›das waren wohl schöne Gedanken, in der Wirklichkeit dagegen . . .‹ Unter Wirklichkeit verstehe ich also nichts anderes als was jedermann darunter versteht, weshalb der Begriff eindeutig ist und ich mich nicht weiter bemühen muß, ihn zu erklären. (Was mir übrigens nicht leicht fiele . . .; ja, gestehen wir's uns kurz und klar: was ganz unmöglich ist.)

Wenn aber, was ich als das *Reale* bezeichne, ebenso klar wäre, hätte ich diese kleinen Prosastücke nicht zusammenstellen, nicht schreiben, meine Sätze nicht in mühseligster Arbeit finden und wiederfinden müssen. [. . .]

Wenn ein Mensch unvoreilig zur Versöhnung gelangt, unvoreilig: das heißt offenen Auges, bei voller Kenntnis unserer Bedingungen und der grauenerregenden Tatsachen der *Wirklichkeit* – des gewaltigen Gesetzes von der Vergeudung zum Beispiel –, dann sieht er das *Reale*. Wenn die Ränder hereinbrechen, dann erlebt der Mensch das Reale.«

Es gibt in Hohls Buch eine Reihe von Ideen, auf die der Autor immer aufs neue zurückkommt, die er mit seinem Spürsinn umkreist. Es handelt sich dabei freilich nicht um Ideen abstrakter und nicht um solche kämpferischer Natur. Sondern weit eher um die Produkte sensibler Welterfahrung, um Entdeckungen, die sich allmählich herauskristalliseren. So etwa, wenn er davon spricht, daß die Dinge sich nie und nirgends vom Zentrum, von der gegenwärtig herrschenden Mitte aus ändern würden, sondern daß die wirklichen Veränderungen »von den Rändern her« stattfänden und von dorther sich anzeigen. – Auch das »Gesetz der Vergeudung« ist eine derartige Idee: »Das ›große Gesetz der Vergeudung‹ – wie äußert sich Balzac dazu? – Croyez-le! Une vie d'amour est une fatale exception à la loi terrestre, toute fleur périt, les grandes joies ont un lendemain mauvais, quand elles ont un lendemain. La vie réelle est une vie d'angoisse . . .«

Man wird, wenn man Hohl zu lesen versucht, in Rechnung stellen müssen, daß sich seine Überlegungen, Aufzeichnungen vermutlich über Jahre hinziehen, daß er bereits Gedachtes, Skizziertes immer einmal wieder aufzugreifen, zu verifizieren bestrebt ist. Das erweckt den Eindruck von etwelchen Linien, die der Autor durch die Schichten und Zusammenhänge des eigenen Lebens hindurch verfolgt. – Man müßte im Zusammenhang damit von der Komposition dieser Texte sprechen, von der Art, wie sie scheinbar beiläufig aufeinander bezogen sind.

Hohl wird, sofern man ihn überhaupt liest, als Außenseiter empfunden werden, wie das für fast alle guten Leute zutrifft. Dabei ist er gerade nicht »weltfremd«. Was man »Welt« nennt, ist ihm nicht fremder als andern: er versucht ihm lediglich an einigen Stellen vorzugreifen. Und dadurch gerät er in Kontrast, steht er in Kontrast dazu.

(*St. Galler Tagblatt*, 8. 12. 1967)

Michael Guttenbrunner

Ludwig Hohl

Selbständigkeit und tiefe, tiefe Einsamkeit, genauer gesagt: Einzelhaft, kennzeichnen Hohl und sein Werk. Er hat die Einzelhaft selbst über sich verhängt; aber sein Werk hat die Zelle gesprengt; es ist zu unserer Kenntnis gelangt.

Entweder-Oder; Alles oder Nichts; lieber tot als nicht mehr lebendig; derlei starke Impulse negieren alles Bekanntsein; sie haben Hohl in seine Richtung getrieben, rechtwinklig ab von der Heerstraße des Geschwätzes, geradeaus in die Materie. Sie war ihm unvertraut, und er hat der Lehre, die sie selbst erteilt, nirgends vorgegriffen.

Vor ihm ein Berg; den sollte er erforschen: da war er bald verschlungen.

Fast unsichtbar sein Leben, hoch, fern, klein, verschwunden hinter der Krümmung des Raums, in der Tiefe verloren; und lange unsichtbar sein Werk, das einem Berge gleicht, groß, weitgestreckt, schwer zu erklimmen, kaum zu durchdringen, ernst, dunkel, zwingend wie Bergwerk und Labyrinth.

Hohl mißt und wägt die Dinge Punkt für Punkt, und so stellt er sie auch dar.

Punkt für Punkt verdichtet er, was er, nur erst im Geiste sichtbar, in den Händen hält, in der Arbeit hat, was vor ihm keiner sah und was er selbst jetzt zum erstenmal sieht, zu interpunktierten Satzgestalten. Er spannt und faltet das Sichtbare so lange um das Unsichtbare fest, bis dieses sich durchdrückt und abzeichnet. So wird, was sonder Wähnen keiner weiß, wie das, was jeder weiß, solange keiner fragt, was keiner direkten Frage unmittelbar kund wird, zur Sprache gebracht, aber nur soweit, daß ein zwielichtiger Dämmerstreifen bleibt. Aus diesem Dämmer kann ferner Licht um Licht, kann Schatten und Dunkelheit folgen; da ist keine Uhr, die uns sagt, was sein wird.

Wo sind wir? Auf der Thymianheide der Vorsokratiker oder in der Salzsteppe der Atomphysik? Wir sind zwischen beiden, bei Fällbach, Mühlrad, Schafhürde, Rinderstall; wir sind bei Dreifuß, Webstuhl, Uhrwerk und Zinsfuß, unweit des höchsten Alpengipfels in einem Kellerlokal in Genf.

Dort schmiedet Hohl, auf der raschelnden Unterlage eines immensen Zettelwerks, seine trockenen, reichgegliederten Prosaperioden.

Jedem einzelnen Satz ist der Knochen in der Haut abgebildet, der Kern in der Schale; was er gesehen und gedacht, und worum er gekämpft, das kann so unanschaulich gar nicht sein: es steht zuletzt wie ein Mensch in seinen Kleidern vor uns. Es ist wie ein Haus in seinem Mantel aus übertünchtem Mörtel; wie ein Gebirge, vielfältig abgeschliffen, je nach der unterschiedlichen Beschaffenheit seiner Steine und Erden und ihrem mehr oder minder hinhaltenden Widerstand gegen die Hebel und Hämmer der Elemente.

Hohl nennt die Dinge nicht beim Namen, er stellt sie dar, er beweist sie. Und er läßt nichts laufen. Er staut den Fluß, baut Wehren und Stege, für den Fuß, für die Flut; er teilt die Wasser, er hebt und senkt sie und führt die abgeleiteten Arme auch wieder zusammen.

Er behandelt das vermeintlich Bekannte mit demselben Nachdruck wie das Unbekannte, Niegesehene, Unerhörte.

Ein enger Durchgang verbindet Hohl mit der Welt, der nur das Wesentliche nicht hindert. Gewundenes Röhrenwerk oder Nadelöhr; in diesem Durchgang wird nicht bloß abgestreift, sondern gehobelt.

Hohl kennt keine Routine. Gemäß seinem Selbstgebot kann er keine haben. Er folgt dem, was ist und was es ist, ohne viel zu reden; er ist karglaut, hat aber nicht wenig geschrieben. Er kehrt vom Ausgang immer wieder an den Anfang zurück. »Am Ausgang steht die Frage.« Er kann mit Karl Kraus sagen: »Und bin ich erst fertig, beginn ich zu schreiben.«

Diese Beschiedenheit, zusammen mit einer angemessenen Konsequenz, hat die Gestalt seiner *Notizen* bestimmt; ein numeriertes Labyrinth. Das Närrische und Schwierige seiner Systematik, das Akademische und Archaische in seinen Schriften und ihr stationärer Anschein haben einerlei Wurzel.

Hohl ist nie fertiggeworden; daher die »Ungestalt« seines Werkes, von außen gesehen; aber jeder einzelne Satz ist bei ihm mit dem ganzen jeweiligen Gewicht seiner Existenz geprägt. So viel sittliche Energie ist in der Stilkunst selten. Hohls unbeschränkte Freiheit, Gedanken und Worte zu feilen und sich selbst verbessernd zu wiederholen, ist einmalig.

Unter einem Titel wie *Nuancen und Details* möchte man keinen Wiener Feuilletonisten und auch keinen anderen deutschen Denker mehr lesen; die Bewichtigung des Nebensächlichen in ihren Romanen, Tagebüchern und sonstigen »Texten« ist grenzenlos. Bei Hohl dagegen keinerlei manierierte Anwendung auf einen Bücherberg. Seine Details zielen auf das Ganze. Die reinen Klänge seiner Nuancen sind wie die Abstufungen und Übergänge im ernsten und gewaltigen Mosaik der Natur. Seine Sprache beweist, daß auch *nach* Hitler noch eine mustergültige deutsche Prosa möglich ist.

(*Das Ziegeneuter*, Wien, April 1969)

Otto F. Walter
Wenn ich Ludwig Hohl lese

»Ich schlief, Valery lesend, ein. – ›Schlief ein‹: ein nicht einfacher Vorgang wird durch ein Wort in unserer Vorstellung prompt abgetan. Entweder schläft man oder wacht man, meinen wir; wie eine Türe entweder offen ist oder geschlossen, eine Zahl gerade oder ungerade. Manchmal jedoch wird uns Einblick gewährt . . .«

Wenn ich Ludwig Hohl lese, passiert in mir drin etwas, anders als bei jeder anderen Lektüre. Es muß, da bin ich ganz sicher, so etwas wie den Hohlschen Effekt geben. Er hat vorerst einmal mit Irritation zu tun; mein oft mühsam genug gesichertes Verhältnis zwischen mir und mir, zwischen der Umwelt und mir wird gestört. Unruhe befällt mich. Widerspruch wird in mir wach. Ich beginne mich zu wehren, ich spüre die Hohlsche Faszination, spätestens beim zweiten »aha« merke ich, daß ich den eben gelesenen Satz zu schnell verstanden habe; eine seltsame Mischung von Eindrücken und Gefühlen und Einsichten, die jedenfalls meinen Denk- und Fantasie-Apparat bald auf Hochtouren arbeiten läßt. Dabei spielt kaum eine Rolle, ob das bei der Lektüre etwa im frühen Buch *Nuancen und Details* geschieht, in den *Notizen*, im Band *Daß fast alles anders ist* (dem entstammt das Zitat). – Anscheinend steckt das »Ganze«, steckt »Hohl« spezifisch in allen Teilen seines Werks; in diesem Punkt zweifellos mit den Lindwürmern vergleichbar.

Nochmal oben die Hohlschen Sätze überlesen. Eins steht gleich einmal fest: Ludwig Hohl kennt das Entweder – Oder. Die Feststellung hilft – auf der Spur des »Hohlschen Effekts« und seiner Ursachen – nicht weit. Nochmal nachlesen, nach der Grundhaltung dieser Sprache schnuppern, nach ihrer Bewegung. Beobachten: simple Syntax; Vorliebe für die je knappste Formel; zuerst die Mitteilung, danach Kommentar: Kommentar als Überprüfung der Mitteilung, – vor und zurück, vor und zurück. Verachtung und Hochmut in der Stimme, dort, wo sie vom Wort spricht, das in unserer Vorstellung, das nicht einfach ist, »prompt abtut«.

Die Vermutung stellt sich ein: in ihrer Haltung wird diese Sprache von einem ebenso naiven wie zugleich auch sehr hellen Bewußtsein bestimmt. Naiv: sagen wir »staunend«, – gibt es eine staunende Ratio? Hier wäre sie sich ihrer eigenen Paradoxie ebenso bewußt wie: der ungeheuren Vielschichtigkeit selbst schon der scheinbar einfachsten Realität. Naheliegend der zusätzliche Schluß, daß in dieser Naivität der Grund liegen muß für, sagen wir ruhig Respekt, für den Respekt vor dem Wirklichen, genauer: vor dem nie eindeutig bestimmbaren Wesen des jeweils Wirklichen.

Die Komplikationen, verkehrstechnische, auf der Suche nach der Rue David Dufour. Die hohe Eingangstür. Ein Briefkasten mit dem Druck: Ludwig Hohl. Die lichtlose Kellertreppe. Herumtasten. Ich rufe im Dunkeln: Herr Hohl. Usw.

Zurück zum Versuch von Systematik. Respekt also. Vor dem Wirklichen, zu dem etwa das Einschlafen und das Träumen, gerade auch das Träumen, ebenso gehören wie die Katzen und deren lautloses Pfotengeräusch, wenn sie durch Kellerfenster in Ludwig Hohls Behausung kommen. Ein Respekt, der die Sprache zum Differenzieren zwingt, zum Differenzieren des Differenzierten, zum Differenzieren des.

Ergebnisse? Gibt diese so und noch anders beschaffene Sprache Ergebnisse her? Ab und zu in schon beinahe verkünderischer Einfärbung, – »Manchmal jedoch wird uns Einblick gewährt ...« Ob Ludwig Hohl, als er diesen aus dem Vokabular der Mystik stammenden Satz schrieb, an Gott dachte? – Direkt oder indirekt: die Sprache gibt natürlich Ergebnisse her, allein schon durch ihre Haltung, durch ihre Bewegung, durch ihre Couleurs, oft geradezu Aphoristisches. Aber solche Aphorismen sind hier Neben-, sind Abfallprodukte. Die Ergebnisse, das ist der Schreib- und Denk-Prozeß selbst. Das ist der wilde Zweifel an jedem »endgültigen« Ergebnis. Das ist die Präzision von Hohls Sprache. (Ist es möglich, daß auch dieser ab und zu feierliche, dieser unmodern anmutende, selbst das Gestelzte nicht scheuende Tonfall seinen Ursprung im Respekt vor ihrem Material, vor ihrem Objekt hat?)

Wenn ich Ludwig Hohl lese, fällt mir auch die Stimme Hohls ein. Wie sehr sie auch – zum Beispiel – Wut ausdrücken kann, selbst wenn sie nüchtern klingt. Er haßt seine Feinde mit jener Intensität, mit der wir das uns Fernste zu hassen und zu bewundern pflegen. In seinem Fall etwa: die »sogenannten Praktiker«. Mit einem Wort und natürlich: die Vereinfacher. Hier ist Hohls Protest radikal. Er ist gedeckt, – gedeckt durch Hohls Existenzform, durch dieses nun schon fast störrische Wohnen- und Leben-Bleiben im Keller in Genf. Mag sie ruhig auch als psychologisches Phänomen interessant sein, mag sie der Legendenbildung dienen und mag sie, sozial besehen, an uns alle auch ein permanenter Vorwurf sein, ich anerkenne sie als Verkörperung des Protests, die den oft demütigen und oft arroganten Ludwig Hohl mit den Gammlern der Welt verbindet, in seinem Fall des Protestes gegen die Gesellschaft, im besonderen der Simplifikatoren der deutschsprachigen Schweiz. In diesen Zusammenhang gehört, Hohl als Deutschschweizer spricht (ein übrigens deutschschweizerisch stark eingefärbtes) Hochdeutsch, ausschließlich, auch privat. Bemühung um Präzision, auch hier? – Mag sein. Jedenfalls und dennoch: für mich gibt es im Bereich der Schweizer Literatur kein schärferes Nein gegenüber der schweizerdeutschen Mutter-Sprache, als Hohls Hochdeutsch-Sprechen. Und keine heftigere Bindung an alles, was sein schweizerdeutscher Dialekt ihm bedeutet.

Beim Lesen von Ludwig Hohl fällt mir auf, daß ich Ludwig Hohl bewundere.

PS: Der letzte Satz des Stücks, dessen Anfang eingangs zitiert wurde, lautet: »ich schlafe ein und merke es nicht«.

NB: Frage an alle, die nicht in einem Keller wohnen: wie kann erreicht werden, daß die Stadt Zürich, daß die Schweizerische Schiller-Stiftung, daß Bern, Genf und alle anderen Institutionen der Schweiz, die für die Auszeichnung kultureller Leistung Gelder zur Verfügung haben, Ludwig Hohl mit den höchsten ihrer Schecks bedenken?

(*Zürcher-Woche/Sonntagsjournal*, 3./4. 5. 1969)

Peter Bichsel
Der große Untalentierte

Ich war einmal in Den Haag und es gefiel mir da, und ich machte von dort einen Ausflug nach Delft und fand es schrecklich.

Ludwig Hohl ist umgekehrter Meinung. Er findet Delft schön und hat etwas gegen Den Haag.

Es wäre nun einfach, zu sagen, ich mag Ludwig Hohl nicht, weil er anderer Meinung ist, denn wer bei Hohl Meinungen sucht, wird nie etwas begreifen.

Ludwig Hohls Sätze sind nicht Meinungen, es sind Feststellungen. Sie sind nur begreifbar, wenn man sie anerkennt als die eigene oder die andere Front.

Der Streit darum, ob Den Haag oder Delft besser ist, mag lächerlich erscheinen, er ist es nicht. Gut, es ist nur ein Übungsstreit, ein geistiges Manöver sozusagen, aber Hohl hat ein Anrecht darauf, daß ich seinem guten Satz über Delft einen guten Satz über Den Haag entgegensetze.

Das kann ich nicht, weil Den Haag und Delft bei Hohl nichts anderes ist als Sprache (sie werden auch nicht beim Namen genannt, ich vermute sie nur), nichts anderes als die Unterscheidung zwischen Gut und Böse, eine Folge des Apfels vom Baum der Erkenntnis.

Denn Hohl ist ein Moralist, und er beschämt mich. Sprache ist bei ihm nicht ein Mittel der Versöhnung. Er gehört nicht zu jenen, die sich irgend etwas vom Leibe schreiben, er belastet sich selbst mit seinen Sätzen; denn Ludwig Hohl ist nicht ein Talent; er ist der Untalentierteste unter den Großen.

Er schreibt, weil er es nicht kann, und nichts ist den Lesern so unangenehm wie der Untalentierte. Sie hören nicht gern von sich selbst und möchten vom Schriftsteller nichts anderes als den Beweis, daß es Göttliche gibt, daß es sich auf der Welt erfolgreich leben läßt.

Sie wollen vom Autor die Demonstration des Bewältigens und Versöhnens.

Ludwig Hohl ist erfolglos, nicht nur – was eine Nebensache ist – vor den Lesern, sondern vor sich selbst. Daß die Gesellschaft

Hohl ablehnt, ist verständlich. Denn sie drängt zum Erfolg, der Erfolglose ist ihr ein bitteres Ärgernis.

Und mag es noch so viele Autoren geben, die düster waren und doch zum mindesten nach ihrem Tod Erfolg hatten, Ludwig Hohl unterscheidet sich von ihnen. Ihm wird auch nach dem Tod nicht passieren, was Kafka oder Joyce oder Musil passiert ist. Wer ihm eine Renaissance prophezeit, verharmlost ihn. Seine Sätze gefallen mir heute nicht besser als vor zehn Jahren, und sie werden mir – das weiß ich – in zehn Jahren noch mehr Mühe machen.

Es wird ihm erspart bleiben, daß gebildete Damen von Situationen sagen: »Das ist wie Hohl«, in der Art, wie man sagt: »Das ist wie Kafka.«

Und es wird ihm erspart bleiben, daß man sein Werk »kennt«, ohne es gelesen zu haben.

An ihm gemessen ist Kafka Unterhaltungsliteratur, das heißt, Kafka versteht es, für kurze Zeit dem Leser ein gewisses Hochgefühl zu vermitteln, denn es tröstet, daß Kafka das Leben so sieht wie wir und daß er Bögen sieht und Zusammenhänge.

Was bei Kafka zu einem Riesengemälde der verwalteten Welt wird, bleibt bei Hohl ein Streit zwischen Den Haag und Delft, ein absolut undämonischer Streit, ein kleinlicher, sturer und deshalb menschlicher.

Und was bei Kafka zu einer molekülähnlichen, kristallähnlichen Konstruktion wird, wird bei Hohl zur Verstrickung.

Das Detail bringt ihn um.

Der Moralist Hohl zeigt sich immer wieder in seiner zwanghaften Auseinandersetzung mit dem Detail. Ihm gelingt kein Weltbild, sein Weltbild mißlingt so, wie ein Leben mißlingt, wie jedes Leben mißlingt.

Die *Notizen* sind vor langer Zeit entstanden, zwei dicke Bände mit dem Titel *Von der unvoreiligen Versöhnung*, sie sind bis heute nicht selbstverständlich geworden, sie bleiben unversöhnt und mühsam, weil unvoreilige Versöhnung nicht Versöhnung mit dem äußeren Umstand, sondern Versöhnung nach innen meint.

Die *Notizen* sind eine Auseinandersetzung mit sich selbst. Sie tragen das Prinzip, das Widerstände auslöst, in sich – deshalb wird die Zeit an ihnen nichts ändern, und deshalb ist bei ihnen kein Trost für die Zeit zu erwarten.

Sie werden deshalb das bleiben, was sie sind; sie werden in

Jahrzehnten noch überraschen und ärgern, und sie brauchen wohl nie einen zeitgeschichtlichen Kommentar; nicht etwa weil sie unaktuell wären, sondern weil ihre Aktualität echt ist.

Ludwig Hohl ist in den letzten Jahren in die fatale Situation des Geheimtips geraten. Die Leute glauben, daß seine Größe in seiner Verkanntheit liege. Sie halten den Umstand, daß Hohl weniger Erfolg hatte als andere, für einen perfiden Zufall und den Zufall für einen Beweis seiner Größe, und das Vaterland hat sich wieder einmal zu schämen.

Allerdings, die Leute, die Hohl als Geheimtip verkaufen wollen, tun ihm einen schlechten Dienst. Meist bieten sie Anekdoten über Alkohol und Keller, über Bohemie und Genie herum und machen aus einem Schweizer etwas Exotisches, aus einem mühsam Arbeitenden ein junges originelles Talent. Wenn ich irgendwo den Namen Hohl erwähne, kommt unweigerlich die Frage: »Ist das der, der im Keller lebt.« Ich habe mir angewöhnt, über die Frage erstaunt zu sein und zu sagen: »Davon weiß ich nichts, und ich müßte es doch wissen, da ich ihn kenne.«

Hohl ist nicht einer, der im Keller lebt, sondern einer, der schreibt. Hohl ist nicht einer, über den es viel zu sagen gibt, sondern einer, der etwas zu sagen hat. Hohl als Legende zu verkaufen ist gemein. Man drängt ihn damit unter jene Autoren des 19. Jahrhunderts, deren Biographie mehr Gewicht hat als ihr Werk. Man liefert damit der Gesellschaft ein Argument mehr, ihn nicht zu lesen, denn Hohl-Anekdoten reichen aus, das literarische Gespräch im Salon einen Abend lang zu füttern.

Geheimtip-Jäger machen aus der Literatur ein Wettgeschäft, sie sind daran interessiert, daß der Außenseiter ein Außenseiter bleibt und daß sie zu den wenigen gehören, die den Tip kennen.

Ich verehre Hohl und mag seine Verehrer nicht. Ich beanspruche ihn für mich selbst. Ich käme mir als lächerlicher Zwerg vor, wenn ich ihn verteidigen und propagandieren müßte.

(*Zürcher-Woche/Sonntagsjournal*, 3./4. 5. 1969)

Hans Saner

Berggang als Chiffre menschlicher Existenz

Als Ludwig Hohl vor zwei Jahren in Bern seine *Bergfahrt* vorlas, war der Saal des Zähringer zum bersten voll. Neben der literarischen Prominenz fanden sich fast lauter jugendliche Hörer ein. Die Stille im Saal und dann der orkanartige Applaus mußten den Eindruck erwecken, nun endlich hätte sich herumgesprochen, wer Hohl ist, und diesem einsamsten unter den Schweizer Schriftstellern widerfahre doch noch, wenn auch spät, Gerechtigkeit.

Heute, einige Monate nach dem Erscheinen der *Bergfahrt*, muß man dieses Urteil revidieren. Denn es ist um dieses Buch vollkommen still geblieben, obwohl die *Bergfahrt* ein Meisterwerk ist. Herumgesprochen hat sich nur die Kunde von einer exzentrischen Gestalt, die man sich anschaut und anhört wie ein Kuriosum der gegenwärtigen Literatur. Aber der ungeheuer sorgfältige, sprachmächtige und sehr intelligente Schriftsteller Hohl ist unbekannt oder verkannt geblieben. Grotesk ist nicht er; grotesk ist der Literaturbetrieb mit dem fast vollständigen Mangel an Sinn für Qualität.

Hohl hat an der *Bergfahrt* außerordentlich lange gearbeitet. Er begann die Erzählung 1926, faßte sie bis 1940 sechsmal neu, ließ sie dann liegen und gab ihr in den letzten Jahren die endgültige Gestalt. Vom schweren Ringen ist heute kaum etwas spürbar. Sprache und Bau sind bedacht und geschmeidig zugleich – wie ein guter Berggänger.

Die äußere Geschichte ist sehr einfach: Zwei Berggänger, Ull und Johann, wollen einen Berg (sein Name wird nie genannt) besteigen. Vor dem entscheidenden Aufstieg kehrt Johann um. Ull wagt die Besteigung allein. Er bezwingt zwar den Berg, stürzt aber im sehr schwierigen Abstieg zu Tode. Johann rutscht auf der leichten Rückkehr in einen Bach und ertrinkt darin.

Das Großartige an dieser Geschichte ist nun, wie sie, ohne je in einen Symbolismus abzugleiten, zur Parabel wird.

Da ist der Berg, anonym, ein langgezogener Gipfelbau, vergleichbar »einem sehr großen Schiff, das ... in die Ewigkeit«

hineinfährt. Die beiden Berggänger, typisierte Gestalten, machen sich an ihn heran. Ull: tüchtig, geschmeidig, schnell, greift ihn entschlossen an; Johann: mutlos, wehleidig, langsam, geht zögernd mit, mehr durch Ulls konzentrierte Anspannung fasziniert als durch den Berg angezogen. Sobald sich dieser in seiner abweisenden Mächtigkeit zeigt, bricht die Faszination zusammen. Johann kapituliert. Jeder auf seine Art allein verirrt sich nun im Gewirr von widrigen Umständen und Fehlverhalten. Ull verbeißt sich in das schwer Mögliche; Johann verliert sich durch Überheblichkeit. Ull nimmt ein langsam sich steigerndes, bewußt vollzogenes Sterben auf sich; Johann erleidet einen schnellen, unbedachten Tod. So wird beiden, scheinbar, der Tod zum Korrektiv ihres Lebens: Ull, der Schnelle, Entschlossene, stirbt bedächtig und langsam; Johann, der Zauderer, stirbt durch einen zu schnellen Entschluß. Der Tod ereilt sie als etwas Fremdes, das konträr ist zu ihrer Existenzweise. Und doch ist er je *ihr* Tod: Ull stirbt, bis zum Letzten kämpfend, an der Übermacht des Berges; Johann stirbt nebenher, wie er ein letztes Mal die Anstrengung flieht. Der eine wird vom Abgrund verschlungen, den er sehen wollte; der andere wird auf dem leichten Weg, der auch keinen sicheren Grund hat, hinweggespült. Ull stirbt, Johann »verendet«.

Damit aber wird dieser Berggang für beide zur Chiffre ihrer Existenz. An der »Natur« (nämlich dem Dasein selber) scheitern beide, zugleich »nach dem Gesetz, wonach sie angetreten«, und doch auch paradox: Ull ist in die Berge gegangen, »um dem Gefängnis zu entrinnen«; aber der Berg wird ihm zum Gefängnis. Johann ist nebenher gegangen; aber die Fahrt wird ihm zum Schicksal. Nach dem Gesetz und paradox zugleich – das heißt: absurd – so wie jede Existenz letztlich, im Tod und durch den Tod, sich zeigt.

All das ist bei Hohl mehr angedeutet als ausgesprochen, und es ist keineswegs sicher, daß ihm der Gehalt dieser Parabel entscheidend wichtig ist. Vielleicht geht es ihm mehr darum, Parabel und Geschichte als Einheit, als konkrete Geschichte einer Bergfahrt, die der Deutung offenbleibt, *Sprache* werden zu lassen. Und so könnte man denn auch wieder vordergründiger dieses Stück Prosa betrachten in seiner virtuosen Sorgfalt und dichterischen Kraft. Da ist gleichsam keine Bewegung der beiden Gestalten, die nicht, präzis beobachtet und von realem Sachverständnis getragen, Reflex jeweils der ganzen Gestalt würde. Die Schilderung der Bergwelt, gesehen, gehört, gespürt, realistisch im »Härtegrad« und zugleich wahr in der mythischen Gewalt der Natur, vermag so nur jemand zu schreiben, der den Berg erlebt hat im Kampf gegen ihn. Souveränes Wissen vereinigt sich mit der Erlebnisfähigkeit eines Berggängers, der ein Dichter ist. Eine sachliche Prosa, die das Wiedererleben zwingend hervorruft, und durch eine unerhörte Bildkraft eine ganze Welt plastisch erstehen läßt. Alle Originalitätssucht ist ihr fern; aber original und neu ist sie durch ihre Qualität: Ich kenne kein besseres Stück Prosa über die Bergwelt.

Wenn eine Geschichte zur Parabel wird und darin zur Chiffre von Existenzen, darf man in ihr vielleicht auch etwas von der Existenz des Dichters sehen. Hohl ist die Gestalt, »für welche die Abgründe nie aufhören«. So definiert er nämlich in der *Bergfahrt* den Alpinisten. Und er ist sicher der Dichter und Denker, der unablässig versucht hat, »dem Gefängnis zu entrinnen«. Nichts leichter, als nun über seine Art des Scheiterns zu reflektieren. – Wer dieses Stück Prosa kennt, wird aber verstehen, daß Hohl als Dichter auch der Berg ist, von dem es heißt: »An ihm ist nur Steilheit, gelassener Sieg, fragloser Sieg.«

(*National-Zeitung*, Basel, 20. 12. 1975)

Nicolas Born
Vom Nächtlichen Weg zur Bergfahrt

1971 erschien unter dem Titel *Nächtlicher Weg* in der Bibliothek Suhrkamp ein Band mit neun Erzählungen von Ludwig Hohl. Dem Klappentext konnte man ein paar geizende Informationen über Autor und Werk entnehmen, daß Ludwig Hohl nämlich Schweizer ist, 1904 geboren, daß er seit 17 Jahren in einem Kellerraum in Genf lebt und arbeitet, daß er bedeutend ist und seine berühmten Schweizer Kollegen Frisch und Dürrenmatt ihn notwendig und faszinierend finden. Kein Vor- oder Nachwort, überhaupt kein Wort darüber, was Hohl seit den dreißiger Jahren, in denen der größte Teil seines Werkes entstand, geschrieben hat. Immerhin kündigte der Suhrkamp Verlag die Herausgabe seines Gesamtwerkes an.

Dieses Gesamtwerk ist immer noch nicht da, aber es sind inzwischen zwei weitere Bücher von Hohl in der Bibliothek Suhrkamp erschienen: 1972 *Vom Erreichbaren und vom Unerreichbaren*, tagebuchartige Eintragungen, vom Verlag einmal Notizen, ein andermal Aphorismen genannt. Der andere Band ist erst im Herbst 75 unter dem Titel *Nuancen und Details* veröffentlicht worden, ebenso in der Bibliothek Suhrkamp. Und auch dieser Band enthält Reflexionen, Kontemplationen, Beschreibungen körperlicher und geistiger Zustände, Beschreibungen des Leben- und Schreibenlernens. Kaum Aphorismen. Es fehlt diesen Eintragungen nämlich die erstarrte Geschwätzigkeit dieser Gattung, jene kurzgeschlossenen Punktum-Erkenntnisse, die alle mühevollen Denkbewegungen verleugnen. Oder ist es etwa solch eine schnelle, mühelos-eitle Gereimtheit, wenn Hohl schreibt: »Leben ist gleich Kunstprodukt und Kunstprodukt ist gleich wahrem Leben. Das eine wie das andere erreichen besteht in einem richtigen Verhalten . . .«?

Das ist alles nicht »geistreich« und das schwindelt sich nicht an Widersprüchen vorbei. Wenn das Leben wichtig ist, dann sind auch Hohls Anweisungen zum absoluten Leben wichtig. Man könnte ihn einen Zuchtmeister der Selbstverwirklichung nennen, ohne euphorisch zu werden. Die Ergebnisse seines Denkens und Schreibens in diesen kleineren Formen sind keine Wahrworte, sondern eher Appelle an den Leser, sich zu verändern, zu arbeiten. Die Arbeit ist überhaupt das zentrale Motiv. In unendlich vielen Variationen setzt Hohl immer wieder neu an zu einer Art Kanonisierung der Arbeit. Für ihn ist sie das Lebensethos schlechthin. Das Mißverständnis muß hier ausgeschieden werden: Gemeint ist vor allem, daß der Körper bei der Arbeit lernt, die Dinge zu verstehen, und zu *behandeln*, wodurch er wiederum lernt, sich selber zu verstehen. Das könnte, nur vordergründig betrachtet, eine Binsenweisheit sein, aber für Hohl ist es das Geheimnis der dialektischen Beziehungen und Wirkungen zwischen Innenwelt und Außenwelt. Die aufklärerische Anstrengung ist nicht dazu da, die menschliche Existenz mit einem faden Allerweltslicht zu beleuchten, noch ist sie dazu da, alles Fühlen und Begreifen auf den Nenner eines Systems zu bringen. Für Hohl ist nicht das Resultat existentiell entscheidend, sondern der Weg dorthin, der *einzige* aus einer Vielzahl, auf dem Entscheidungen getroffen werden müssen. Das Resultat, die Formel, kann nachher »jeder Apothekerlehrling glatt herreden«.

Arbeit ist auch das Staunen darüber, wie viele Dinge es immer noch gibt, wie viele Gestalten und Verwandlungen, und wie oft ein bewußter aufmerksamer Körper noch auf Widerstand trifft, wo andere schon im Leeren gehen.

Wenn Hohl vom Arbeiten spricht, spricht er durchaus auch vom, wie er es nennt, »Schreib-Arbeiten«:

Die kleinste Schwere stört. Das Schreiben muß, leichter als ein Blatt, ganz von der Sache getragen sein – so, daß die Sache keine Kraft braucht damit –, so daß nur die Sache ist, daß das Schreiben gar nicht ist –, so, daß nur das Schreiben mehr ist!

Und über das Arbeiten überhaupt heißt es:

Arbeit ist immer ein Inneres; und immer muß sie nach einem Außen gerichtet sein. Tätigkeit, die nicht nach einem Außen gerichtet ist, ist keine Arbeit; Tätigkeit, die nicht ein inneres Geschehen ist, ist keine Arbeit.

Beide Bücher könnten so etwas wie Breviere sein, zum Immer-wieder-Lesen. Sie sind von einer selten gewordenen Komplexität. Sie sind Sammlungen von Lernvorgängen, von Verhaltensweisen, und damit sind sie auch das Trainingsprogramm eines wichtigen Schriftstellers. Sie behandeln ein Wissen, das noch nicht und nicht mehr Wissenschaft ist und das unter der Oberfläche unseres Fakten- und Orientierungswissens verlorenzugehen droht.

Das, was uns als Wunder erscheinen mag, sagt Hohl in *Nuancen und Details*, ist nichts anderes als »ein gewöhnliches Gehen in einer anderen Welt«. So vergleicht er auch das Entstehen eines Kunstwerks mit einer schwierigen Bergbesteigung. Vordergründig mag das trivial klingen, aber Hohl fährt fort:

... den Absturz in den Bergen können alle sehen; der Mann aber, der eine Dichtung schreibt oder ein Bild malt, fährt in vielen Fällen ruhig fort, zu schreiben oder zu malen, als ob nichts geschehen wäre, nachdem er lange abgestürzt ist aus seinen Dingen ...

Das zuletzt bei Suhrkamp erschienene Buch von Ludwig Hohl, die Erzählung *Bergfahrt*, handelt von einer solchen Bergbesteigung. Es ist eine Parabel, deren Inhalt sich rasch erzählen läßt. Zwei junge Männer wagen dieses Unternehmen. Sie sind beinahe unzulässig polarisiert: der eine, Ull, hat alle Eigenschaften des Tüchtigen, der andere, Johann, die eines schwachen Fatalisten, der zusätzlich noch schwer belastet ist von der Geringschätzung des Autors. Gemeinsam bestehen sie die ersten Gefahren und die ersten halluzinativen Einblicke ins Gebirge, Bilder, die so schön und gefährlich sind, als stiegen sie auf aus den Landschaften des Unbewußten (und tun sie es denn etwa nicht in der Imagination des Autors?). Vor der eigentlichen Bewährungsprobe, dem Anstieg zum Grat, kehrt aber Johann um und Ull geht allein weiter. Beide kommen ums Leben, Johann, schon wieder im Tal, auf banale Art in einem Wildbach; Ull aber stürzt herab wie Ikarus, sozusagen aus einem höheren Licht, sozusagen vom Gipfel seiner Leistung und Erkenntnis.

Sicher ist das eine Modellhaftigkeit, die verstimmt, eine Grenzsituation auf doppeltem Boden, die in ihrer Konstruiertheit nur noch zu beweisen scheint, daß Mühe belohnt wird, und sei es auch nur durch einen bedeutenderen Tod. Vielleicht sind hier dem Autor Bekenntnis und Programm zu weit vorausgeeilt; jedenfalls scheinen mir die Charaktere in ihrer Gegensätzlichkeit zu früh besiegelt. Immerhin, am Ende wird vom Erzähler spekulativ ein Rollentausch der beiden vollzogen, der diesen krassen Gegensatz ein wenig aufhebt – aber eben erst am Ende, so daß es wie eine Korrektur wirkt.

Der Einwand berührt aber kaum die Kraft und Konsistenz der Erzählung. Jeder Satz klingt beinahe anmaßend endgültig, und so hat selbst eine fiebrige Imagination die verletzende Härte von etwas Realem. Jede Phase des Aufstiegs bringt Ull seinem absolut Erreichbaren näher; und jeder Satz der Erzählung hat auch genau diese Bedeutung für den Erzähler (Hohl hat die *Bergfahrt* 1926 angefangen, bis 1940 sechsmal umgeschrieben; die hier vorliegende Fassung wäre also die siebente).

Du mußt dich beweisen, deinen genauesten Ausdruck finden, du mußt im genauesten Sinne Eindruck machen auf die Welt, du mußt sie verändern, indem du selbst dich veränderst: Das ist verkürzt und vereinfacht der Extrakt von Hohls Denken und Schreiben. Dem ganzen alpinen Unternehmen haftet, wie dem Handeln des Sisyphos, sowohl die Absurdität solcher Existenzbeweise wie auch deren Notwendigkeit an. Das Subjekt wird verteidigt, der einzelne. Solange es ihn gibt, gibt es Empfindungen, Erfahrung und Erkenntnis. *Er* soll ja gar nicht aufhören, Welt und Gesellschaft auf sich zu beziehen. Er würde sich ja auslöschen, wenn er objektiv würde, Gesellschaft.

Der Erzähler weiß so viel über die Regungen, Träume und Wahrnehmungen der beiden Figuren, als wäre er selber beide Figuren, und dennoch ist er von einer monumentalen Härte und naturhaften Gleichgültigkeit: In einem einzigen Satz rutscht Ull, der Bergbezwinger, aus dem Leben in den Tod; er rutscht heraus aus dem eigenen Bewußtsein und damit auch aus dem des Erzählers: ». . . und ward nicht mehr gesehen.«

Die Parabel *Bergfahrt* ist, wenn man an die beiden anderen Bücher denkt, in denen differenziert wird, bis eine karge und starke, ganz persönliche und körperliche Erfahrung sich abhebt, von einfacher Handlungsführung. Was heißt aber hier »Parabel«? Jedenfalls nicht, daß mit allem etwas anderes gemeint ist, daß jeder Satz eigentlich einen anderen Satz bedeutet und für sich genommen nichts ist. Im Gegenteil, für sich genommen muß er schon alles sein, den anderen Satz völlig aufgesogen haben. Eben das geschieht hier.

Es sind die Bilder, die plötzlich aufleuchtenden Epiphanien, die, der Wirklichkeit entrückt und doch wirklich, Ulls Leben bedrohen. Diese Bergwelt, innere und äußere Landschaft zugleich, ist aber weder freundlich noch feindlich, sie ist nur da, bekannt und unbekannt, Zeitmaße und Entfernungen sind außer Kraft – und also passiert auch hier nicht ein menschliches Drama in der Natur, sondern ein Stürzen, ein Verschwinden auf Nimmerwiedersehn.

Die Stimme des Erzählers tönt aus derselben Einsamkeit herauf. Natur und Einbildungskraft scheinen sich in diesen Beschreibungen gegenseitig in Schutz zu nehmen. Wenn Ull in einer Ferne ein Dorf sieht, heißt es: ». . . wie keine Dörfer in Wirklichkeit sein können . . .« Dann erscheint ein langgezogener »Gipfelbau«, der »vielleicht auch den Eindruck erwecken könnte von einem sehr großen Schiff, das nicht in ein Erdenmeer nur, das in die Ewigkeit hinein führe«.

Ludwig Hohl ist ein sperriger und eigensinniger Autor, und er ist auch das staunenswerte Beispiel eines Schriftstellerlebens. Er ist immer darauf aus, mit seiner Arbeit alle Einschränkungen und Bedingungen poetischer Erkenntnis außer Kraft zu setzen. Hoffentlich wird seine Gesamtausgabe wirklich erscheinen.

(*Süddeutsche Zeitung*, 7. 4. 1976)

Robert Mächler

Zu einigen Gedanken Ludwig Hohls

[...] »Das ist des Menschen Wert: *daß er Wert will.*« Dieses kühne Wort steht auf einer der ersten Seiten von Hohls Hauptwerk *Die Notizen.* Kühn ist es, weil es den Menschen auf sich selber stellt. Die Natur außerhalb des Menschen will keinen Wert, jedenfalls nicht mit Bewußtsein. Hat ihn der Mensch nicht ohne bewußtes Wollen, so wurde er ihm offenbar nicht in die Wiege gelegt, hat er ihn nicht im vornherein als Geschöpf Gottes. Freilich kann auch der Wille zum Wert als eine im Laufe des Lebens hinzukommende Gabe Gottes aufgefaßt werden. Aber Hohl, der von den Theologen urteilt, daß sie »Dinge sagen, die man auf dem Papiere wohl lesen, aber nicht denken kann«, meint es nicht so. Daß der Mensch Wert will, ist nach ihm des Menschen und nicht Gottes Wille. Es ist auch nicht eines jeden Menschen Wille, denn, so lautet ein anderer Satz von Hohl: »Gewisse Menschen *können* nicht zur völligen Verneinung kommen, alles sinnlos finden!« Also scheint er anzunehmen, daß sich die meisten Menschen mit der Sinnlosigkeit abfinden können. Müssen diese des echten Wertes entbehren? Wie immer es mit dem Wollen steht, es gibt wahrscheinlich niemanden, der das klare Bewußtsein der Sinnlosigkeit allen Geschehens ertrüge. Der Sinn des Weltganzen wird zwar nur wenigen zum bedrängenden Problem, aber gefühlsmäßig ist er uns allen schon dadurch gegeben, daß wir die Bewältigung unserer Tagesprobleme sinnvoll finden. Auch die Theoretiker des Nihilismus erleben die Welt nicht mit existentieller Unmittelbarkeit als sinnlos, sonst wäre ihnen an theoretischer Bemühung nichts mehr gelegen.

Hohl ist kein Nihilist, für ihn ist das Wollen des Wertes nicht etwas Illusionäres, er nennt es ja ausdrücklich »des Menschen Wert«. Indes geht menschliches Wollen ohne Aufsicht des reflektierenden Geistes in die Irre, darum betont er: »Es gibt kein System (für das Leben, für irgendeine Lebensabteilung), das die Intelligenz überflüssig machte.« An anderer Stelle sagt er: »Wer viel Wissen hat, ist gut. (Wer nicht dazu gelangt, notwendigerweise gut zu sein, soll sich nicht einbilden, das, was er als Wissen hat, sei höheres, wirkliches Wissen.)« Das wirkliche Wissen ist demnach das sittliche, derjenige Geistesgehalt, den Thomas Mann im Sinn hatte, als er die These wagte: »Der Geist ist gut.« Dasselbe meinte *Sokrates* mit der Lehre, daß Tugend Wissen sei, tatkräftiges Wissen um das Gute, dem Menschen Zuträgliche. Hohl bestätigt seine sokratische Herkunft mit den Worten: »Man kann nicht etwas voll erkennen und nicht tun. Das Erkennen geht *unmerklich* in die Tat über.«

Von Sokrates, der die Tugend mit Wissen gleichsetzt, bis zu Marx, der die Wissenstugend zur Veränderung der Welt benützen will, ist es, gleichsam in der geistigen Luftlinie gemessen, nicht weit. Hohl ist kein Marxist, aber er lehrt, »daß Genie und vollkommener Sozialismus ganz und gar dasselbe« seien. Wahres Genie, heißt das wohl, ist vollkommen sozial, und nur eine Gesellschaft von Genies wäre eine vollkommen sozialistische. Da eine solche noch nicht existiert, muß der sokratisch Wissende, das gute Genie sie wollen. Eine Schriftstellerei, erklärt Hohl, könne »nicht ernst, nicht wirkliche Arbeit sein, ohne zugleich in irgendeinem Maße die Welt ändern zu wollen«. Aber will und kann Schriftstellerei sie zum Bessern ändern? In der Regel liebt es ein Schriftsteller nicht, als Weltverbesserer bezeichnet zu werden. Und gar die großen Dichter? Zwar wollen auch sie, und mit ihnen die großen Künstler insgesamt, »in irgendeinem Maße die Welt ändern«: indem sie nämlich die Welt in ihre einmalig-persönliche Kunstsprache übersetzen und diese verändernd auf die Mitmenschen einwirken lassen. Diese Geniesprachen sind aber – bisher jedenfalls – nicht die des von Hohl gemeinten vollkommenen Sozialismus, sondern eben je einmalige, und sie stehen miteinander in mörderischem Wettbewerb. »Ist in seiner Art«, fragte Robert Walser, »nicht auch ein erfolgreicher Schriftsteller ein Mörder?« – nämlich einer, dessen Erfolg für andere Schriftsteller Erfolglosigkeit bedeutet und dessen Individualität Macht über die des Lesers gewinnt, sie vielleicht durch Übermacht deformiert und erdrückt. Gut wäre es wohl, wenn die Schriftsteller ob ihren konkurrierenden Eigensprachen die eine, gemeinsame Sprache des sokratischen Guten nicht vergäßen und wenn sie diese Sprache zum Gemeingut aller Menschen machen wollten. Dann könnte wahr werden, was ein besonders Einmaliger, Hölderlin, ersehnt hat: »Ich glaube an eine künftige Revolution der Gesinnungen und Vorstellungsarten, die alles Bisherige schamrot machen wird.«

Freilich ist der Individualismus der noch unvollkommen sozialen Genies nur der eine Grund dafür, daß sich dieser Glaube noch nicht bewahrheitet hat. Den andern nennt Hohl: »Die Menge denkt wenig.« Woraus er folgert: »Darum eben sollten die Denkenden sie führen, nicht die Ausnützenden.« Dies wollte schon Platon, der Schüler des Sokrates. Philosophen sollten nach ihm Staatslenker sein, was aber eine seltene Ausnahme geblieben ist. Statt dessen geschieht auf die eine oder andere Art noch immer, worüber sich Voltaire so empört hat: »Mich dünkt es die allerletzte Bosheit unserer Natur, ebenjene Philosophen zu unterdrücken, die uns bessern wollen.« Hinwieder ist die »Menge« dadurch einigermaßen entschuldigt, daß die meisten Philosophen selber nicht philosophisch genug sind, um so verständlich, eindringlich und geduldig mit ihr zu reden, daß sie sich von ihnen führen und womöglich zu eigenem Denken anleiten ließe. Hohl ist sich darüber im klaren: »Um die Allgemeinheit dem Besseren entgegen zu verändern, braucht man eine Lehre, die der Langsamkeit, der tiefen Stufe der Menschen angemessen ist . . .« Bereits vor hundert Jahren hat Eugen Dühring, ein unabhängiger Kopf wie Hohl und ein scharfer Kritiker der fachsimpelnden akademischen Philosophie, ebenso gedacht: »Eine volksmäßige Verallgemeinerung derjenigen Bestandteile echter Denkergesinnung, die auf die Verhältnisse jedes Menschen Anwendung finden können, ist eine Forderung der moralischen Zukunfts- und gewissermaßen auch schon Gegenwartsordnung.« Solange diese Forderung unerfüllt ist, bleibt es Hölderlins Zukunftsglaube ebenfalls und scheint Dührings Hoffnung, daß eine volksmäßige Philosophie einst den Platz der Religion einnehme, illusionär zu sein.

Hohl denkt von der Religion, im besondern von der christlichen, ungefähr wie Dühring. »Die Kirche«, schreibt er, »ist nicht faul seit . . ., sondern sie war von Anfang an faul.« Man muß ihre Geschichte natürlich aus anderen als aus kirchlichen Darstellungen kennen, um dieses Urteil nicht anstößig zu finden. Erwägen wir aber von hier aus nochmals das Eingangszitat und fragen wir, ob die »Menge« unfähig sei, Wert zu wollen. Sie zeigt sich immerhin willig, von der Kirche die Idee eines unbedingten höchsten Wertes, den Glauben an Gott, anzunehmen. Die Geschichte der monotheistischen Religionen belegt fortwährenden Mißbrauch dieser Idee, das großenteils grausame Naturgeschehen scheint sie erst recht ad absurdum zu führen – und doch muß sich auch der Denker an sie klammern, wenn er am Wollen des Wertes nicht verzweifeln will: er muß einsehen, daß der Mensch als Erzeugnis des Weltprozesses keinen sicheren Wert schaffen kann, wenn der Weltprozeß seinen Ursprung nicht in einem wertsetzenden Geist hat.

In Genf, wo der Appenzeller Ludwig Hohl lebt, hatte seinen Wohnsitz vor etwa hundertfünfzig Jahren auch der Berner Karl Viktor von Bonstetten, ebenfalls ein Selbstdenker und literarischer Einzelgänger. Er war vom Dogmatiker Calvin schon fern genug und dem philosophisch gottgläubigen Rousseau noch nahe genug, um in einem Brief an seinen Aargauer Freund Heinrich Zschokke schreiben zu können: »Über Gott kann ich nichts denken, das zwei Minuten Stich hält – und doch kommt der Gedanke immer wieder.«

Mehr als das hat, wenn er ehrlich sein will, auch der Fachtheologe nicht zu sagen. Und der redliche Ethiker wird Bonstetten und Hohl vielleicht so kombinieren: Über Wert (über das Wahre, Gute, Schöne) kann ich nichts denken, das zwei Minuten Stich hält – und doch muß ich ihn immer wieder wollen.

(*Badener Tagblatt*, 9. 4. 1977)

Hans J. Fröhlich
Lese-Arbeit

Ludwig Hohls Essays zur Literatur

In unseren Tagen, wo das Lesen vielfach nur dazu noch dient, sich schnell und umfassend zu informieren, wo die Bestsellerkultur auf der einen Seite, wachsende Leistungsanforderungen in Schule und Hochschule auf der anderen Seite allmählich in Vergessenheit geraten lassen, daß Lesen auch eine Kunst ist, die verstanden sein will, möchte man manchmal wieder jene Zeiten herbeiwünschen, wo Damen und Herren bei der Lektüre beispielsweise eines neuen Jean-Paul-Romans aus Rührung oder Erschütterung über das Gelesene noch zum Taschentuch gegriffen haben. Eine solche Reaktion zeugt zwar noch lange nicht von der Fähigkeit, das Lesen als Kunst zu handhaben, doch war man damals immerhin noch, wie weiland Dantes berühmtes Paar, imstande, sich von der Lektüre mitreißen zu lassen.

Diese Zeiten, so scheint es, sind vorbei, und so muß ein Buch wie Ludwig Hohls unter dem Titel *Das Wort faßt nicht jeden* (als Teil IX der zwischen 1934 und 1936 entstandenen *Notizen*) rechtzeitig zur Verleihung des Petrarca-Preises an Hohl erschienene »Lese-Erlebnisse« doppelt anachronistisch anmuten. Denn dieser eigensinnige und noch immer viel zu wenig bekannte Autor, der trotz dieser oder jener öffentlichen Ehrung weiterhin wohl nur ein Geheimtip einiger Kenner bleiben wird, stellt an den Leser – und das heißt: zuallererst an sich – radikalere Forderungen. Für ihn bedeutet Lesen: Arbeit. »Laß dich deine Lektüre nicht beherrschen, sondern herrsche über sie.« Dieser Satz von Lichtenberg, dem Buch als Motto vorangesetzt, ist ein Plädoyer gegen nur gefühlsmäßiges Aufnehmen und für einen souveränen Umgang mit Literatur, der nur durch passioniert kritisches Lesen möglich wird. Ein Plädoyer aber auch für Werke, die nicht »nach der Befriedigung der Leser« zielen, sondern den »schmalen, einzigen Weg der Kunst« einschlagen.

Wer allerdings in diesen Aufzeichnungen so etwas wie literaturkritische Aperçus sehen zu können glaubt, der wird sich nicht nur durch Hohls mitunter sehr schroffe Urteile (etwa über Jean Paul oder die Lyrik Heines oder Rilkes) vor den Kopf gestoßen fühlen, sondern der hat auch den Schreibanlaß nicht verstanden. Hohl spielt sich hier nicht als Kunstrichter auf (er geht, im Gegenteil, mit dieser Zunft hart ins Gericht), sondern als Leser, der sich für die Kunst engagiert. Und was er von sich als Leser verlangt, was er sich abverlangt, ist – um Feuchterslebens Buchtitel »Zur Diätetik der Seele« abzuwandeln – eine »Diätetik«, eine des Lesens, nicht multa, aber multum: eine Hygiene der Lektüre-Auswahl gleichsam. Nur in diesem Sinne – und nicht als Koketterie – muß auch sein Bekenntnis verstanden werden, er habe nur sehr wenig gelesen. Denn natürlich ist er, wie dieses Buch und die Zitate beweisen, ein exzellenter Kenner der Weltliteratur von Montaigne, Spinoza und Lichtenberg bis zu Proust und Robert Walser, aber auch seiner Antipoden Hamsun oder D. H. Lawrence. Aber Hohl liest nicht, um mitreden zu können, aus Bildungsbeflissenheit oder einem Informationsbedürfnis. Für ihn bedeutet Lesen: Auseinandersetzung mit der Literatur, mit Autoren, die, wie er schreibt, »mit meinem Geist in einer starken Beziehung« stehen, im positiven wie im negativen Sinn.

Wer die bisher erschienenen Teile von Hohls Hauptwerk *Die Notizen oder Von der unvoreiligen Versöhnung* kennt, wird in diesem zuletzt veröffentlichten nicht unbedingt einen »neuen« Ludwig Hohl entdecken, aber konzentrierter als in den übrigen Bänden das »strenge Gesetz« seines Lebens. In diesen Maximen und Reflexionen, in diesen Literaturauseinandersetzungen und kurzen Erzähl- und Phantasiestücken offenbart sich aufs eindringlichste der Lese-Arbeiter Hohl, zeigt er seine geistige Unabhängigkeit, seine schriftstellerische Ethik, seine Skepsis und die offen bekannte unsystematische, jeder grauen Theorie abholde Denkweise. Ein Buch, das nicht vom schöpferischen Lesen handelt, sondern dieses vorführt, und das zugleich ein fortlaufender, immer wieder korrigierter und präzisierter Kommentar zu Hohls schriftstellerischer Existenz ist.

Wie in allen Büchern von Hohl liegt auch hier wieder der Reiz, das Besondere und Wesentliche dessen, was ihm an literarischen Werken auffällt, was ihm zum Schreiben, zur Kunst (zum Plagiat oder zum Pathos Schillers), was ihm zu Romanen und Gedichten (ihrer Sprache und ihrem Stil) einfällt und was er zum Gelesenen assoziiert, im Detail, in der Fülle der Details mit all ihren Widersprüchen. Doch dieser große Widerspruchsgeist bringt es fertig, daß man jedem dritten Satz heftigst zu widersprechen geneigt ist, aber daß man allen Sätzen zusammen und damit dem ganzen Buch – dem Arbeitsprotokoll eines vom Schreiben besessenen Schriftstellers als Leser – begeistert zustimmen muß.

(*Frankfurter Allgemeine*, 16. 8. 1980)

II.

Kurt Müller
Erinnerung und Dank an Ludwig Hohl

»Die entscheidende Zeit geistiger Formung – Umwandlung, Festigung – verbrachte ich im Ausland (1924 bis 1937)«, schreibt Ludwig Hohl.

Hier soll von den Schuljahren 1920 und folgenden die Rede sein. Erinnerung? Sie ist nur noch vage vorhanden, aufgehellt durch ein paar Briefe jener Zeit. – Da waren wir also in der kleinen, ostschweizerischen Kantonshauptstadt F. als Gymnasiasten; Ludwig täglich von M. zur Schule fahrend mit der schnaubenden Überlandbahn, ich als Konviktzögling, in der Nähe der Schule. Zeit ohne Massenmedien (?) und ihre Zerstreuung, Zeit der Lektüre. Kommunikationsmittel war der Brief. Briefe, zahlreiche, sind gewandert von Hand zu Hand. Und dann das Gespräch. –

Einem Interessenten N., der Näheres wissen will, antworte ich in Form eines Interviews.

N.: »Sie haben Ludwig Hohl gut gekannt, waren und sind noch sein Freund.«

M.: »Pardon, Freund nicht sofort, zuerst Schulkamerad. Das kam nicht plötzlich, wurde allmählich. Literarische Gespräche und solche über persönliche Probleme, erweckten Respekt, schließlich Bewunderung, zeigten mir, daß ich es mit einem außerordentlichen Menschen zu tun hatte. Da war der Freund: AMICUS.«

N.: »Erinnern Sie sich noch an Autoren, die Ihr Freund las und erforschte?«

M.: »Erforschen ist das richtige Wort. Die Quintessenz zu suchen, war sein Bestreben. – Also in erster Linie Schiller, ausgiebig. Goethe, Faust und Lyrik; Hebbel; Kleist; Shakespeare, Hamlet; Hölderlin, mit ergreifender Rezitation; Gottfried Keller, als Kontrapunkt zu modernen Autoren, denen ich anhing; C. F. Meyer, und dann als Höhepunkt Nietzsche. Zarathustra wurde leibhaftig, die Wälder erklangen von seinen Gesängen. Worüber die Schule unruhig wurde und Furcht empfand. Die Philosophie des Hammers (?), die Welt als Wille und Vorstellung.«

N.: »Hohl war auch Bergsteiger, aus seinen Schriften geht es hervor. Können Sie Näheres sagen? Liebte er das Gebirge sehr?«

M.: »Und ob! Das Gebirge war nebst der Literatur die Dominante von 1920 und folgenden Jahren. Besitzergreifung von Gebirge und Literatur. Da habe ich noch einen Brief, glücklicherweise erhalten. Er spricht deutlich. Bergbesteigungen, allein oder mit Begleitern sind in einer Reihe von Heften, eng geschrieben, festgehalten. Von einem Begleiter heißt es in genanntem Brief: »Da er die Berge liebt, wird er sich mir irgendwo anschließen; ich kenne nur seine Fähigkeit noch nicht. Er ist ausdauernd, hat guten und starken *Willen*; dann geht's schon; denn ego dux!« An anderer Stelle ebenda: »Als Begleiter für den Gruppenaufstieg aufs Vrenelisgärtli werde ich A. oder S. herrufen. Ich muß natürlich Leute haben, die keine Nullen sind! Aber sie sind keine Nullen und sollen sich doch *täuschen*, diese Oberturner! Mich freut es! Sie sollen einmal staunen, diese Oberturner! Sollen vor mir Achtung lernen und vor meinen Bergen! Wahrlich, ein Kinderspielzeug sind diese Berge nicht!« Oder an mich gewendet: »So rühre dich denn! Du wirst nicht mehr viele Worte erhalten. Sobald ich einmal im Gebirge bin, hört das Schreiben auf; es beginnt das Gebirge selbst! Ich erwache schon jetzt. Wie ein wilder Löwe in die Felsenwelt!« Weiter, enthusiastisch: »– Ach, es rufen Stimmen von Schnee und Eis und Felsen her, es klingen und tönen Stimmen durch Wälder und Flühen herab! – Führer Marti traute mir zu, daß ich den H. T. (Hohen Turm) *zwingen* werde. Das hat mir Mut gemacht. Ja, er wird und muß *sinken*! Hausstock, königliche Gletscherhochburg! Du solltest den Hausstock einmal *sehen*; er ist vielleicht der schönste aller Riesen, es ist eine durchaus edle, klassische Gestalt.«

N.: »Kein gewöhnlicher Bergsteiger, in der Tat!«

M.: »Und ich kann Ihnen sagen, daß das Vertrauen in diesen Bergführer ein volles war. Da war Sicherheit und Beherrschung.«

Die Kenntnisse in Literatur, autodidaktisch erarbeitet, waren umfassend, erregten Respekt und auch Furcht. Aber der gedrückte Schüler von »Unterm Rad« erlebte Zuspruch und Aufrichtung. Dafür sei Dank hier abgestattet, Ludwig Hohl.

(*La Revue de Belles-Lettres*, Genf, 3/1969)

Georges-G. Schoder
Auf Ludwig Hohls Seite

»... er ist ein Einzelgänger,
weil er sich als Pionier fühlt.«
Romain Rolland

Gleich bei unserer ersten Begegnung wurde mir klar, daß ich in diesem Schriftsteller einen wahren Erforscher der Erkenntnis vor mir hatte. Bevor er mich, unerwartet, zu den Gipfeln des Absoluten führte, kam ich angesichts seiner Vorliebe für philosophische Spekulationen, bei denen er banalste Alltäglichkeiten in ein abstraktes Gebirge versetzte, nicht aus dem Staunen.

Natürlich weckte Ludwig Hohl zu Beginn meine Neugier und erst dann meine Bewunderung. Seine äußere Erscheinung hat zwar überhaupt nichts Ausgefallenes an sich. Sie nimmt erst dann richtig Gestalt an, wenn man ihr volle Aufmerksamkeit schenkt – wie übrigens sein Denken, das indessen von verblüffender Originalität ist. Unter lose getragener Kleidung verbirgt sich ein äußerst athletischer Körper. Das Auftreten, welches diesem wandelnden Zarathustra eigen ist, verrät den Willen, auf geistigem Gebiet etwas zu leisten. Die blauen, leicht auseinanderstehenden Augen, deren nüchterner Blick mehr nach innen als nach außen gerichtet ist, besitzen gewöhnlich die faszinierende Gelassenheit eines echten Philosophen. Wenn er wegen etwas auflacht, schüttelt es ihn immer derart, daß ihm Strähnen seines kastanienbraunen Haars ins Gesicht fallen. Temperamentvolle Ausbrüche der Freude rühren bei ihm – zur Bestürzung seiner vorwiegend intellektuellen Zuhörer – meistens daher, daß er sich der eigenen Stärke wohl bewußt ist.

Bald lernte ich denn auch die – übrigens einfache – Lebensgeschichte dieses unerschrocken auf immer Neues ausgerichteten, ganz in der Kunst aufgehenden Schriftstellers, von dem ich hell begeistert war, kennen.

Ludwig Hohl stammt aus dem Appenzell, wurde aber im Kanton Glarus geboren (1904). Aufgewachsen ist er im Thurgauischen, wo der Konstanzer Verleger Oskar Wöhrle eine Sammlung Jugendlyrik Hohls, der eben das Kollegium verlassen hatte, unter dem Titel ›Gedichte‹ herausbrachte.

Mit 20 Jahren begab sich Hohl zuerst nach Paris und dann nach Holland. Beide Aufenthalte dauerten jeweils sechs Jahre. 1937 ließ er sich definitiv in Genf nieder.

Bereits 1924 publizierte die experimentierfreudige Schweizer Zeitschrift ›Wissen und Leben‹, zusammen mit Texten von Rémy de Gourmont und Hans Reinhart, von Hohl Gedichte. Kurze Zeit später hielt Max Rychner, der damals die ›Neue Schweizer Rundschau‹ leitete, Hohl für würdig, unter Namen wie Paul Valéry, André Gide sowie William Martin von der Zeitung ›Journal de Genève‹, zu figurieren.

Als literarischer Korrespondent der Zürcher ›Weltwoche‹ und des Berner ›Bund‹ erlebte Hohl seither u. a. die Veröffentlichung von Prosa-Stücken in der von Thomas Mann geführten Zweimonatsschrift für freie deutsche Kultur ›Maß und Wert‹, in der regelmäßig Beiträge der intellektuellen deutschen Literatur im Exil erscheinen.

In seinem nüchternen Arbeitszimmer (das einen Ausblick auf malerische Mansarden des Genfer Eaux-Vives-Quartiers gewährt) ließ mich Hohl einen Blick in unveröffentlichte Manuskripte werfen. Neben zahlreichen Essays zeigte er mir eine umfangreiche Sammlung von Erzählungen, die philosophischen Charakter, im Stil tiefsinniger antiker Gleichnisse, haben.

Wenn nun ein Schriftsteller der deutschsprachigen Schweiz veröffentlichen möchte, erleidet er zur Zeit das gleiche Schicksal, das – angesichts der herrschenden Kulturfeindlichkeit – allen großen, frei gebliebenen Denkern deutscher Zunge beschieden ist: Was sie in der moralischen Öde ihres Exils auf geistigem Gebiet leisten, kann nicht alles gedruckt werden, weil der deutsch-schweizerische Leserkreis zu klein ist.

Gleichsam als Einführung zur hohlschen Philosophie hat indessen der Oprecht Verlag in Zürich soeben einen kleinen, in der Textauswahl repräsentativen Band – *Nuancen und Details* betitelt – erscheinen lassen. Daß diese Fragmente, die einen wichtigen Teil von Hohls Produktion ausmachen, nun vorliegen, ist von namhaften Literaturkritikern der Berner, Zürcher und sogar der holländischen Presse mit viel Begeisterung aufgenommen worden. Sie hoben zustimmend die Originalität dieses Schweizer Philosophen hervor, konnten aber doch nicht umhin, Vergleiche anzustellen: Es fielen die Namen von Schopenhauer und Nietzsche. Ich bin sicher, daß man in der welschen Schweiz bei der

Lektüre von *Nuancen und Details* an Bergson und wohl auch an Valéry denken wird.

Ich begnüge mich meinerseits, nach dieser kurzen Darstellung des Autors, ihrem Titel gemäß, auf Ludwig Hohls Seite zu bleiben, überzeugt, der eindrücklichen Unverbrauchtheit seines Denkens damit den besten Dienst zu erweisen . . .

(*Le Mondain*, Genf, 1. 8. 1939. Übersetzt von Hugo Sarbach)

Carl Seelig
Ein Abend mit Ludwig Hohl

Anfangs November war es, daß der im Toggenburg aufgewachsene, nun vierzigjährige Schriftsteller Ludwig Hohl im Kellerraum der »Katakombe« erstmals den Zürchern vorlas. Nun machte er am Freitag im Kongreßhaus auch die Mitglieder des Literarischen Clubs Zürich auf unzeremonielle, gedanklich anspruchsvolle Art mit seiner eigenwilligen Welt bekannt. Einführend stellte ihn Traugott Vogel als einen Grenzwächter im Gebirge des Geistes, als einen Führer in den gefährlichen und gefährdeten Zwischenreichen dar. In Genf lebend, bewohnt er jene Demarkationslinie zwischen Sprache und Kultur, auf der er am freiesten atmen kann, als Denker, Erzähler und Moralist, ein Mann der leidenschaftlichen Nüchternheit, die in einer Zeit, in der die Müden nicht schlafen können und die Raubtiere erwachen, von wohltuender Bedeutung ist. Von ihm stammt das tröstliche Wort: »Aber *ein* Großes hat die Nacht: man sieht in der Nacht weiter.«

Man erzählt sich, daß Ludwig Hohl in seinem Genfer Zimmer die Aphorismen, die er schreibt, wie Wäschestücke an Drähten längs der Decke aufgespießt hat. [. . .] Immer kommt es ihm auf das Entscheidende und Wesentliche an. Hart wie Granit wirkt seine Sprache, fast liebelos-kühl seine Besessenheit, die gedanklichen Erkenntnisse auf klare Formeln einzuschmelzen. Nun also saß der Autor persönlich am Vortragstisch, oft durstig nach dem Glas langend: »Ein gebrechlicher Zweibeiner, 1 Meter 70 hoch«, volles braunes Haar über der zerrunzelten Stirne, präzis und mit konzentrierter Nachdenklichkeit lesend. Kein berechnender Rhetoriker, aber ein in seinem Erkenntnisdrang fast dämonisch wirkender Kopf, dem man willig auf seinen Klettertouren in die Höhen der geistfunkelnden Aphoristik folgte.

Er begann mit der Kurzerzählung *Skizze einer Skizze der Welt*, die in dem vom Artemis-Verlag übernommenen Band *Nächtlicher Weg* steht. Symbolisch schildert sie in der hintergründigen Art von Franz Kafka, wie sich einer ein ganzes Leben lang angestrengt bemüht, ein Werk aufzubauen, das dasteht wie ein Haus. Näher und näher kommt der Tod. Endlich findet er halbwissend das Wort, das diesem Werk erst seine Vollendung gibt. Dann brach Ludwig Hohl einige Türen zum aphoristischen Sammelband *Die Notizen oder Von der unvoreiligen Versöhnung* auf, in dem Scheinexistenzen tapfer demaskiert und das rechte Wort an den rechten Platz gestellt wird. Auf diesem Weg von innen nach außen stemmt er sich beständig gegen seine Zeit und gegen die Bequemlichkeit der Zeitgenossen, ein Hungernder im Geist (und oft auch ein Hungernder im engeren Sinn), ein ungemütlicher Rebell, aber auch ein vorbildlich Disziplinierter im tiefen Wald der Sprache. Gleichsam als Manifest der geistig Schaffenden las er jene klugen Passagen, die betonen, daß ein ernster Schriftsteller die Welt immer ändern will. Die schwerste Arbeit besteht für ihn darin, sich den besten und strengsten Leser vorzustellen – jenen, der ihn aufpeitscht, sich der absoluten, unversöhnlichen Kunst mit allen Kräften des Geistes, des Herzens und des Charakters zu widmen. War es nicht von Gogh, der schrieb, man male nicht allein mit der Farbe, sondern auch mit dem Verzicht und dem gebrochenen Herzen? Man messe den Künstler am Widerstand, den er seiner Zeit entgegensetzt, fordert Ludwig Hohl in der Überzeugung, daß es immer an uns selber liegt, die Welt zu verwandeln. Wer sich selber verwandelt, verwandelt auch die Welt. Ein Irrtum, zu glauben, sie lasse sich im Großen ändern. Denn wie er in der komplizierten, *Vom Arbeiten* überschriebenen, nächsten Gruppe ausführte, machen erst die drei Stationen der großen Idee, der kleinen Ideen und der kleinen Taten, die große Tat aus. Nach der . . . Definition des Weisen und des Guten, der schöpferischen Macht und der unschöpferischen Schwachheit vertrat der Vorleser die Ansicht, daß ein Unglück erst dann ein ganzes Unglück wird, wenn man es schlecht besteht. Die letzten Fragmente, die dem noch unveröffentlichten zweiten Band der *Notizen* entrissen waren, behandelten das Thema *Bild* im Spektrum des Geistes, der Welt und der Versöhnung, wobei Ludwig Hohl die Auffassung vertrat, daß wir manches Gewaltige nicht sehen. Auf alle Fälle habe der Mensch die Pflicht, reich zu sein. »Wer nicht zaubern kann, der ist verloren« und »Alles, was du bist, wirst du einst sein.«

Der Vorleser hatte die Genugtuung, ein Publikum vor sich zu haben, dem er nicht Georg Christoph Lichtenbergs Spott entgegenhalten mußte: »Viele hören erst, wenn man ihnen die Ohren abschneidet.«

(*Tages-Anzeiger*, Zürich, 22. 11. 1944)

Jürg F. Federspiel

Fragment und Genie à bâtons rompus

Eine Begegnung mit Ludwig Hohl

Die Schweiz ist ihren Künstlern, ihren schöpferischen Menschen gegenüber selten sehr huldvoll gestimmt. Was nicht klingt wie Glas, was nicht schwirrt und summt wie eine Fabrik, was nicht klappert wie eine Schreibmaschine – das ist keine rechte Arbeit. Auch muß er, der Schweizer, seine Phantasie und Sensibilität strenger und härter hüten als wohl in jedem andern europäischen Land. In dieser bekannten Tatsache liegt nun allerdings zugleich – wie es die Geschichte von Keller und Hodler bis zu einem Ludwig Hohl zeigt – seine große Chance: er muß in der Isolierung arbeiten. Der andere Schweizer, der »Zeitgenosse«, wie er hier genannt sein soll, liebt die Poesie nicht, sie ist ihm verdächtig; aber dies alles hindert nicht, daß er die Dinge wenigstens poesievoll serviert haben möchte ...

Ludwig Hohl, um den es hier geht, lebt heute in Genf, in einem Kellerraum, der an Dostojewskis Aufzeichnungen aus dem Untergrund erinnert. Ein Keller, eine Art Waschraum, unter dessen stock- und rostfleckiger Decke drei oder vier Waschseile halbquer durch den Raum aufgehängt sind. Hunderte, Tausende, vielleicht Zehntausende von Zetteln sind mit Wäscheklammern daran befestigt: Ideen, Einfälle, Aphorismen, zwölfsilbige Bilanzen durchdachter, grauer, stickiger Stunden ... »Der Treueste aber wird der Stärkste sein«; »Das Leben dieses Lebens beruht auf einer Illusion«; »Leistungen sind immer aus der Heimatlosigkeit entstanden«; »Tragödien fabriziert man nicht«; »Einem Bergsteiger nahm man den Rucksack ab; da fiel er hinunter«. Von all diesen Zetteln herab, die gelb und starr über dem Kopf des Besuchers wie ein unbeweglicher Fächer liegen, spricht ein unübersehbares Arsenal von – zumindest – latenten Ideen.

Das Zimmer überfließt von Ideen. Nur das Wasser fließt nicht. Ein Waschbecken ersetzt den Wasserhahn, ein kleines metallenes Becken dient als Aschenbecher. In einer staubigen Schuhschachtel liegen die sechs oder sieben veröffentlichten und gedruckten Bücher Hohls; dreizehn oder doch kaum mehr Bücher stehen auf einem aus Kistenbrettern zusammengeschusterten Gestell. Die Hälfte der Bände sind Telephonbücher, und die einzige Einrichtung, die an das 20. Jahrhundert erinnert, ist ein Telephonapparat ... Hier ist alles Fragment, auch die Möbel: eine Art Tisch, zwei Stühle und in einer Ecke eine Schlafgelegenheit. Nur der Bewohner ist unverwechselbar und geschlossen: ein kleiner, hagerer Mann mit ebenso unsteten wie unbeirrbaren Augen, mit einem Gesicht, in dem die »unvoreilige Versöhnung« wie eine Harke die Spuren hinterlassen hat. »Das Zimmer ist zu klein«, sagt Hohl. »Man müßte einen viel längeren Saal haben für die vielen Zettel. Diese Wäscheleinen sind zu kurz.« Er tauscht seine ausgelatschten Pantoffeln mit einem Paar Schuhe und zieht sich eine graue Weste an. Draußen in den Vorräumen des Kellergewölbes ist es luftig und kühl.

Ludwig Hohl ist heute 54 Jahre alt, Glarner von Geburt und als Pfarrerssohn im Thurgau aufgewachsen, längere Jahre seines Lebens verbrachte er in Holland. Nach einem kleinen Essayband und einigen Erzählungen trat er 1944 mit dem ersten Band seiner *Notizen* in das Blickfeld der Schweizer Literatur. Max Frisch, Albin Zollinger, Konrad Bänninger und viele andere beschäftigten sich mit den ersten Veröffentlichungen und gaben in Zeitungen und Zeitschriften ihrer Anerkennung und Bewunderung Ausdruck. Für einen Schweizer Schriftsteller aber konnte die Abhängigkeit jenes Jahres, in dem der Krieg erst seinem Ende entgegenging, nichts weniger als verhängnisvoll sein. Erst nach langwierigen Verhandlungen (und einem Gerichtsbeschluß gegen den Verlag), worüber Jahre vergingen, erschien der zweite Band. Auch dieser ging unter. Notizen ... Wer in aller Welt kauft zwei Bände *Notizen*? Und wer in aller Welt liest sie? Es geht darin um »Arbeit«, um »Mühsal«, um »Dreistufigkeit«, um »Höchste Zusammenhänge« und um die Wahrheit. Die tiefere Bedeutung der Wahrheit, so läßt sich mit einem Blick auf die *Notizen* sagen, liegt weniger in ihrer Unveränderbarkeit als vielmehr in ihrer Tausendfältigkeit: der Stein, der in den Wasserspiegel geworfen wird, erzeugt nicht nur einen Ring, sondern viele ...

Dies hat nichts mit der Philosophie jener Frau Meier zu schaffen, die immer wieder auftaucht in Hohls Schriften: nichts mit jenem unverbindlichen Philosophem, daß die Wahrheit einfach relativ sei und jedes Ding auch eine Kehrseite habe. Es gibt nicht eine Wahrheit, die man aufschreiben und in großen Lettern an die Wände kleben kann, sondern: für jede Zeit, für jedes Schicksal und jedes menschliche Dasein ändert die Wahrheit zwar nicht ihr Gesicht, aber ihren Ausdruck und ihren Sinn. Es gibt keine Lehrsätze für das Leben und dessen Wahrheit. Alles ist in Bewegung. Alles ist unerschöpflich und wandelbar. »Alles ist Fragment gewesen, was je geschaffen wurde.« Nichts ist endgültig, und es gibt kein Ende.

So vielleicht könnte man jenen Untertitel verstehen, den Hohl seinen beiden Bänden *Notizen* gegeben hat: von der unvoreiligen Versöhnung ... »Zweite, letzte und *undefinitive* Fassung« steht in Bleistiftschrift auf einem verblaßten Manuskript, das auf einem Stapel von Zeitungen und Entwürfen liegt: es ist dies kein Paradoxon für Hohl. Was er geschrieben hat, ist zwar für ihn abgeschlossen, als Arbeit, als Kunstwerk, aber es sind Wahrheiten – um bei diesem Ausdruck zu bleiben – in statu nascendi, und man wird ihnen immer wieder neue Aspekte abringen müssen: eine unschöpferische Zeit schöpferisch zu bewältigen – das ist Hohl. Oder doch wenigstens ein entscheidender Aspekt seines Schaffens.

»Was ist denn das erste der zwei großen Gebote des Neuen Testaments? Für uns ist es nur eines: Ernst!« Links um die Ecke, über die Straße, rechts um die Ecke, geradeaus. Wir sind in einem Genfer Vorquartier. In einem kleinen Arbeiterbistro setzen wir uns; das Gespräch dreht sich um die Situation des Schweizer Schriftstellers. »Ein Schriftsteller, der keine bürgerliche Stellung bei uns einnimmt, ist ein Nichts. Ramuz mußte an den Schweizer Schriftstellerverein gelangen, um das Geld für eine Operation zu erhalten, die über sein Leben entscheiden sollte. Übrigens hat Ramuz vollkommen recht: Der Schweizer hat das Denken und die Mentalität eines Spezereiwarenhändlers. Dagegen scheint sich nichts machen zu lassen.« Offenbar. »Frisch und Dürrenmatt, zwei unbestreitbar große Dichter, hatten das brache Feld der künstlerischen Hilflosigkeit Deutschlands zu ihrer Verfügung, und zwar gerade im richtigen Augenblick. Wären die beiden auf unser Land angewiesen gewesen – du lieber Himmel! Ramuz, neben diesen beiden wohl der bedeutendste Dichter der Schweiz, konnte dies nicht. Man hat ihm fast alles übelgenommen. Sein Buch ›Besoin de Grandeur‹ wurde ihm nur sehr offiziell verziehen ...« Und die übrigen Schweizer Schriftsteller? »Es gibt

Ausnahmen. Robert Walser war ein großes Talent. Weil er kein Geld hatte, verbrachte er viele Jahre seines Lebens in einer Nervenheilanstalt, ich glaube es wenigstens ... Von einer Situation des Schweizer Dichters kann man im übrigen kaum sprechen. Die jeweiligen hoffnungslosen Schriftstellerkongresse zeigen das. Dialektdichter und dichtende Lehrer – wie soll da eine literarische Diskussion entstehen? Die Leute wollen nicht einmal über ihre Situation reden; sie wollen sich meist nur produzieren. Als Dichter. Da kann man ja nicht reden.« In dem kleinen Bistro ist der Televisionsapparat angestellt worden, es wird halbdunkel, eine Stimme schnarrt über die Ereignisse auf einem Fußballplatz: Gibt ab nach rechts, von links der Flügel, der ihn weitergibt gegen die Mitte, der Ball wird übernommen, der Mittelstürmer stößt vor, gibt ab ... »Ist das noch Sprache?« sagt Hohl. »Hören Sie das?« – »Wir leben in einer argen Zeit. Jeder weiß das, gewiß. Und dabei heißt es dauernd: die Leute sollen keine Angst haben. Aber nein: sie sollen Angst haben! Es muß eine Seelenerschütterung stattfinden. Ein paar Leute handeln sogar. Handeln, handeln, handeln, handeln wie wahnwitzige kleine Mörder. Aber bei ihrem Handeln kommt nichts heraus. Sie sitzen an Konferenzen, sie spalten Atome und bald auch die Schädel. Und es bleibt doch alles beim alten. Ach, wie gerne möchte man einstimmen in das Lied: Alles ist gut, der Tag geht zu Ende, alles ist gut, morgen geht das Leben weiter und unsere Arbeit auch, alles ist gut, es ist Frieden ... Nein. Alles ist Betrug! *Diese* Welt ist nicht wahr ...« Hohls Versöhnung ist gewiß nicht voreilig. »Klassenbewußtsein, ja die Theorie ist nur allzu richtig. Aber es gibt noch eine dritte Klasse, die des Sokrates, die der Unversöhnlichen«, heißt es in den *Notizen*. Hohl ist »unversöhnlich«, auf seine Art. Wie fast alle schöpferischen Menschen, könnte man sagen. Die Versöhnung, die voreilige eben, ist Abschied, ist Mitmachen, ist Resignation. Der Mensch ist schöpferisch, sollte schöpferisch sein; er verkörpert den äußersten Beziehungsreichtum zu allem, was ihn umgibt ...

»Sie rennen mit entsetzlicher Eile zum Bahnhof und steigen in einen Güterzug. Und selten einmal einer schreitet ganz langsam und fährt mit dem Blitz.« Ludwig Hohl hat keine gefällige Form entgegenzubringen. Er ist kein Philosoph der einschlägigen Relevanz; ihn einen Essayisten zu nennen wäre zu eng. Er schreibt

Notizen, Fragmente, in denen die Summe des Ganzen kristallklar aufblitzt ... Er hat keine Form oder doch nur diejenige einer archaischen Formlosigkeit. Die Erfahrungen eines Lebens liegen hier in unzählbaren, leidenschaftlichen Bruchstücken eines Ganzen, das kaum je faßbar sein wird. Und dafür lebt er: Kunst ist keine Tätigkeit, sondern ein Zustand.

(*Die Weltwoche*, Zürich, 5. 9. 1958).

Roger Montandon

In Erinnerung geblieben ...

(Aus einem Brief)

... Da ich viele Jahre meiner Jugend in Genf verbrachte, war mir Ludwig Hohl kein Unbekannter. Ich schätzte die Freundschaft zu ihm sehr. Leider reichten meine Deutschkenntnisse nicht aus, bis zum kostbaren Kern dieses, auf tragische Weise dionysisch-apollinischen Mannes vorzudringen. Er war nur bei einem Glas Wein – lieber hatte er Rum – ansprechbar. Sonst war es still um ihn. Er liebte das Unvorhergesehene, wenn es sich bei ihm oder bei andern im Rausch einstellte. In diesen Zuständen wurde er zum wilden ›daimôn‹ und verausgabte sich reichlich. Einer seiner Götter war, wie ich mich gut erinnern kann, Valéry. Hohe Grade des Bewußtseins zu erlangen war Hohls eigenes Bestreben; was ihn darüber hinaus an Valéry mit Begeisterung erfüllte, war dessen ungetrübt heroische Einstellung. Ein Dorn im Auge war ihm die Ungerechtigkeit, vor allem in bürgerlich-professoraler Drachengestalt. So konnte es vorkommen – ich war einigemal dabei –, daß er wirklichen oder falschen Doktoren, die sich an seinem Tisch langweilten und nicht merkten, wann er in angetrunkenem Zustand etwas ernst meinte und wann nicht, weiszumachen suchte, Françoise Sagan sei eine große Schriftstellerin, weil sie wie ... eine Katze schreibe. Dabei ahmte er die Stimme der Katze nach. Er ließ nur noch ›miau-miau‹ als Stil gelten und behauptete, Miauen als Ausdruck des Triebhaft-Natürlichen, von Instinkt und Grazie sei durch nichts sonst auf der Welt zu übertreffen. In dieser Übertreibung lag aber auch etwas Wahres, das für das ethisch-ästhetische Ideal Hohls aufschlußreich ist: Die Kraft des Ausdrucks liegt im sparsamen Umgang mit den Mitteln. Wer Zurückhaltung übt, kaum auffällt, es aber auch versteht, sich gehen zu lassen, erreicht den gleichstarken Effekt wie eine Katze mit ihrer geschmeidigen, gelösten Gangart. Man muß etwas ergreifen können, fast ohne es zu berühren, spielend leicht; nur so werden Anziehungskräfte tatsächlich wirksam. Und es ist kein Zufall, daß mir das Bild vom Raubtier nach so langer Zeit jetzt wieder einfällt. Ich höre noch immer Hohls Rufe in einer Kneipe an der Genfer Grand-Rue, wo wir uns ab und zu begegneten. Wenn man ihn gestikulieren sah, mußte man unwillkürlich an ein gefangenes Raubtier denken. Genf war der Käfig, an dessen genaubemessenen, unbiegsamen Gitterstangen, die Calvins Nachfahren das Rückgrat stärken sollten, es Hohl wie wild zu rütteln reizte. »Wer weiß, wieviel die Erde wiegt?«, konnte er etwa ausrufen und dabei verschmitzt die Miene eines braven Gastes mit Pfeife aufsetzen. Wenn es dann still wurde im Saal, mußte Hohl über die Wirkung seines spaßigen Rätsels laut auflachen. Erschien dann nach ein paar solchen Ausbrüchen erwartungsgemäß ein Polizist, um dieses improvisierte Theater zu beenden und wieder Ruhe und Ordnung zu schaffen, wie es sich gehörte, machte dies Hohl sichtlich Spaß. Seine Monologe, die immer verrückter wurden, mußten von oben her gestoppt und auf den nächsten Tag verschoben werden, bevor der Abend bös endete!

Hohl war von unglaublicher Vitalität. Vermutlich mußte dieser Zirkus nach den Anstrengungen seiner schöpferischen Tätigkeit am Tage einfach sein. Das Gegengift zum Alkohol vom Vorabend bestand in einigen Flaschen eiskalter Milch sowie in genau einstudierten Körperübungen mit Hanteln. Er trieb mit diesen Übungen einen regelrechten Kult und brachte es zu einer gewissen Kunstfertigkeit, die für ihn – entgegen allen groben Vorurteilen, die man etwa haben könnte – auf einer geradezu dialektischen, sehr raffinierten Verbindung von Körperkraft, Sensibilität und Intelligenz beruhte. Ich denke, daß diese Morgenübungen bei ihm nach einer langen Nacht die letzten Spuren physischen Unwohlseins tilgten und ihn in einen Zustand des Denkens versetzten. Was ich Ihnen [gemeint ist Mason*, Anm. d. Übersetzers] hier so erzähle, sind rein gefühlsmäßige, äußere Eindrücke; aufschlußreicher wäre freilich die Auseinandersetzung mit Hohls geistigem Werk. Unabhängig von diesem, sprachen aber Hohls Lebensart, die Person als solche, in wörtlich zu nehmendem Sinn, auch für sich. Als Außenstehender frage ich mich sogar, ob er im Leben nicht ebenso – wenn nicht mehr – Dichter war als am

* Rainer Michael Mason war zur Zeit dieses Briefes Redaktor und Herausgeber der Genfer Literatur-Zeitschrift ›La Revue de Belles-Lettres‹, die Ludwig Hohl 1969 eine eigene Nummer mit ausgewählten Texten sowie zahlreichen Beiträgen von Autoren, Publizisten und Leuten aus dem Freundeskreis, Dokumenten, Fotos und hervorragenden Zeichnungen von Roger Montandon, dem Verfasser dieses Briefes, widmete. (Anm. d. Übersetzers)

Schreibtisch. Er hatte ein scharfes Auge für die Realität, das Leben, die nicht außerachtzulassenden kleinen Dinge und konnte darüber äußerst lebhaft, vergnügt und humorvoll reden. Den ganzen Reichtum seiner Stimme höre ich noch, wenn er ruhig und leise sprach, oder aber sich ereiferte, was dann unheimlich klang. Unvergeßlich auch sein einmaliger Deutschakzent! Hohls Monologe kehrten immer wieder, ohne langweilig zu werden. Er hatte auch ausgesprochen mimische Begabung. Er war – kurz gesagt – mit Leib und Seele Schriftsteller. Außerdem war er ein Mann von ungewöhnlich großer Körperkraft. Die wurde er nur los, wenn er den Genfersee in Rekordzeit durchschwimmen oder am Salève [Gebirgsrücken in der Nähe von Genf, Anm. d. Übersetzers] herumklettern konnte. Daß er abends zur Flasche griff, hatte auch damit zu tun: Der Alkohol sollte ihm Erleichterung verschaffen, ihn vom lästigen Überschuß an körperlicher Energie befreien und diese in einem, an Alchimie grenzenden Prozeß in geistige umwandeln.

Man müßte eigentlich, lieber Mason, auch sehen, daß das Leben eines Künstlers nicht selten ausschließlich im Dienste der Arbeit steht und deshalb nicht immer frei von Widersprüchen ist. Wenn Sartre meint, Werk und Mensch müßten eins sein, trifft dies auf Hohl – soweit ich ihn kannte – sicher nicht zu. Wenn sich nämlich jemand die künstlerische Arbeit so schwer macht wie Hohl, ist er gezwungen, nach außen eine Rolle zu spielen, die ihm Abwechslung bringt. Bei ihm fiel das manchmal etwas brüsk aus. Der wildeste Hohl – er gefiel mir auch so – wußte sich aber immer auf sich selbst zu besinnen, unbeirrbar ...

(*La Revue de Belles-Lettres*, Genf, 3/1969.
Übersetzt von Hugo Sarbach)

Richard Garzarolli

Bei Ludwig Hohl*

Wo wohnt er? In einer Höhle? In einem Keller von Genf?

Irgendwo unter der Erde (steile Stufen, modrige Mauern, kühl) geht Ludwig Hohls Tür, von der man nicht sagen kann, ob sie zu ist oder nicht, auf. Ein paar Katzen streunen einem entgegen.

Am Ort, wo der Dichter haust, fällt der Blick zuerst auf Gegenstände. Ungefähr in Augenhöhe sind Schnüre gespannt, an denen Zeitungsausschnitte, Briefe und andere Papiere – auf eines von ihnen Tag und Stunde des Besuchs, der erwartet wird, gekritzelt – wie Wäschestücke hängen. Mitten im Raum steht Hohl, reicht die Hand, kurz, und richtet seine Augen auf den Besucher. Dieser wird verlegen: Was soll er in seinem städtischen Aufzug, mit Krawatte, guten Manieren, an diesem Ort, der einer Rumpelkammer gleicht! Hohl spricht kaum ein Wort, man fühlt sich beobachtet und weiß nicht, was hinter seiner Stirne vorgeht. Man erschrickt, ein Kater stemmt seine Pfoten gegen das Bein, zeigt seine Krallen . . .

Ein Rohrstuhl oder ein Schemel bieten Platz zum Sitzen. Ludwig Hohl schenkt ein Glas ein, Gin. Auf seinem Tisch, der sehr lang ist, steht, was zu einem Schriftsteller gehört: ein Haufen Papier, ein Tonband; verschiedene Schreibstifte, Zigaretten, eine Schale. An den Wänden hängen Fotos; Bertrand Russell mit stoischer Miene; zwei, drei Pin-up-girls; bekannte und unbekannte Gesichter. Überall Papier, nur Papier! Zeitungen, Bücher; Manuskripte, zum Teil umfangreich und noch nicht veröffentlicht; Mappen, Briefe, das Telefon. Hohl trinkt und raucht hinter einem riesigen Aschenbecher.

Allmählich kommt das Gespräch in Gang. Es ist vor allem Ludwig Hohl, der redet, laut denkt. Man vergißt die Dinge, die man eben noch betrachtete, oder sieht sie jetzt, wenn Hohl spricht – ab und zu mit lauter Stimme –, erst richtig. Er geht auf und ab, hin und her; einmal groß, übermächtig, dann wieder klein, in sich gezogen. Er redet, hört zu, ereifert sich für eine Sache, für irgendeinen Teilaspekt ebenso wie für die Hauptsache. Er zwingt einen, etwas Angefangenes zu Ende zu denken.

Manches klingt absurd. Aber einmal aus der Fassung gebracht, ist es schwer, sich wieder aufzufangen. Hohl treibt einen immer mehr in die Enge, es gibt kein Ausweichen. Wirr im Kopf, verstört, weiß man nicht mehr was sagen. Es ist einfach zu viel! Man streichelt eine der Katzen und fragt sich heimlich, ob man aus diesem Keller, der sich in ein lebendiges Gehirn verwandelt hat, überhaupt je wieder hinauskommt. [...] Doch dann steht man plötzlich verdutzt auf der Straße.
(*La Revue de Belles-Lettres*, Genf, 3/1969.
Übersetzt von Hugo Sarbach)

* Anmerkung des Übersetzers: Ludwig Hohl wohnte viele Jahre seines Lebens – bis zu den letzten sechs – im Keller eines Hauses an der Rue David Dufour in Genf. Ich habe ihn dort, zwei Jahre bevor er diesen Ort aufgeben mußte, kennengelernt. Er sagte mir einmal, daß er hier eingezogen sei, um Ruhe zu haben, und um seinerseits niemanden zu stören. Außerdem war die Miete niedrig – Hohl hatte nie viel Geld.

Über Hohls ›Keller‹ ist viel geschrieben worden, teils regelrechte Schreckgeschichten, sicher viel Subjektives. Da ich mehrmals in dem Keller war, kann ich sagen, daß man ihn auch anders sehen kann.

Hohl lebte in einem einzigen Raum, der nicht sehr hoch, viel tiefer als breit war und auf zwei Seiten L-förmig ausmündete. Man betrat ihn von einer dieser Seiten her, wo eine Toilette eingebaut war. Der Raum war nacheinander aufgeteilt in eine Ecke zum Kochen, Waschen und Feuern (Hohl pflegte jahraus, jahrein, also auch im Sommer, in einem schmalen hohen Ofen selber Feuer zu machen; er brauchte dies u. a. – einmal sprach er auch von Atmosphäre – als Schutz gegen die Feuchtigkeit). Längs der Mauer folgten auf einer Seite Bücher, Schriften, Dokumente, Utensilien usw., auf der andern standen unter Fenstern niedrige Gestelle. In der Mitte befanden sich zwei, in der Längsrichtung aneinandergerückte Tische. An einem aß man, am andern wurde gearbeitet. Zuhinterst in dem Raum, der an alles andere als an die moderne Konsumgesellschaft erinnerte, hatte Hohl, hinter Büchern und Schriften sowie einer Spanischen Wand, sein Bett. Dort stand auch das Telefon. Tag und Nacht brannte das Licht; wenn man es ausmachte, wurde es praktisch dunkel, da die Fenster in einen kleinen Schacht gingen, der von außen, mit einem Gitter versehen, in den Gehsteig eingelassen war. In verschiedenen Richtungen, vor allem längs in der Mitte, waren Schnüre durch den Raum gespannt, an denen – wie oben erwähnt – lose Blätter hingen. (Das war die Methode von Hohl, dessen Sehvermögen und Gedächtnis mit der Zeit abgenommen hatten, sich in seinen Sachen rasch zurechtzufinden.) Wie alles, was bei Hohl einen Sinn haben mußte, war auch sein ›Keller‹ im Grunde nichts anderes als: praktisch, funktional.

Besucher Hohls haben auf dessen Zuhause meist gefühlsmäßig reagiert. Wenn ich meinen persönlichen Eindruck wiedergeben sollte, würde ich sagen, daß es bei Hohl aussah wie in einer Hütte im Hochgebirge: Nur das, was man wirklich braucht, ist vorhanden; nicht eigentlich ›eingerichtet‹, sondern bestimmt zum Gebrauch für einen vorübergehenden Aufenthalt. In den Bergen bleibt man eine Nacht, vielleicht zwei; Hohl war immer in seinem ›Keller‹. Aber die Atmosphäre, die dort herrschte, war für mich genau die einer Hütte: aufgeräumt, einfach, sicher. Und wenn man bedenkt, daß Hohl Alpinist war, ist der Vergleich naheliegend.

Adolf Muschg

Ludwig Hohl: Schreiben als Forschung

Am 9. April wird Ludwig Hohl 70 Jahre alt.

Im »Jahrbuch vom Zürichsee 1942« las ich als Primarschüler zum erstenmal seinen Namen. Er hatte eine Betrachtung zum Andenken eines Freundes geschrieben. »Die Dichterei in der Schweiz blüht ja so sehr; aber bei Zollinger war das nicht dasselbe; *er selbst* blühte in seinen Gebilden; sein eigenes Leben loderte und verzehrte sich in ihnen; er ging hinein und nun ist er drin.« Als ich diese Sätze las, dämmerte mir die Möglichkeit – vielleicht zum erstenmal –, daß es Leute gab, für die Schreiben etwas Notwendiges bedeutete. Hier suchte jemand für seine Sprache eine Form, die des besonderen Menschen, dessen er gedachte, würdig war.

Mitte der sechziger Jahre war ich bei einem Freund in Genf zu Gast. An einem langen Nachmittag sagte einer von uns beiden: Besuchen wir Hohl! Wir redeten uns Mut an, im Grunde hatten wir Angst und verhielten uns zu dieser Angst wie Bildungsreisende: Stell dir vor, du wärst zu Musils Zeiten hier Germanist gewesen und hättest ihn versäumt! Im Grunde wollten wir wohl nur eine Hohl-Anekdote aus dem berühmten Keller mitbringen und wurden bedient: unten an der Steintreppe, wo es nüchtelte, miaute eine graue Tigerkatze, hoffte, wir würden ihr Hohls Tür öffnen. Dank der Katze fanden wir sie im Halbdunkel und klopften, wir hatten jetzt selbst auch eine Anekdote zur Begrüßung, aber es antwortete niemand. Es tropfte irgendwo von der Wand, wir standen am Rand einer kleinen Wasserlache. Dann durften wir die Katze streicheln und gehen.

Ein paar Jahre später meldete ich mich telefonisch an; ich hatte einiges von Hohl gelesen und das Bedürfnis, ihm für einen starken Eindruck zu danken, aber wie? Die erste Stunde auf dem Gartenstuhl an seinem Tisch, hinter dem er auf und ab wanderte, ein zerbrechlich, aber nicht schwach wirkender Mann, verging in meiner Unfreiheit. Er hatte sich, beschämend für mich, sehr sorgfältig gekleidet und trank beim Gehen. Den Mutwillen, der in seinem feinen Gesicht zuckte, wagte ich nicht günstig zu deuten, die berühmten Requisiten des Kellers drangen nicht bis zu mir durch, nur der Blechofen glühte; jede Frage kam mir in meinem Mund falsch und unmöglich gönnerhaft vor, ich verstand sein Trinken als Abwehr. Ich wollte schon gehen, da ließ er sein Tonbandgerät laufen; er hatte sich Gryphius' *Abendgedicht* vorgesprochen in seinem zögernden und heftigen Hochdeutsch, das den andern vor das Problem stellte, mit wieviel Mundartfärbung er, der Schweizer, dem Schweizer Hohl antworten solle. »Und wenn der letzte Tag mit mir wird Abend machen«, las Hohls Stimme, während Hohl kopfschüttelnd dazu trank und hie und da ein Wort mitflüsterte. Gegen die folgende Stille wußte ich nur zu erinnern, »wird mit mir Abend machen« heiße es wohl, mit Tonbeugung also. Hohl sprach die Besserwisserei nach, mehrfach, schließlich mit zugleich ehrlicher und mokanter Begeisterung. Dazu ergriff er meine Hand und schüttelte sie, als habe ich ihm das Leben gerettet. Endlich sah ich durch seine vergrößernden Brillengläser hindurch die Clownerie mit dem tiefsten Ernst zusammen und gewann meine erste kleine Freiheit für Hohl. Ich bemerkte die große Anmut seiner Gesten, die nicht der Trunkenheit gehorchten, sondern sie benützten zu einem Ballett des Ausdrucks, dessen Quelle die Einsamkeit, dessen Ziel aber der andere war, und damit die eigentümlichste Art von Geselligkeit. Dröhnende Repliken auf Sätze, die ein Wind verweht hatte, Abwehrschreie, Über-Betonungen, unter denen man ertappt zusammenfuhr, wispernde Monologe mit halbgeschlossenen Augen, aus denen auf einmal eine ungeheure Wachheit blitzte: der Umgang deutete die Situation an, die in Hohls neuer Erzählung *Bergfahrt* heißt. Ich wurde, als die Nacht fortschritt und vergessen ging, zum Zeugen von etwas Drittem, das beide überflog und erheiterte; ich nannte es bei mir den »verlorenen Ausdruck der Welt«. Ihn sammelt dieser Mann in seinen Schriften, ihn muß er *spielen* bis zur Narretei; als ginge, wenn er einen Augenblick lockerließe, eine Schlacht in der Unendlichkeit verloren. Bei Trunkenheit zieht sich die Pflicht zum Ausdruck in die Großartigkeit zurück, mit der er sich auf seine Nächsten stützt und sie dabei viel eher zu heben scheint, ein Spott über die Schwere, aber auch die offenbar gewünschte Gelegenheit zur körperlichen Nähe; das rührt noch tiefer an. Hohls Krankheiten: immer wieder ernst und mit ausgetüftelten Strategien, Diät, Zeiteinteilung, Körperübungen bekämpft – und dann plötzlich

Feste der Andeutung, pantomimische Médisance über den Organismus, über gebrechliche Einrichtungen insgesamt; wieviel stärker zeigt sich die Schwäche hier, als sie sein kann. Daß Ausdruck, daß Schreiben für Hohl notwendig sei, ist keine Phrase. Schreiben heißt bei ihm: Suche nach dem einzigen Lebensmittel, das ihn erhält und das er verträgt. Aber weil bei dieser Suche das Letzte zusammenfällt mit dem Alltäglichen, gönnt sich Hohl keine Feierlichkeit und beansprucht keine Dichter-Rücksicht. Sein Anspruch ist viel ungeheuerlicher und unscheinbarer: ein Dichter zu *sein.*

Heute weben sich beide Überlieferungen des Hohlschen Ausdrucks, die mündliche und die geschriebene, zu einem definitiven Ruhm zusammen. Er kann an Hohls Gewohnheiten nichts mehr ändern, und wohl auch nur wenig an seiner Unbekanntheit; diese öffentlicher zu machen, wie es der Suhrkamp-Verlag jetzt unternimmt, bleibt dennoch unerläßlich. Denn unter einem Dutzend Leuten, die sein Werk in die Hand nehmen, ist immer einer, an dem es hängenbleibt, bis es stückweise auch *sein* Werk geworden ist und ihn bekannter gemacht hat mit sich selbst. Es halte »Befreiung aus der Ohnmacht angesichts der Verlebtheit der Dinge bereit«, schreibt mir heute ein Student aus Fribourg, der über Hohl arbeitet. Viele Junge sind zu den paar Freunden hinzugekommen, die in allen vergangenen Jahrzehnten in seiner Nähe geblieben sind. Sie gaben ihm aus Zuneigung, was der Preis ist, der auf sein Werk steht: Einsatz der Existenz; nur um diesen Preis konnte es geschrieben werden. Dafür hält dieses Werk das Gefühl dafür wach, was Dichtung sein kann: Wahrheit im einzelnen, Hoffnung im ganzen. Man kann Hohls Werk nicht gerecht werden, aber man müßte es; was einem beim Lesen seiner unvergleichlichen Erzählungen und seiner kürzeren Stücke begegnet, ist Erinnerung an alles, was man sich als sinnbegabtes Wesen schuldig wäre. Hohl-Sätze können Kerker spalten; aber wenn der Kerker die liebe Gewohnheit, die mühsam zusammengebaute Überzeugung oder gar Person ist, tun sie auch weh. Wir haben es ja schwer, uns berühren zu lassen; unsere Einrichtungen gewöhnen uns die Empfindlichkeit ab, die wir nötig hätten, um sie zu verändern.

Hohls Keller gegenüber ist heute ein lichtfressender Zweckbau aufgetürmt; während der Baujahre hatte man Mühe, sich vorzustellen, wie sein delikater Tageslauf mit diesem Lärm und Staub zusammen bestehen konnte. Dafür sind die Nächte jetzt menschenleer. Die Straßenseite, in der er wohnt, ein Reststück des alten Genfer Arbeiterquartiers Jonction, hat bereits das Irreale einer Bühnendekoration. Aber auf dem Grund dieser Kulisse wirkt Hohls engste Umgebung unveränderlich in ihrer Schütterheit, die sagenhaften Wäscheleinen mit den Zeitungsausschnitten, das vergilbende und ergrauende Material um Bett, Wasserstelle, Ofen. Manchmal ist dann sehr deutlich eine neue Blume da, eine neue Schreibmaschine. Das Spielzimmer eines Mannes, den es ein Leben gekostet hat, viel mehr und viel weniger als ein Erwachsener zu werden.

Schreibt er wieder? Diese Frage wagte ich ihm lange nicht zu stellen. Aber die italienische Hilfe, die ich nach ihrem Aufräume-Vormittag bei Hohl nach Hause fuhr, wußte es: er arbeitet. Sie sagte es mit einem natürlichen Respekt, der den Geist, auch den unbegreiflichen, gegen unzuständige Erwartungen in Schutz nimmt. Er schreibt? Er arbeitet! Woran, und in welchem Material, mußte ihm überlassen bleiben. Auch sein Schweigen wäre für diese einfache Frau nie stumm gewesen. Sie wußte nicht, daß sie in dieser Würdigung von Hohls Lage mit einigen der größten Schriftsteller deutscher und französischer Sprache zusammen traf.

Aber Hohl hat auch wieder geschrieben. Kürzlich las er in Burgdorf aus der erneuerten *Bergfahrt* vor. Aber ›Vorlesen‹, was heißt das hier! Er gab mit allen Mitteln, wovon die leise Stimme nur eines war, eine Vorstellung dessen, wovon dieser letzte Weg zweier verschiedenartiger Figuren *handelte*; wo der Text nicht fertig war, handelte Hohl selbst, wie ich ihn an jenem ersten Abend hatte handeln sehen. Nur machte er eine ganze Gesellschaft (wußte sie, was ihr geschah?) zu Teilnehmern seines Kampfes mit dem Engel seiner Sache. War der Text wieder lesbar, so erschien sein schweres, oft erschreckendes Gelingen nur wie ein Abfall jener viel größeren Not.

Hohl baut weiter an den Trümmern seines Werks, das »aphoristisch« zu nennen ein ahnungsloser Spott wäre. Jeder seiner Sätze bezeichnet eine Grenze; aus dem Entwurf des Ganzen, das sich der Vollendung entzieht, wird rekonstruierbar bleiben, worauf wir, als Schöpfer einer Welt, angelegt gewesen wären. »Er ist ja von Beckett«, sagte mir ein hingerissener Nachbar während der Burgdorfer Lesung. Er ist aber auch einer von uns. Daran möchte ich zu seinem 70. Geburtstag erinnern.

(*Die Weltwoche*, Zürich, 3. 4. 1974)

Alexander J. Seiler
Klein sein müssen, um groß sein zu dürfen

Januar 1960, bei *Ludwig Hohl* in Genf. Was ihn beschäftigt, ist der vor kurzem begonnene Bau des Assuandamms. Über dessen Länge und Höhe, über die Wassermassen, die er wird speichern können, über den Druck, den die Staumauer auszuhalten hat, stellt er langwierige und für den Besucher kaum verständliche Berechnungen an.

August 1972, bei Ludwig Hohl in Genf. Die legendären, mit Wäscheklammern an Wäscheleinen aufgereihten, vergilbten und immer weiter vergilbenden Zettel mit Notizen sind aus seinem Keller verschwunden, und er will sein zweites Hauptwerk *Von den hereinbrechenden Rändern* nun endgültig vollenden. Ein Geometer, der ganz allein das Einzugsgebiet des Amazonas zu vermessen hat, ausgerüstet »mit einem Pferd und 1000 Dollar«: so sieht er sich selber vor seiner Arbeit. Er schlägt ein zerblättertes Exemplar jenes Mittelschulatlas auf, aus dem auch ich einst Geographie lernte, und legt über das Blatt mit dem Amazonasgebiet einen Bogen Pauspapier, worauf Rhein und Rhone maßstäblich eingetragen sind. Das wären, sagt er, »Nebenflüsse dritten Grades – darüber lacht man in diesem Gebiet«. Und als ich ihn an den Assuandamm erinnere: »Was ist dagegen der Nil?« Mehr Länge möge er wohl haben, aber die Nebenflüsse! Zwanzig ungeheure Ströme fließen dem Amazonas zu! »Es scheint mir nicht unmöglich, daß der Amazonas so viel Wasser ins Meer bringt wie alle anderen Ströme zusammen.« Und: »So stand ich vor dem Einzugsgebiet des Amazonas – es war beängstigend«.

Warum scheint mir diese Anekdote wichtig am 70. Geburtstag eines Mannes, der alles Anekdotische haßt und aufs strengste aus seinem Werk verbannt hat? Ich meine: das Werk Ludwig Hohls steht heute nicht zur Diskussion, es besteht, und es führt, wie der Autor es wollte, unabhängig von diesem ein Eigenleben, das unaufhaltsam immer weitere Kreise, nein Spiralen zieht. (Es ließ sich, das beweisen die Veröffentlichungen darüber, eigentlich von Anfang an nicht diskutieren oder deuten, bloß sehen und beschreiben.) Wer Hohl liest, legt ihn entweder bald zur Seite oder liest ihn immer wieder, und wer ihn wieder liest, ist immer wieder aufs neue damit beschäftigt, ihn – nicht über ihn – nachzudenken. Es ist ein Werk, zu dem es wenig zu sagen und das viel zu tun gibt. Oder: was dazu zu sagen ist, geht stets über das Werk hinaus.

Was heute allenfalls zu tun wäre: die Entstehungsbedingungen dieses Werks einmal anders zu sehen. Hohl hat die »geistige Einöde«, die Einsamkeit größter Isolierung, die äußerste Armut als seine Arbeitsbedingungen nicht nur akzeptiert, sondern geradezu proklamiert. Der passionierte Bergsteiger, der die Aiguille Doran im Alleingang bestieg, der sich der Felskletterei verschrieb, weil es ihm, wie er im Gespräch sagte, »an Begleitung fehlte und man sich im Gletscher allein nicht ausbreiten kann« – der Alpinist und Langstreckenschwimmer Hohl hat das Schreiben stets in Bildern größter Anstrengung, zähester Ausdauer, vollkommenster Selbstverleugnung beschrieben. Wohl steigert sich die Mühsal der Arbeit während der Niederschrift der *Notizen* 1934 bis 1936 zu »einer fortwährenden Glut«, »einer einzigen Eruption« – aber danach war »irgend etwas erschöpft worden«, und nur von 1949 bis 1951 tritt noch einmal »ein zweiter Höhepunkt« ein. Bald darauf vergräbt sich der Bergsteiger Hohl in den Untergrund jenes Kellers im Genfer Jonction-Quartier, der rasch bekannter wird als seine Bücher und in dem ich ungeachtet der ökonomischen Zwänge stets auch ein Stück Selbstdarstellung, um nicht zu sagen Selbstinszenierung empfunden habe. Und in diesem Keller stellt er Berechnungen über den Assuandamm und die Unermeßlichkeit der Amazonasgewässer im Vergleich mit den winzigen Strömen Rhein und Rhone an.

Als Kind, erzählt er, saß er stundenlang am Fenster der Großmutter in Netstal und starrte an die Ostwand des Wiggis. In Netstal, sagt er, fällt die Felswand steiler ein als irgendwo. »Chamonix ist lachhaft dagegen. Man denkt, der Berg ist im Zenit des Himmels.« Man sagte ihm, »wie ungeheuer schwierig es sei, das alles zu besteigen.«

Der Wiggis, die Aiguille Doran und andere Türme, der Assuandamm und der Amazonas: lauter Bilder einer übermächtigen Größe, die nur zu bezwingen, zu bewältigen ist, in der –

künstlerisch tödlichen – Überhebung oder durch eine Anstrengung, die ausgeht von der eigenen Kleinheit. Von hier aus gesehen erscheinen die *Nuancen und Details*, in denen Hohl nach einem Jahrzehnt »heftigen dunklen Ringens« zum erstenmal sich selber findet, erscheint erst recht die gigantische Kleinarbeit der *Notizen* als einzige Möglichkeit, der Lähmung und Zerstörung durch die Idealisierungen des bürgerlichen Kunst- und Geniebegriffs zu entgehen. Und doch ist diese Bescheidung auf das einzelne und Kleinste nichts weiter als ein Heroismus à rebours, ein verkappter Geniestreich zur Eroberung des Höchsten und Größten, die Aiguille Doran im Alleingang ... »Höher oben ist es leicht. – Alle Male höher oben ist es leicht. Laßt uns auch daran ein wenig denken: *Es gibt immer ein Höher-oben.*«

Gibt es immer ein Höher-oben? Daß Hohls Prosa zum Reinsten, Wahrhaftigsten und Lebenskräftigsten gehört, was in diesem Jahrhundert in deutscher Sprache geschrieben wurde, ist an seinem 70. Geburtstag nicht mehr nur die Ansicht einiger Eingeweihter, die ihn, durch ihn sich selber weihend, an andere Eingeweihte weiterreichen. Hohls Rang steht außer Frage.

Ebenso fest steht indessen, daß es ein Höher-oben seit den *Notizen*, ja seit Teilen aus *Nuancen und Details* nicht gegeben hat und auch gar nicht geben kann. Indem er den Umweg über die Kleinheit nahm – und sich zuletzt im Untergrund eingrub –, ist Hohl zwar dem Ikarus-Schicksal anderer Schweizer Künstler seiner Generation entgangen (ich denke an Albin Zollinger oder Max Gubler, die beide an Überanstrengung zerbrachen), aber er hat die übergroße Anstrengung, sich nicht wie jene zu überanstrengen und doch immer höher zu klettern, klein sein zu müssen, um groß sein zu dürfen, mit vorzeitiger Erschöpfung bezahlt. Wer ihn heute besucht, wer den gezeichneten und doch noch vitalen und luziden Mann »vor dem Einzugsgebiet des Amazonas« sieht, der ahnt erst, welche Verheerungen ein falscher Begriff von künstlerischer Größe – gleichsam die Über-Ich-Projektion eines ichschwachen Bürgertums – unter schwächeren Begabungen angerichtet haben muß.

Uns bleibt, dem Mann und Künstler Ludwig Hohl nicht unsererseits gegenüberzutreten, als sei er der personifizierte Amazonas. Dem »écrivain pur«, den er als einer der letzten verkörpert, gebührt unsere Bewunderung und unser Dank, aber nicht – wie in den Aufsätzen mancher junger Autoren und

Kritiker – eine neue Idealisierung, deren Preis neue Lähmungen sind. Es ist Zeit, daß die Legende von Ludwig Hohl hinter seiner Wirklichkeit zurückbleibt.

(*Tages-Anzeiger*, Zürich, 9. 4. 1974)

Christoph Geiser

»... und das einzelne wurde gewaltig«.

Begegnung mit Ludwig Hohl

Eine der ersten Versammlungen der Gruppe Olten Anfang der siebziger Jahre im Bahnhofbuffet zu Neuenburg: Jemand deutet auf einen kleinen alten Mann am anderen Ende des Saales, beim Fenster, in der größtmöglichen Entfernung mir gegenüber, und sagt, das sei Ludwig Hohl; für mich damals nichts als ein Name und ein Gerücht.

Hohl saß eine Weile lang in sich zusammengesunken still zwischen berühmten Kollegen, vor sich auf dem Tisch eine Wasserkaraffe und ein kleines braunes Fläschchen, das er offenbar in der Tasche seines grauen Anzuges mitgebracht hatte und aus dem er gelegentlich genau dosierte Portionen ins Wasserglas goß; manchmal schien er zu schlafen. Plötzlich erhob er sich: Mit anschwellender Stimme schleuderte er Sätze wie erratische Blöcke in das allgemeine Geschwätz. Ein besorgter Kollege – Pfarrer im Zweitberuf – zog ihn sanft am Arm auf seinen Stuhl nieder; aber es half nichts. Ludwig Hohl, erfüllt von einer gewaltigen Kraft, die Rumflasche in der erhobenen Hand, stand immer wieder auf.

Erst im Sommer 1974, am Stand von Ajaccio auf Korsika, begegnete ich Ludwig Hohls Werk. Hohls Verachtung für den Sand; für das flache Land; für die Horizontlosigkeit der nördlichen Meere; das Meer als Element, das dich trägt; hinausschwimmen, ohne zu sehen, ob man vorwärtskommt – und der Montblanc schaut zu. Von jener Lektüre sind mir Träume und Bilder in Erinnerung geblieben: »Hochgestellte Fahnen«, von der Gewalt des Windes »in eine ungemeine Ferne getragen«; »durch die Ferne, die Vermischung wurden die üblichen häßlichen Farben der Fahnen in dieses wunderbare Irisieren verwandelt – Petrolfarben ähnlich, gewissen wundervollen Glaskugeln, mit denen die Kinder spielen, oder Seifenblasen«.

Es blieb mir gar keine Zeit, mich Hohl gründlich genug zu entziehen; die Bilder, die Träume, die beiden programmatischen Titel *Daß fast alles anders ist* und *Von den hereinbrechenden*

Rändern hatten sich in meinem Unterbewußtsein festgesetzt und tauchten wieder ins Bewußtsein auf, als 1975 die *Bergfahrt* erschien.

Ich kann nicht bergsteigen; ich kenne die Berge zwar ziemlich genau, aber bloß von unten, und beim Lesen dieser kurzen Geschichte von Ull und Johann, die beide, jeder auf seine Weise, am Berg scheitern, wurde dieses Gefühl, nie einen Berg bestiegen zu haben – obwohl Gelegenheit dazu bestanden hätte –, derart quälend, daß ich endlich wissen wollte, warum ich eigentlich nie zu Berge gestiegen bin. Daraus ist etwas geworden; aber damit war die *Bergfahrt* nicht abgetan.

Die Hintergrundslosigkeit der beiden Figuren Ull und Johann – beide sind nur charakterisiert in ihrer Beziehung zum Berg, fast ohne Individualität, ohne sozialen Kontext, ohne Biographie: so daß ich ihre Namen vergessen hatte und, um sie nennen zu können, nachschlagen mußte – irritierte mich; waren die Personen im Verlaufe des außergewöhnlichen Entstehungsprozesses dieser Novelle – Hohl hat die *Bergfahrt* 1926 begonnen, bis 1940 sechsmal neu gefaßt, dann 33 Jahre lang liegen lassen und 1973 umgeschrieben – bis zur unverbindlichen Allgemeingültigkeit entpersönlicht worden?

Nun hatte ich Ludwig Hohl eine Frage zu stellen; Gelegenheit dazu bot sich zwei Jahre später, als ich ihn in Genf besuchte.

Die Wirklichkeit und das Reale

Die Rue David-Dufour, eine kurze Seitenstraße im Labyrinth der Stadt, ist nicht leicht zu finden. Am einen Ende der Straße liegt ein typisches, altes Genfer Bistro, am anderen Ende eine jener modernen Snack-Bars, in denen alles Material Imitation ist: Das Holz ist aus Plastic, die Zwischenwände sind aus Kunststoff, die Mauersteine aus Blech usw.

Heute wohnt Ludwig Hohl nicht mehr in dem legendär gewordenen Keller, sondern im Parterre eines modernen Mietshauses mit einer Haustüre aus Glas.

Die Begrüßung ist karg, fast ein wenig mißtrauisch; die Schriftsprache, deren sich Hohl ausschließlich bedient, weil er den Dialekt verabscheut, schafft im vornherein Distanz. Hohls Arbeitszimmer ist groß und kahl und aufgeräumt: in der Mitte steht ein langer, leerer Arbeitstisch, ein Stuhl am Kopfende des Tisches; der Wand entlang eine Reihe kleiner Gartenstühle aus Metall und ein weißes Tischchen mit Flaschen darauf. Hohl bietet mir einen Rum an, er selber trinkt nichts. Wir sitzen einander gegenüber, Hohl in der Zimmermitte, auf dem Stuhl am Tisch, ich an der Wand: Raum zwischen uns; ein wenig wie bei einem Verhör, aber mit unsicherer Rollenverteilung.

Schon meine erste Vermutung erweist sich als falsch.

Die beiden Personen in der *Bergfahrt* seien immer unwichtig gewesen, er habe sie in der letzten Fassung eher noch verdeutlicht, ausgestaltet, und überhaupt seien Ull und Johann gar nicht zwei, sondern bloß eine Figur ...

Worin unterscheidet sich die *Bergfahrt* von 1973 von der Bergfahrt aus dem Jahre 1940?

Ludwig Hohl sucht aus einer unter dem Tisch verborgenen Holzkiste das ursprüngliche Manuskript hervor und streckt es mir hin: ein vergilbtes Papierbündel – sämtliche Seiten sind mit einem energischen Bleistiftstrich durchgestrichen; er werde diese Urfassung demnächst, sagt Hohl, »dem Wasser übergeben«.

Außer einigen Naturbeschreibungen sei diese Fassung unbrauchbar gewesen: »Ein Dreck – es war nicht zu lesen«; er habe immer gewußt, daß etwas anderes als das, was drinstand, drinstehen müsse. Aber erst 1973, 33 Jahre später, *sah* er es plötzlich – er sah, warum er den Text aufbewahrt hatte und wie er zu verändern sei.

Daß die *Bergfahrt* Hohl fast ein halbes Jahrhundert lang beschäftigte – oder anders ausgedrückt: daß er als fast 70jähriger gestalten konnte, was er als 24jähriger entworfen hatte –, liegt wohl daran, daß diese Geschichte einige der wichtigsten Grundzüge von Hohls schriftstellerischer Existenz in höchster Konzentration vereinigt. Was Hohl in *Die Notizen oder Von der unvoreiligen Versöhnung* über die Arbeit geschrieben hat, findet man in dieser knapp hundert Seiten langen Erzählung aufs genaueste und anschaulichste *dargestellt*: Wie Ull mit dem Berg kämpft, wie er »schreitet«, wie er seine Kräfte einsetzt, wie er auch die Rast, das »Ausruhen«, als Teil des zu vollbringenden Werkes versteht, wie überhaupt alles, was er tut, aufgeht im Hinstreben auf *ein* Ziel, wie Ull am Ende noch, wenn das Unternehmen längst aussichtslos erscheint, mit allen Körperfasern klettert – das alles ist das Idealbild dessen, was Hohl unter

Arbeit versteht; als Kontrast dazu Johann – Personifikation alles Mittelmäßigen und Gewöhnlichen, Verwandter des »Apothekers« und des »Herrn Meyer« –, der sich treiben und gehen läßt und, in einem Anflug von lächerlichem Hochmut, rasch verendet. Die Tragik der Geschichte – die man leicht als Pessimismus oder als, in Camusschem Sinne, »absurd« deuten könnte (beide, der Fahnenflüchtige und der Kämpfer, entkommen dem Tod nicht) – entpuppt sich bei genauerem Hinsehen einerseits als ungeheure Provokation und anderseits als »realistisch«: Eine Provokation ist es, ein »sinnloses« Unternehmen (und Bergsteigen ist in einer Gesellschaft, die die materielle Produktion verherrlicht und sozial »nützliche« Leistungen fordert, sinnlos) als »legitime Tätigkeit«, für die zu sterben sich lohnt, darzustellen; eine Provokation ist auch die (ketzerische) Vermutung, die sich dem Leser aufdrängt, daß – vielleicht –, wenn Ull und Johann zusammengeblieben wären, der Berg hätte besiegt werden könne, ohne daß einer hätte sterben müssen. »Realistisch« hingegen ist, daß der Berg – »An ihm ist nur Steilheit, gelassener Sieg, fragloser Sieg« – Sieger bleibt.

Was – oder gar: wer – ist dieser Berg?

»Diesen Berg«, sagt Ludwig Hohl, »wird man nirgends finden; er ist erfunden.«

Der Berg, der keinen Namen trägt, ist so, wie Hohl in beschrieben hat, *Wirklichkeit*: ein Berg, den man in den Alpen tatsächlich aufzuspüren versucht sein könnte. Zugleich aber ist dieser Berg von allem Anfang an etwas anderes, er deutet auf etwas anderes hin: »Der oberste Teil seiner Flanke, aus Firn und grauem, leise glänzendem, glattem Fels, gleicht einem Schild, einem Panzer, einer feinen in Stahl oder Silber eingelegten Arbeit. Und das ganze langgezogene Gebilde dieses Gipfelbaus vor den hellen Himmeln hätte vielleicht auch den Eindruck erwecken können von einem sehr großen Schiff, das nicht in ein Erdenmeer nur, das in die Ewigkeit hinein führe.«

So erscheint in Hohls Erzählung hinter der Wirklichkeit auf einmal das *Reale*; und Ull – wie Hohl selber – akzeptiert dessen Bedingungen, während Johann, voreilig versöhnt, der Wirklichkeit (dem »Gefängnis«) blind und taub in die Falle läuft: »Wenn ein Mensch unvoreilig zur Versöhnung gelangt, unvoreilig: das heißt offenen Auges, bei voller Kenntnis unserer Bedingungen und der grauenerregenden Tatsachen der *Wirklichkeit* – des gewaltigen Gesetzes von der Vergeudung zum Beispiel –, dann sieht er das *Reale*. Wenn die Ränder hereinbrechen, dann erlebt der Mensch das Reale« (aus: *Daß fast alles anders ist*).

Wie in der *Bergfahrt*, so bricht auch in Hohls übrigen Erzählungen (in der Titelgeschichte *Nächtlicher Weg* etwa), oft »von den Rändern her«, das Reale herein: die Einsicht in die Conditio humana. Um dieses Generalthema kreisen auch die *Notizen* – eine literarische Form, die (meines Wissens) Ludwig Hohl erfunden hat; die *Notizen* sind keine Aphorismen, keine philosophischen Betrachtungen, keine Tagebuchaufzeichnungen – es handelt sich dabei eher um *Eine Skizze einer Skizze der Welt*: »Ein Mann mußte sein Lebenswerk schaffen – ein Werk, das dastünde wie ein Haus. Er begann erst einmal ein Gerüst aufzuführen. Um das Gerüst zu schaffen, brauchte er wieder Vorbereitungen und andere Gerüste.« Und am Ende, als der Mann stirbt, stehen nur Gerüste da: ». . . aus den Wegen, die er gegangen, erstand sein Werk von selbst. War es ein Haus? Spätere nannten es ein Haus. Und es sind nie andere Häuser gewesen« (aus: *Nächtlicher Weg*).

Auf mich wirken die *Notizen* – anders als die Erzählungen mit ihrer klar durchschaubaren Dramaturgie – wie erratische Blöcke, hergeschoben von einem Gletscher, der vor langer Zeit weggeschmolzen ist.

Von der unvoreiligen Versöhnung

Ich habe Ludwig Hohl nach dem Verhältnis dieser beiden Werkkategorien – der Erzählungen und der *Notizen* – befragt.

Die Erzählungen, sagt Hohl, seien »über alle Zeiten hin verstreut«. Die erste Sammlung, *Nächtlicher Weg*, 1943 erstmals erschienen, ist »in einem Jahrzehnt Entwicklungszeit« (zwischen 1930 und 1940) entstanden; zwei neue Erzählungen (*Vernunft und Güte*, *Polykrates*) wurden in das Bändchen *Daß fast alles anders ist* (1967) aufgenommen, die *Bergfahrt* schließlich ist der umfangreichste der erzählerischen Texte. Hohls erzählerisches Werk ist schmal, die Texte wurden oft umgeschrieben, die Themen beschäftigten den Autor über Jahrzehnte hinweg – so, als mißtraute Hohl der eingängigen literarischen Form der »Geschichte«; oder als hätten die Erzählungen für Hohl eine ganz besondere Bedeutung: die Bedeutung großer, programmatischer Gleichnisse. Die Entstehungsgeschichte der *Bergfahrt* dürfte Hohls Verhältnis zu dieser literarischen Form wohl hinlänglich charakterisieren.

Die *Notizen* hingegen – dieses Monstrum von weit über 1000 Seiten – sind, laut Hohl, »in einem Ausbruch entstanden«, der in seinem dreißigsten Jahr begann und zweieinhalb Jahre dauerte, von 1934 bis 1936, während er »in Holland in der größten geistigen Einöde lebte«, wie es im Vorwort heißt. Wenn Hohl von den *Notizen* spricht, wird seine Stimme heftig: Dieses Werk und das, was nachher damit geschehen ist, beschäftigt ihn noch immer. Die *Notizen* wurden meist im Gehen geschrieben, auf Spaziergängen in den Stadtwäldchen von Den Haag, im »Mondwald« und im »Igelwald«. 1936 wurde das Material abgetippt, dann überarbeitet, schließlich in die zwölf Teile gruppiert. Diese nachträgliche thematische Anordnung, die die Chronologie der Entstehung zerstörte, hält Hohl heute für fragwürdig, weil sie zu Irrtümern führte; Hohl legt ja großen Wert auf die Einheitlichkeit, auf den inneren Zusammenhang der *Notizen*; die thematische Gliederung dagegen erweckt den falschen Eindruck, man habe es hier mit einem »Brevier« oder mit einer Aphorismensammlung zu tun.

Daß dieses eigentümliche, eigenständige und sperrige Werk 1944, als der erste Band nach allerhand Schwierigkeiten endlich erscheinen konnte, auf Unverständnis stoßen mußte, dürfte jedem der sich die damaligen Zeitumstände vergegenwärtigt, klar sein: Die *Notizen* paßten, in ihrer harten intellektuellen Redlichkeit, nicht ins Klima der »geistigen Landesverteidigung«, das die schweizerische Literatur damals beherrschte, und der deutsche Markt war ihnen, wegen des Krieges, verschlossen.

Nach dem totalen Mißerfolg des ersten Bandes wollte der Verlag – obwohl vertraglich dazu verpflichtet – den zweiten Band, der laut Hohl im Herbst 1945 hätte erscheinen können, nicht mehr herausbringen. Durch langwierige Prozesse (bis vor das Bundesgericht) erzwang Hohl schließlich die Herausgabe – aber es dauerte neun Jahre: »Derweilen verwelkte ich sozusagen«. – »Ich war in einer sehr schlechten Lebenslage, vor allem materiell. Der Mißerfolg der *Notizen* hatte mir zugesetzt. Meine Frau verließ mich. Ich war heruntergekommen und total mittellos. Erst gegen Ende des Jahrzehnts besserte sich meine Lage durch persönliche Hilfe: Ich hatte dann wenigstens für eine Woche im voraus genügend Geld zum Leben, nicht nur für knapp einen Tag.« Unter anderen war es vor allem Friedrich Dürrenmatt – ein bewundernder Leser der *Notizen* –, der Ludwig Hohl persönlich unterstützte.

In den sechziger Jahren wurde Hohl zu einem besonders unter Schriftstellern bekannten legendären Geheimtip. Daß es gerade Schriftsteller waren, die Hohls Bedeutung als erste erkannten – schon früher hatte sich ein anderer (verkannter) Schweizer Autor für ihn eingesetzt: Albin Zollinger –, liegt wohl daran, daß im Werk keines anderen Schweizers Leben und Schreiben eine derartige Einheit bilden wie bei Hohl: Die kritische Reflexion schriftstellerischer Existenz in allen seinen Büchern ist eine Herausforderung der eigenen Produktivkräfte des Lesers.

Gegen Ende der sechziger Jahre nahmen auch Verlage und Zeitschriften sich wieder Hohls Werk an, und seit Beginn der siebziger Jahre nun erscheint Hohls Werk neu in Einzelausgaben bei Suhrkamp.

Hohl hat also, mit etwa dreißigjähriger Verspätung, zumindest zum Teil seine Leser gefunden; daß allerdings von der *Bergfahrt*, einer verhältnismäßig leicht lesbaren, spannenden, einem breiteren Publikum zugänglichen Geschichte, ebensowenig Exemplare verkauft wurden wie von dem Bändchen *Vom Erreichbaren und vom Unerreichbaren* (einem Teil der *Notizen*), nämlich bloß 5000, beweist, daß dieser Autor noch immer mit dem Odium des »Schwierigen«, vielleicht auch »Elitären« behaftet ist; daß er für viele quer zu den Zeitströmungen zu stehen scheint. Aber das Wesen von Hohls Werk besteht eben gerade darin, daß es die unmittelbaren Zeitbezüge relativiert und, hinter den Themen der Tagesaktualität, hinter der Gegenwart, die Bedingtheiten eines ganzen Zeitalters bloßlegt.

Bestes Beispiel für *diese* Art Aktualität ist Hohls Arbeitsbegriff – ein zentrales Thema seines Werkes und im industriellen Zeitalter eine ungeheure Provokation.

»Gib jedem seine eigene Arbeit«

»Die Hauptarbeit der letzten Zeit ist jetzt allmählich abgeschlossen; sie bestand darin, mich vom Spital zu erholen. Nach einem langen Spitalaufenthalt dauerte es jetzt etwa ein Jahr, bis ich wieder einigermaßen von mir Besitz ergreifen konnte.« Das Schlimmste am Spitalaufenthalt selber sei gewesen, »daß jede Arbeit stillstand. Immer kam die Krankenschwester herein und wollte das Kissen zurechtrücken, ich war gefangen: wie tot.« Zurzeit ist Hohl vor allem damit beschäftigt, unzählige Zeitungen zu lesen: »Wenn ich zwei Stunden lang Zeitung gelesen habe, und ich habe nichts gefunden, dann werde ich wütend. Ich suche nichts in den Zeitungen; aber ich kann mich doch nicht absondern, in einer Schachtel oder in einem Schrank, Ohren und Augen zu.«

Nachdem Hohl Tee zubereitet hat – den er mit Abscheu trinkt: »Dieses ist nicht mein Element« – und sich neben mich auf eines der Gartenstühlchen an der Wand gesetzt hat, weitet sich unser Gespräch allmählich auf das aus, was in den Zeitungen steht: Hohl scheint pessimistisch. Vor allem beunruhigt ihn »das Unwesen Wachstum«, der Götze der industriellen Produktion. »Der Aufbruch der sechziger Jahre, die Hoffnungen, die die Hippie-Generation versprach, sind zusammengebrochen; die Menschen leisten nach wie vor eine tötende, stumpfsinnige ›Arbeit‹, die keine wirkliche Arbeit ist. Natürlich kann man die industrielle Entwicklung nicht rückgängig machen, aber man kann die Einstellung der Leute dazu ändern.« Man müsse den Charakter der Arbeit, die die Menschen leisten, und den Menschen selber ändern, sagt Hohl, dann werde sich das »Unwesen Wachstum« begrenzen lassen.

Über die Arbeit steht schon in den *Notizen* geschrieben: »›O Herr, gib jedem seinen eignen Tod‹, hat Rilke ausgerufen. ›Gib jedem seine eigene Arbeit‹, möchte ich lieber gehört haben. (Und ›eigene Arbeit‹ ist hier eine sich anschmiegende Redeweise; denn was ich Arbeit nenne, ist eben immer die eigene.) ›Gib‹? Nun ist die Frage, wer das geben soll. Was brauchen wir denn noch einen, der es gibt, da die Menschen, wenn sie sich's nehmen, es schon haben? (Abgesehen davon, daß die Herren den Menschen nicht deren eigene Arbeit zu geben pflegen, sondern etwas Entgegengesetztes.) Der eigene Tod . . . – das ist wohl wunderbar, ist vielleicht das Höchste. Es fragt sich aber, wie dazugelangen? Der eigene Tod – ja, er ist die Krönung: was nützt es aber, einem zu rufen ›laß dich krönen!‹, wirst du ihm nicht eher die Wege zeigen sollen, die zur Krönung führen? Auf die eigene Arbeit folgt notwendigerweise der eigene Tod.«

»Leben Sie wohl!«, sagte mir Hohl zum Abschied; aber es ist mir nicht gelungen, mich ohne Schwierigkeiten von ihm zu entfernen: Ich ging zunächst in die falsche Richtung; weg vom Bahnhof. Eine freundliche Frau wies mir den Weg zu einem großen Platz, auf dem Taxis stünden – es standen jedoch keine Taxis da. Beide Zellen der einzigen Telefonkabine waren besetzt; eine der beiden Redenden unterbrach ihr Gespräch, weil sie mein ungeduldiges Warten störte, und zeigte mit der Hand unbestimmt die Straße entlang: Am Ende der Straße stehe eine Post. Noch bevor ich die Post finden konnte, stand ich wieder vor Ludwig Hohls gläserner Haustür.

(*Neue Zürcher Zeitung*, 31. 3. 1978)

Adolf Muschg
Laudatio auf Ludwig Hohl

Ludwig Hohl, meine Damen und Herren, erhält hier den Robert-Walser-Zentenarpreis. Es wird nicht nur ein Toter gefeiert, sondern auch ein Lebender geehrt – ein Zusammentreffen, das kein Zufall, sondern diesmal eine Sache des Ranges ist. Es hat sich im Schweizerischen Kulturleben die Gelegenheit gefunden, daß wir uns über etwas freuen, was nicht versäumt wurde.

Meine Damen und Herren, ich rede uns keinen ungemischten Jubel ein. Was hier abgestattet wird, ist ein Dank, den die Sprecher deutscher Sprache Ludwig Hohl auch dann schulden, wenn sie nichts von ihm wissen. Es ist das Mindeste, und doch alles andere als selbstverständlich, daß wir dieses Schuldverhältnis auch einmal *freudig* anerkennen. Was wir Robert Walsers Ruhm nennen, kommt nicht mehr ihm, nur noch uns zugute: als Betroffenheit durch Geschichten, die nur ihm zu gehören schienen und eines Tages beim Leser Epoche machen; die in ihrer Verschlossenheit bewirken, daß er selbst aufbricht. Das ist bei keinem großen Autor anders; es ist bei Ludwig Hohl, dem Lebenden, nicht anders. Gerade bei ihm ist die Möglichkeit, ihn zu seinem Werk – wie heißt es doch? – »unmittelbar« zu befragen, höchst beschränkt; das hat noch jeder wohlmeinende Interviewer an der Rue David-Dufour in Genf erfahren. Wer nicht merken will, daß außerhalb dieses Werks keine Antworten existieren auf die Fragen, die in ihm gestellt sind; wer taub geblieben ist dafür, daß das Werk diese Fragen überhaupt erst erarbeitet, daß es so und nicht anders ein Werk geworden ist, – wer das nicht fühlt, für den bleibt auch der Mann Ludwig Hohl stumm. Und die Anekdoten, die man aus dem berühmten Keller – jetzt aus dem nicht mehr so berühmten Erdgeschoß – nach Hause trägt, sind, verglichen mit dem Werk, dürftige Illustrationen dieser Stummheit. Von ihnen hat sich die Legende derer, die Hohl nicht lesen, einige Jahrzehnte genährt, ohne – auch das soll heute ohne Wehleidigkeit gesagt sein – den vermeintlichen Urheber dieser Legende zu ernähren.

Was ich heute zuerst feiern möchte, ist die besser gewordene

Gelegenheit, die Legende durch die Lektüre zu ersetzen; eine Prosa auch zu lesen, an der noch das Einfachste, ihre sinnliche Schönheit, zu entdecken ist. Unbemerkt ist sie in den vergangenen Jahren nicht geblieben; wie bei Robert Walser haben gerade Autoren von Rang bezeugt, was ihnen durch Ludwig Hohl aufgegangen ist. Ich fürchte nur, sie haben durch ihre starken Worte am Mythus des bizarren Outsiders mitgewirkt, dessen Verehrung die Sache einzelner Kenner sein und bleiben müsse. Es ist aber hohe Zeit anzuerkennen, daß dieser Autor, vom *Nächtlichen Weg* bis zur *Bergfahrt*, Erzählungen geschrieben hat, die von einer streng gefügten, wundervoll bedachten, genau empfundenen Schönheit und Zugänglichkeit sind. Sie dürften wahrlich nicht nur in Anthologien, sie müßten in Schullesebüchern stehen. Sie können gerade einem jungen Leser zeigen, wie körperlich Sprache sein kann, sein darf. Der starke Atem der Erzählungen, ist man einmal davon berührt worden, kann dann auch den Mut zu kargeren Gebilden wachsen lassen, die auf anderer Höhe des Ausgesetztseins entstanden und *Notizen* oder *Nuancen und Details* überschrieben sind. Die Abgerissenheit der Form bezeugt, wie bei Bergflora, die Gewalt der Elemente, gegen die diese unauffälligen Gebilde ihre Kraft bis an die Grenze anstrengen; die ihnen auch jede Weitläufigkeit verbietet. Wunder seien, schreibt Hohl einmal, »eine Kategorie des Erkennens«. Das Gefühl für den Erkenntniswert von Hohls Wundern stellt sich, je weiter man sich in sie versteigt, immer befreiender ein; es kann sich, wie beim Lesen Walsers, der Sucht nähern, dieses Nachkommen, Nachsteigen auf Hohls Wegen. Und an ihrem Ende steht, wie bei Robert Walser, ein befremdliches Heimweh, das uns nur die absolut exponierte, wenn man will: absolut verlorene Einsicht gewährt. Hohl läßt in *Nuancen und Details* einen älteren zu einem jüngeren Dichter sagen:

> »Ja, die Gefahr, den eigenen Rausch zu verwechseln mit der Klarheit der Sprache, die allein den andern Belebung bringen kann, – die Gefahr wiederum, sich der Form zu sehr zuzuwenden, so daß alles verglast und versteint wird, – die Gefahr, die das Modell, das doch idiotische, an Sinn leere, bringt, – die Gefahr, sich im Uferlosen zu verlieren, – und viele andere Gefahren – überall Gefahren – (...) und haardünn ist der Ort, wo es gelingt, etwas wirklich zu

ergreifen, zusammenzuraffen – nein, einfach zu greifen und zu sagen: denn es ist ganz leicht dort; aber der Ort ist haardünn, und ringsherum, um ihn alles sind Wege.«

In Hohls Werk stehen Funde, um die die Wege abgearbeitet sind; manchmal ist das Ende des Wegs der einzige Fund; und oft muß der Weg selbst als Fund gelten. Hohls Werk ist groß, weil es ein Ganzes ist, eine zertrümmerte, darum wahre Enzyklopädie geistigen Überlebens; es zeigt das Ganze realistisch, im Zustand seiner Verlorenheit. Albin Zollinger schrieb Hohl schon 1939:

»Deine Bücher müßten (...) in ihrer Gesamtheit herauskommen; sie sind ein Ganzes, ein Œuvre jetzt schon, und sie werden eine Gewalt sein, eine langsam hinwirkende freilich, eine von der Art der großen. – Freilich, ich fürchte, die Schweiz ist zu klein dafür. Ich fürchte, es wird bestenfalls Brösel um Brösel realisiert werden. Die Posthumität steht dir an der Stirn geschrieben. Hoffen wir ›Besseres‹!«

Wir können, 40 Jahre danach, Besseres hoffen. Und das ist eine Gelegenheit zum Dank an alle, Berühmte und Unberühmte, die diesen Tag nicht nur abgewartet, sondern für ihn gearbeitet haben; die für dieses Werk nicht erst Nachwelt, sondern schon Lebensgefährten gewesen sind.

Was bedeutet der Walser-Preis für Ludwig Hohl? Ich hoffe, er freut ihn. Nur:

»Wer nimmt nicht an, daß er seit langer Zeit stark Hungernde durch die erste reiche Mahlzeit in einen angenehmen Zustand versetzen könne? Indessen werden sie in den meisten Fällen sich nach dieser Mahlzeit kläglicher befinden als je; du wirst nicht mit ihnen verkehren können, (und, wenn du dumm bist, sie undankbar schelten).«

Eine von Hohls frühen Geschichten, *Das Pferdchen*, illustriert diese Art Wohltat noch schärfer – nein, sie illustriert gar nichts. Das Hohlsche Pferd steht, nachdem es eigentlich liegenbleiben wollte, aber mit Gewalt aufgestellt wurde, nur noch da. Ein Wohlmeinender reicht im Zucker.

»Das zitternde Tier beschnupperte langsam den dargereichten Zucker, entblößte seine großen Zähne, kaute, mit Pausen, ließ ihn zur Erde fallen. Schaum und Speichel flossen nach. Der Mann reichte zwei andere Stücke. Es kaute sie, sie fielen auf den Wagen. Es nahm sie dort wieder, abermals schwach angereizt, aber ließ sie, schon zermalmt und naß, wieder fallen, viel zu ermüdet, um weiteres Verlangen aufzubringen.«

Notwendige Erinnerungen an diesem Festakt. Aber es gibt eine Hohlsche Sprachlage, die mit Gleichmut gegen Glück und Unglück zu tun hat – »stoisch« möchte ich sie gerade nicht nennen. Es ist eine empfindliche Haltung, das Resultat einer Arbeit, der Verständigung über die Bedingungen der eigenen Existenz. Betrachten wir Hohls *Polykrates*. Zu seiner Konstitution gehört die Krankheit; daß er nicht krank wird, macht sie nicht zur Einbildung. Im Leiden, einem durchaus realen Leiden, widerstrebt er vielmehr seiner Berufung zum Glück. Es scheint unerschöpflich, dieses Glück, in jeder Situation, in der Polykrates es mit Verwegenheit und Ausdauer herausfordert. Gesunde gingen zehnmal zugrunde; er, der Kranke, überlebt. Eines Tages gelingt der Schritt, auf den jeder Therapeut hinarbeiten würde: Er gibt es auf, »immer im Widerstreit mit seiner Gesetzlichkeit zu leben«; er identifiziert sich mit seiner Lebensenergie, wird gesund. Beginnt er nun erst Wunder zu wirken? Im Gegenteil: er stirbt. Erst jetzt hat er sich erschöpft.

Man darf also nicht hoffen, daß die heutige Ehrung an der schwierigen Ökonomie von Glück und Unglück, der sich dieser Autor verschrieben hat, viel zu ändern vermag. »Im Finstern wohnen die Adler«, heißt es von seinem Polykrates – ein Walser-Preis erhellt keine Finsternis, er veröffentlicht sie. Für diesen Autor ist kein Kraut mehr gewachsen, und man beginnt sein Wort über die Ärzte zu verstehen: »Sie stellen sich nicht einmal die Frage: Wenn eine Krankheit entfernt worden ist, wodurch sie *ersetzen*?«

Das Beispiel einer Hohlschen Randfrage, die mehr von ihrem Gegenstand weiß, als Schulweisheit sich träumen ließ – erst heute beginnt sie von dem besseren Wissen überholt zu werden, daß Krankheit eine Sprache sein könnte und daß es kein Mittel gibt, sie zu heilen, als zu *verstehen*, was sie sagen will. Eine Rand-Bemerkung Hohls: Sie sehen, was das heißen kann, bei ihm: eine Wahrnehmung vom Rand her, der »hereinbricht«, der morgen oder übermorgen die Mitte des Bewußtseins einnimmt. Es wäre also vernünftig, das Hohlsche Corpus als ein Frühwarnsystem zu lesen. Wo wir heute nur die disiecta membra poetae, die zerstreuten – oder muß es heißen: verworfenen? – Stücke eines Dichters sehen, wird morgen eine Zivilisation, wenn sie noch Zeit hat, erkennen: dies ist mein Leib; dies ist mein Blut.

Die verworfenen Stücke: Hohl ist der erste, der sie verwirft. Das Fragmentarische der Äußerungen, die er selbst für seine zentralen – nur heute noch marginalen – hält: es ist das Gegenteil von Willkür, von sogenannter Facettierung oder gar Pointenhascherei. Daher Hohls Erbitterung, wenn man ihm ein »aphoristisches« Werk unterschiebt. Es ist, wie Zollinger sagte, ein ganzes Werk; das Ganze zeigt sich in der Kunst, nein: der unvorstellbaren Mühe, am Ende also doch: der Kunst, das voreilige Ganze wenigstens örtlich aufzuheben; jenes Ganze, das sich durch unseren Zwang, Dinge zusammenzuhängen, immer wieder herstellt; durch die Verschleierung der notwendigen Brüche in unserer Existenz; der lebenswichtigen Ränder im Innern der Dinge. Hohl spricht einmal von einer »gefährlichen Mosaikwirkung«. Wir machen uns ein Kontinuum vor, das näher besehen, genau besehen, aus einer Summe extremer Einzelhandlungen besteht. Ein Schiff, das »aus der (sehr großen) Ferne gesehen seinen (wenn auch auf stürmischem Meer) gleichförmigen, einheitlichen Lauf« verfolgt, erweist sich, aus der Nähe als Schauplatz einer Katastrophe:

> »... der Kapitän bringt durch eine übermenschliche Anstrengung eine Anzahl Matrosen, die meutern, die morden, Selbstmord begehen, in völlige Apathie versinken wollen, wieder zu sich; soeben ist der Hauptmast gestürzt; ein Matrose ist wahnsinnig geworden, man muß ihn einsperren lassen; das Steuerruder bricht, es löst sich vom Schiffe, das Schiff hat kein Steuerruder mehr; der Kapitän – wie vermeidet er den Aufprall auf das nächste Riff?«

Nein, Hohl ist alles andere als ein Schleifer von Mosaiksteinchen. Er ist einer, der zu jedem Stein, zu jedem Gebirge, zu jedem Gedanken die Distanz des Schöpfers sucht. Diese Distanz aber ist bei keinen zwei Dingen dieselbe; daher darf auch die Sprache, als *mögliches* Leben der Dinge, keine Gewohnheiten bilden. – Denn die Ränder gegen das Zentrum ziehen, das ist eine Sache der Sprache, bei Hohl: der Sprache zunächst ganz allein. Sie muß bereits verantworten, was noch nicht der Fall ist; sie muß sinnlich machen, was für die meisten noch keinen Sinn macht. Man muß diese Sprache durch ihren Mangel charakterisieren; ihren Mangel an »Vergeudung«, an Fertigkeit, an Entgegenkommen. Sie sieht, ja sie bevorzugt das Gewöhnliche; aber sie sieht es zum ersten Mal, sie sieht nicht das Ihre daran, sondern das andere; und unwillkürlich sehe ich selbst Hohls, seine Augen ungeheuerlich vergrößernden Brillengläser dazu.

So ist Hohls Arbeit, wie jede Liebesmüh, ein Produkt des Mangels und des Reichtums. Hohl ist nicht überlebensgroß; es wäre mehr als genug, würde er einmal in seiner Lebensgröße wahrgenommen. Jemand behaupte, läßt Janouch Franz Kafka sagen, und wie sollte Hohl, der große Finder, auf diese Stelle nicht gestoßen sein, jemand behaupte,

> »daß ich Wunder in gewöhnliche Vorgänge hineinprojiziere. Das ist natürlich ein schwerer Irrtum. (...) Das Gewöhnliche selbst ist ja schon ein Wunder. Ich zeichne es nur auf. Möglich, daß ich die Dinge auch ein wenig beleuchte, wie der Beleuchter auf einer halbverdunkelten Bühne. Das ist aber nicht richtig! In Wirklichkeit ist die Bühne gar nicht verdunkelt. Sie ist voller Tageslicht. Darum schließen die Menschen die Augen und sehen so wenig.«

Für solche Verblendete, meint Kafka, werde der Alltag zur Akrobatik, und:

> »Die ist sehr gefährlich, weil man sie gewöhnlich gar nicht sieht. Und doch kann man bei dieser Akrobatik nicht das Genick, sondern unmittelbar die Seele brechen. Daran stirbt man nicht, sondern existiert als verdienstvoller Invalide des Lebens weiter.«

Auf Janouchs Frage, wen er als Beispiel anführe, antwortet Kafka:

> »Niemanden. Beispiele kann man nur an Ausnahmen anführen.«

Hohl ist eine solche Ausnahme. Für ihn sind Wunder »eine Kategorie des Erkennens«. Er kann uns darauf stoßen, daß das, was wir für Realitätssinn halten, eine gewöhnliche Blindheit, also lebensgefährlich ist. Hohl hat sich das Sehen anerzogen; in diesem unpathetischen Sinn ist er ein Seher. Aber seine pathetische Existenz ist ein Beweis dafür, welcher Kunst es bedarf, um durch den Verwaltungszusammenhang der Übereinkünfte durchzusehen; um zu sehen. Hohls Augen sind seine Sätze, und was sich in ihnen spiegelt, ist ein Weg; der Anfang einer Heimkehr in das Ungewohnte, das wir sein könnten.

Und was ist mit allen – der ungeheuren Mehrzahl – denen nicht erst die geistige, sondern schon die materielle Not den Weg verbaut? Hohl läßt sie zu den Geistigen sagen:

> »Gewiß mögen eure Leiden in manchen Fällen nicht geringer sein als die unsrigen; doch habt ihr, aus dem Leiden herauszukommen, *Wege*. (. . .) Uns ist eine solche Möglichkeit nicht gegeben; wie wir uns auch zu wenden suchen – überall ist Schranke. Das Äußere muß zuerst geändert werden; für den Aufgespießten gibt es keine Wege.«

So redet nur einer, der auch die materielle Not gekannt hat; einer, für den das Anderssein beides ist: eine Wendung vom Halbschlaf der Realitäten weg, und hin zur sozialen Phantasie. Die Ehre, die diese Festgesellschaft sich heute in Ludwig Hohl gibt, enthält eine Verpflichtung, obwohl – und auch: weil – sie die Not eines bedeutenden Menschen nicht verkleinern kann. Denn diese Not mit dem Schöpferischen hängt zusammen mit dem Jammer einer Schöpfung, die die Gesellschaft jedenfalls dort, wo alles ganz anders sein könnte, zu verantworten hat. Wir sind um einen Preis, der den Namen Robert Walsers trägt, nicht aus dieser Verantwortung entlassen. Das ist das Salz an unserem Festakt: zu seinen vielen notwendigen Mängeln gehört, scheint mir, auch der notwendige Mangel an Unverbindlichkeit. Die Gnade freilich, die wir von einem Dichter zu erbitten haben, wenn wir ihn als begnadet feiern, darf sich auf sein Wort berufen, obwohl wir es dafür zu unsern Gunsten wenden müssen:

> »Bevor man das Richtige findet, sucht man es immer wieder durch etwas anderes zu ersetzen. Darüber, daß nichts das Richtige ersetzen kann, täuscht man sich immer wieder.«

Wir wissen, verehrter Ludwig Hohl, in diesem Augenblick nichts Richtigeres zu tun, als Ihnen den Robert Walser-Zentenarpreis zu verleihen.

(*Schauspielhaus Zürich*, 15. April 1978)

Alexander J. Seiler

Unversöhnlich fragend nach dem Sinn

Zum Tod von Ludwig Hohl

Er hat stets nur für sein Werk gelebt; die letzten Endes wohl bürgerliche Idee vom Künstler, der sich selbst auslöscht im Werk, war ihm, dem grimmig Unbürgerlichen, nicht nur theoretisches, sondern bis hinein in den Alltag der Lebensführung durchaus praktisches Leitbild – und doch, so will es im Rückblick scheinen, ist er seinem Werk, jedenfalls dessen Wirkung, auf eine merkwürdige, eine sehr sublime Weise im Weg gestanden.

Fast alles Wichtige, das über Ludwig Hohl geschrieben worden ist, stammt aus einer Betroffenheit, die die persönliche Begegnung wie selbstverständlich mit einschloß, und überspitzt könnte man sagen: wer ihn las, reiste nach Genf, um ihn zu besuchen. So wurde der Mann Hohl zur Legende, bevor sein Werk als Realität wahrgenommen werden konnte: seine Wohnung, seine an Wäscheleinen aufgehängten Manuskriptblätter, seine Trinkgewohnheiten überlagerten und verstellten die Rezeption seiner lange Jahre kaum auffindbaren Bücher.

Hohl selber hat zu dieser Legende – bewußt oder unbewußt – kräftig beigetragen: manches, wohl das meiste an seinen Lebensumständen, war Selbstdarstellung und -inszenierung, natürlich auch Selbstschutz, und gerade dieser äußerte sich nicht selten als Clownerie, die manche Besucher ahnungslos für bare Münze nahmen.

Aber in der starken Gebundenheit des Werks und seiner Rezeption an Hohls Person trat auch ein ganz zentraler Aspekt von Hohls Schaffen zutage: der existentielle. Dieser Mann schrieb nicht, um Literatur (»Belletristik«) zu produzieren, er schrieb auch nicht, wie es in seiner Jugend gerade Mode geworden war (und jetzt wieder Mode ist), um sich selbst, seine Phantasien, Ängste und Obsessionen »auszudrücken«, »zu verwirklichen« oder wie immer loszuwerden – nein, hier war einer, der das Schreiben betrieb als Mittel, das Leben zu bewältigen durch Erkenntnis. (»*Die richtige Arbeit ist das Erkennen.*«) Dieser Sohn eines Pfarrers, der vom eigenen Vater nur in unflätigsten antiklerikalen Invektiven sprach, praktizierte mit seinem Schreiben ähnlich radikal wie Kierkegaard eine *Lebensselbsthilfe*, die in dem genauen Maß ihres Gelingens umschlägt in – und den Leser erreicht als – Lebenshilfe, und das heißt als fordernder Hinweis auf andere, bessere Möglichkeiten *eigenen* Lebens. Aus Hohls früher Genfer Zeit um 1940 berichtet seine damalige Gefährtin Hanny Fries, er habe »kometengleich Leute um sich geschart mit dem reinen Impetus des Redens und Vorlesens«.

Ich vermute, daß es eben diese sokratische Qualität von Hohls Schaffen war, die der literarischen Welt den Zugang dazu während langer Zeit versperrte oder doch erschwerte. Und es ist eben diese sokratische, das heißt existentielle Qualität, die Hohls Werk in den letzten Jahren – unabhängig von der zunehmenden verlegerischen Verbreitung – eine spürbar wachsende Aktualität verlieh. Hohl hat sie sehr wohl registriert, und sein während langer Wochen qualvolles Sterben wurde ihm erleichtert durch die Gewißheit, daß sein Hauptwerk *Die Notizen* nun endlich in einer neuen Gesamtausgabe erscheinen werde. Vielleicht, wahrscheinlich, ist es kein Zufall, daß dies nun erst posthum geschehen wird.

»Von der unvoreiligen Versöhnung« lautet der Untertitel der *Notizen*, dieses über mehr als 1000 Seiten sich auftürmenden Gebäudes aus kurzen und kürzesten Prosatexten, die von allen möglichen Gegenständen, man könnte mit Recht sagen *von Gott und der Welt*, eigentlich aber stets von dem handeln, was Hohl am knappsten umschrieben hat in der Unterscheidung zwischen der *»Wirklichkeit«* und dem *»Realen«*.

In einer Zeit, deren Verhältnis zur Wirklichkeit wesentlich bestimmt ist durch quantifizierendes und damit abstrahierendes Registrieren, weigert sich Hohl, die Wirklichkeit so diffus und zufällig *zu nehmen, wie sie ist* (und zunehmend wird), und dem *Realitätsverlust*, der die Moderne in Literatur und Kunst kennzeichnet, setzt er – Sokratiker und Platoniker – die Forderung (und in der Praxis des Schreibens deren Realisierung) entgegen, *durch Arbeit das Reale zu erkennen und damit auch zu schaffen.*

»Arbeit« und »Arbeiten« sind wohl die eigentlich zentralen Begriffe in Hohls Werk. Oder genauer – denn Hohl ist kein »Philosoph« und operiert nicht mit begrifflichen Chiffren –: mit »Arbeit« und »Arbeiten« bezeichnet er das Zentrum seines Werks, gleichsam die Achse, um die es sich in bald engeren, bald weiteren Spiralen fortbewegt. »Arbeit«, »Arbeiten«, das ist das eigentlich Rettende in der Not der Existenz, das Heilmittel menschlicher Entfaltung und Verwirklichung.

Bedenkt man, daß Hohl dieses Verständnis von »Arbeit«, »Arbeiten« nicht nur im 20. Jahrhundert, sondern ab 1930, also mitten in der größten Wirtschaftskrise und Arbeitslosigkeit dieses Jahrhunderts, entwickelt hat, bedenkt man weiter, daß er als Enkel eines Industriellen in einem Industrieort des besonders früh industrialisierten Kantons Glarus aufgewachsen ist – dann ermißt man das Ausmaß der geistigen Gegenbewegung, zu der hier einer ausholt: Abseits von seiner Herkunft, gegen seine Herkunft und doch geprägt von seiner Herkunft. *»Das wahre Arbeiten wäre wie die Melodie einer Orgel, wenn die Melodie einer Orgel mehr Orgeln und immer größere Orgeln erschüfe«*: Diesen Satz müßte man in einer Fabrikhalle und gegen den Lauf von Fließbändern lesen, noch besser: lesen hören. Inmitten von entfremdeter Arbeit und von Arbeitslosigkeit, die – als Mangel eines Mangels – den ursprünglichen Mangel zum Anschein von Fülle verfälscht, schreibt Hohl diesen Satz: *»Arbeiten ist nichts anderes als aus dem Sterblichen übersetzen in das, was weitergeht.«*

Solche Sätze schreibt man nicht einfach, man muß sie gelebt haben. Der Pfarrerssohn und Industriellen-Enkel, der sich mit zwanzig Jahren ohne rechten Schulabschluß für die Existenz eines freien Schriftstellers entscheidet, ist mit fast allem entzweit, was ihm – wie es im Märchen heißt – in die Wiege gelegt wurde. (So notiert er: *»Mein Name ist Hohl, meine Aufgabe, ihn zu füllen.«*) Im Pariser Montparnasse, in Wien, zuletzt *»in der größten geistigen Einöde«* in Holland, lebt er 1924 bis 1937 in ärmlichsten Verhältnissen, von den reichen Eltern stets gerade soweit unterstützt, daß er nicht verhungert (noch nach Genf, erzählt Hanny Fries, schickten Hohls Eltern auf dringende Bitten um Geld einen Korb Äpfel). Und nur mit größter Mühsal und erst durch den regelmäßigen und bei aller Bewußtheit selbstzerstörerischen Gebrauch der Droge Alkohol gelingt es ihm, sich freizuschreiben von einer konventionellen Vorstellung des Schreibens, vorzustoßen zu jenem *»Tun, zu dem dich nicht fremde äußere, sondern innere Gewalten nötigen (...)* – Solches *Tun nenne ich Arbeiten.«*

»Von der unvoreiligen Versöhnung«: Hohls Denken, besser: seine Schau überspringt nicht, verwischt keine Widersprüche, hakt sich im Gegenteil an ihnen fest, überwindet sie erst, nachdem sie in langen Klammersätzen ausgesprochen und ausgebreitet sind. Alles, was Hohl geschrieben hat, entstand in den frühen Morgenstunden, vier Schlafstunden *nach* der Trunkenheit, in einer Luzidität, die ihm nur um den Preis der Trunkenheit erreichbar war. Begreift man Trunkenheit als Eintauchen in die Ureinheit, mythologisch als Rückkehr ins Paradies, psychoanalytisch als Regression in die Symbiose – dann wird klar, wie buchstäblich Hohls Schreiben jenseits aller Scheinversöhnungen stattfindet, die die westliche Zivilisation und Kultur nach den Katastrophen der beiden Weltkriege in rascher Folge ausprobiert und durchlaufen hat. Wer in der Ernüchterung schreibt, gleichsam nach der Vertreibung aus den *Paradis artificiels*, der ist legitimiert und hat die Kraft, gerade im Widerspruch die Möglichkeit der Versöhnung und im Wust der Wirklichkeit die Gesetzmäßigkeiten des Realen zu erkennen. Unversöhnlich, in atonaler Feindschaft gegenüber aller billigen Harmonie, stellte Hohl die Frage nach dem Sinn, und unversöhnlich stand er nicht zuletzt jenen gegenüber, die vor ihr voreilig abdankten. *»Die Frage nach dem Sinn des Lebens wird größer werden im Laufe der Jahrzehnte«*, steht im II. Teil der *Notizen*. *»Und – wie es viele richtig erkannt haben – sie wird entschieden werden, in letzter Instanz, durch die Fähigkeit zur Liebe.«* »Sätze, die Kerker spalten«, hat Adolf Muschg Hohl zugeschrieben – Sätze aus den dreißiger Jahren, die erst heute ihre volle existentielle Leuchtkraft erreichen, müssen allerdings aus hartem Material sein.

Ganz zuletzt hat Ludwig Hohl das beschäftigt, was er *»Überwachstum«* nannte: Das äußere Wuchern von Menschenkörpern, Städten, Straßen, einer ganzen Kultur, bei gleichzeitiger Aushöhlung und Verödung des Innern. Leben war für Ludwig Hohl Arbeiten – *»alles ist Arbeit«* heißt es einmal -, und Arbeiten hieß für ihn Verdichtung, Umschlagen von Quantität in Qualität, von Außen in Innen, das dann wieder nach außen strahlt. Dem Überwachstum gegenüber sah er keine Möglichkeit der Versöhnung mehr. Das verband ihn unvermutet mit der Generation der Enkel, in ihr erschienen ihm plötzlich – mit einem seiner wichtigsten Bilder – die neuen *»hereinbrechenden Ränder«*, und wirklich deutet vieles darauf hin, daß er unter ihr seine eigentlichen Leser finden wird.

(*Tages-Anzeiger*, Zürich, 6. 11. 1980)

Hans Saner
Rede am Tag der Beerdigung

Hohl setzte einmal dem Vers Rilkes »O Herr, gib jedem seinen eignen Tod!« den Satz entgegen:

»Auf die eigene Arbeit folgt notwendigerweise der eigene Tod.«

Das sollte bedeuten: Der eigene Tod ist nicht ein Geschenk – von woher auch immer, sondern die Folge, ja der letzte Teil der Arbeit. Sterben heißt: Die eigene Arbeit zu Ende bringen, und Arbeiten heißt: das eigene Sterben lernen.

Vielleicht ist diese innerweltliche Arbeits- und Todes-Metaphysik der Kern von Hohls Denken, das ineins Philosophie, Kunst und Reflexion des gelebten Lebens war. Als Philosophie verbot es sich alle Verblasenheit im begrifflichen Allgemeinen, als Kunst alle Ausschweifung im melodiös Ästhetischen, als Reflexion alle Ausflüchte im unverbindlich Geistreichen. Es wollte konkret, hart und genau sein. Das waren seine Wahrheits-Qualitäten.

Hohls Todes-Metaphysik, eingebettet in eine Metaphysik der Arbeit, ist nun allerdings zugleich eine Metaphysik des Lebens. Denn Arbeit war für ihn sozusagen alles. Selbst dort, wo sie überschritten zu werden scheint, wie im Schwimmen in den Seen und im Bergsteigen, fand Hohl nur ihre Symbolik wieder. »Daß man überall hinansteigen kann«, so sagte er, ist das »Prinzip der Arbeit«. »Sich hineinlegen in die Dinge«, kämpfend und doch auch dem sich überlassend, was trägt, ist die »Methode der Arbeit«. Wer sich den konkreten Dingen, der Wirklichkeit, überläßt und doch mit ihnen kämpft; wer in sie eindringt und doch an ihnen hinansteigt, der lebt und das heißt für Hohl: der arbeitet richtig. »Die richtige Arbeit aber ist das Erkennen.« Sie glückt als eigene Arbeit dann, wenn sich das einzig mögliche Wunder in ihr einstellt: wenn das Wort gefunden wird, das die Wirklichkeit trifft: konkret, hart und genau. Hier, in diesem Gelingen, hat der Schriftsteller und Denker Hohl den Sinn des eigenen Lebens erfahren: man kann *im* Leben an die Grenze kommen, an der die Sterblichkeit der Dinge in der Wahrheit für einen Augenblick überwunden wird. Dieser Gedanke des Todes war für ihn einerseits der Anfang des Denkens, aber er war andrerseits nur erreichbar durch die richtige Arbeit: das Erkennen.

Der Weg der Erkenntnis führte nun Hohl in zwei lebenslange Spannungen, die seiner Arbeit jene bewunderungswürdige Intensität verliehen, dank der seine Texte so unverbraucht wirken:

Wer die *eigene* Arbeit will, muß sich zu seiner Subjektivität bekennen und vor allem: er muß eine Individualität *sein.* Wer aber in der eigenen Arbeit *genau* und *konkret* sein will, der muß in die Dinge eingehen und in ihnen *objektiv* werden. Diese Spannung von Subjektivität und Objektivität war in Hohls Leben vielleicht die *glückliche* Spannung. Denn sie hat in seinem Schaffen immer dann momentan eine Synthese gefunden, wenn es ihm gelang, das Objektive so zu sehen und zu sagen, wie es keine andere Subjektivität hätte sehen und sagen können. In ihr wurde sein Denken schöpferisch, ohne darin anarchisch und selbstherrlich zu sein. Das Neue *blieb* das Alte – scharf, aber *anders* gesehen. Diese Preisgabe der Selbstherrlichkeit, im objektiven Sein bei den Dingen, war für ihn die subjektive Überwindung des Todes.

Wer das *Reale* und das *Wirkliche* angehen will, kann nicht mit dem Globalen beginnen. Das Große war für Hohl vorerst das Besondere, das Einzelne. An ihm erkannte er die Nuancen und Details. Aber angestrebt war ja doch letztlich das gleichzeitige Sehen *aller* Details in ihren Zusammenhängen: das konkrete »Weltsehen«. Diese Spannung von Detail und Totalität war die *tragische* Spannung in Hohls Schaffen. Denn was zugleich und als Ganzes gesehen werden sollte, löst sich auf in einen Prozess und bleibt notwendigerweise im Fragmentarischen stecken. Das Fragmentarische blieb das Definitive. Definitiv aber war damit auch das Ungenügen am eigenen Erkennen und somit an der eigenen Arbeit – trotz des momentanen Glücks der Erkenntnis.

Die *Notizen* waren wohl der Versuch einer solchen Weltsicht: gleichsam ein synchroner Roman von der Welt, der ja doch nur diachron geschrieben und gelesen werden konnte – ein Spiegel des Alles, zerbrochen in eine Vielzahl von Stücken, die keiner jemals zu einem Ganzen fügt.

Man hat viel vom Tragischen dieser Schriftsteller-Existenz gesprochen. Aber man hat nur an die Legende gedacht. In Wahrheit hat es für Hohl nur diese eine Tragik gegeben, aber sie war permanent: *das* in der Arbeit *unbedingt* zu wollen, was *absolut* nicht möglich ist. Sie war, und das ehrt Hohl, eine sich selbst auferlegte Tragik; eine Tragik des eigenen Arbeitens, das an der Sterblichkeit strandet.

Hohls Verlangen nach Objektivität half ihm auch in seiner letzten Arbeit. Er nahm seinen physischen Tod wie eine Sache hin, die er als Beobachter kennen lernte, bevor sie definitiv eintrat. Daß er schließlich sterben *wollte* und den eigenen Tod doch geduldig *erlitt*, ihn kennend und mit ihm versöhnt, war die letzte Bewährung seiner Arbeit.

Sie wurde ihm vielleicht möglich, weil ihm das Sterben eines Schriftstellers mehr bedeutete als seine physische Vernichtung: nämlich die Objektivierung des Werks durch die Abtrennung »jeder geleisteten Leistung« vom Autor. Ein Schriftsteller lernt auch sterben, indem er seinem Werk objektiv gegenüberstehen lernt; und er stirbt, indem er ganz zurücktritt von ihm. Damit aber übergibt er es der Welt – dem Leben. Sein Tod streift die Legenden vom Werk. Was bleibt, sind die legenda – das heißt: die zu lesenden Stücke. Sie selber stehen nun da als Sache: zur konkreten, harten und genauen Arbeit – für andere.

Diese Arbeit auf uns zu nehmen, ist die einzige Form, in der wir ihn, den Schriftsteller, in unserer Verehrung bewahren.

(*Chapelle des Rois*, Genf, 7. November 1980)

III.

Traugott Vogel
Würde und Unwürde der Armut

Über Ludwig Hohl

»Es gehört eine ungemeine Kraft dazu, in der Geldbedrängnis (Ausgeliefertheit durch die Not) die seelische Würde aufrecht zu erhalten; der Künstler kann das, der allgemeine Mensch kann es nicht; also muß der allgemeine Mensch die Welt ändern. (Denn die seelische Würde ist alles, oder doch, worauf es zuerst ankommt.)« (*Die Notizen*, II/163)

Von »zwei Arten von Not« schreibt Ludwig Hohl in seinem Werk *Daß fast alles anders ist* (S. 108/110). Er sagt dort, aus *seelischer* Not könne ein Ausgang gefunden werden durch irgendeine Art Leistung. Dem *materiell* Leidenden sei eine solche Möglichkeit nicht gegeben – »überall ist Schranke. Das Äußere muß zuerst geändert werden: für den Aufgespießten gibt es keine Wege.« – Über diese Schranke, dieses Äußere in Ludwig Hohls Dasein handelt diese meine bedrückende, oft so peinliche Chronik.

Zum ersten Mal begegnete ich seinem Namen, als ich in den frühen dreißiger Jahren als Mitglied im Ausschuß für die Werkbeleihungskasse des Schweizerischen Schriftstellervereins ein kleines Bündel schlechtleserlicher Texte zur Begutachtung zugewiesen bekam. Ludwig Hohl hatte die Blätter aus Holland der Kasse zugestellt und erwartete, daß sie bevorschußt würden. Die Werkbeleihungskasse (WBK) war von Felix Moeschlin begründet worden. Mit Bundesgeldern, die von Zeit zu Zeit ergänzt wurden, sah sich der Vorstand des Schriftstellervereins (SSV) instand gesetzt, von Schriftstellern eingereichte, begonnene Arbeiten mit einem Beitrag von einigen hundert Franken zu beleihen, um derart das Fertigstellen und Herausbringen des Werkes zu fördern.

Von Ludwig Hohl lagen der WBK diesmal Erzählungen vor (ein andermal waren es »Auszüge«); und als mir zufiel, das Eingereichte zu lesen, stellte ich – vom besondern Wert der Arbeiten überzeugt – in der Kommission den Antrag, die Erzählungen so hoch wie möglich zu beleihen. Ich weiß nicht mehr, welcher Betrag ausgesetzt wurde, erinnere mich jedoch, den Verfasser hinterher schriftlich ersucht zu haben, mir zwei der Erzählungen zur Veröffentlichung zu überlassen. Aus Den Haag traf denn auch die Zustimmung ein, und damit war der Anfang zu jahrelanger brieflicher Verbindung gemacht. In der Zeitschrift »Die Zeit« (V. Jahrgang, Nr. 1, April 1937), die Albin Zollinger mit R. J. Humms und meiner ständigen Mitarbeit als seine Zeitschrift redigierte, erschienen von Ludwig Hohl die beiden Stücke *Das Blatt* und *Der Igel*, letzteres ein Text, der im Thema das kommende absurde Theater vorwegnahm.

Auf dem Umweg über den Vorstand des Schriftstellervereins kam mir zur Kenntnis, daß Ludwig Hohl inzwischen nach Genf übergesiedelt war und dort mit seiner Frau Lotte in Armut lebte. Ein Onkel Ludwig Hohls, der Industrielle Oberst Ludwig Zweifel in Netstal, habe dem Neffen den Umzug nach der Schweiz dadurch ermöglicht, daß er ihm 5000 Franken habe zukommen lassen. Es trafen im Folgenden beim Sekretariat des SSV aus Genf wiederholt Gesuche um weitere Hilfeleistungen ein, damit der größten Not gesteuert werden könne, und man wurde rätig, sowohl beim Onkel Zweifel als bei den Eltern Hohl vorstellig zu werden und sie für eine regelmäßige Unterstützung des Neffen und Sohnes zu gewinnen. Im Auftrag des Vorstandes des SSV gelangte ich mit Bittschreiben an Ludwig Hohls Angehörige. Nach geduldheischenden brieflichen und mündlichen Verhandlungen kamen die Hilfsabkommen zustande: der Vater, alt Pfarrer Arn. Hohl, Münchwilen (Thurgau), und dessen Frau waren bereit, dem Notleidenden ein monatliches Betreffnis von 150 Franken zukommen zu lassen, und diese Leistung der Eltern war Vorbedingung für eine zusätzliche Unterstützung, die der Onkel aus Netstal und die Tante aus Luzern beibrachten, freilich vorläufig auf achtzehn Monate beschränkt.

Meine Briefordner, angefüllt mit Korrespondenz aus jenen Jahren, bauschen sich mit Dokumenten: Notschreien der Frau Lotte, einer Klageschrift der einzigen, schwerkranken Schwester Ludwig Hohls, mit ausflüchtigen, gewundenen, schriftlichen Rechtfertigungen des siebzigjährigen Geistlichen (dessen finanzielle Leistungsfähigkeit sich anscheinend zu erschöpfen drohte), der mit flehentlichen Schreiben immer wieder den Sohn zu ermuntern sucht, sich einer Beschäftigung zuzuwenden, die einträglicher sei als sein fruchtloses Schreiben; auch läßt der wohlhabende und zunächst auch wohlwollende, nicht unzugängliche Onkel ihn und mich wissen, es sei ihm »restlos unbegreiflich, wie ein Mensch so alt werden kann, ohne sich ein einziges Mal Unabhängigkeit und Selbständigkeit als höchste, mit allen Mitteln und Kräften zu suchende Forderung gestellt zu haben. Ich würde zur Erreichung dieses Ziels wenn nötig Steine klopfen und mich durch die größten Schwierigkeiten winden« (16. Juni 1938).

Das Jahr vor Ausbruch des Zweiten Weltkriegs brachte ständige Widerwärtigkeiten in die armselige Wohnung des Ehepaars nach Genf: Kohlennot, Kleiderverschleiß, Rückstand im Bezahlen von Gas- und Arztrechnungen, der Wohnungsmiete, des Milchmanns, dazu der Militärsteuer. »Die Kunstmanöver beginnen schon bei der Beschaffung des Brotes« (19. Oktober 1938). Erfolgloses Anbieten von Texten: »›Die alten Weiber‹, eine Erzählung, sind schon längst von Korrodi (NZZ) zurückgekommen«, heißt es Ende August. Ein Manuskript von zwölf Seiten mit »holländischen Aufzeichnungen«, das Ludwig Hohl für die »Schweizer Bibliothek« (Redaktion Rob. J. Lang) im Auftrag verfaßt hatte, wurde zurückgewiesen und löste Zorn und Empörung aus. Immerhin wird mit einer gewissen Befriedigung »eine vollständige Neuheit« vermerkt: der Onkel anerkennt in einem Brief, den ich L. H. zur Kenntnis gebracht hatte, »die oftmals wirklich eigenartigen Gedankenschöpfungen« des Neffen, und Hohl bestätigt mir: »Soviel haben Sie nun ganz allein vermocht. Schlechtestenfalls ist es eine außerordentliche Höflichkeit, zu der Sie den rauhen Menschen da gezwungen haben« (11. August 1938).

Auf Weisung des Onkels sollte die zugesagte Unterstützung nur »tropfenweise« verabfolgt werden: ». . . aus langjährigen Erfahrungen weiß ich, daß L. H. in finanzieller Hinsicht absolut unberechenbar und unzuverläßig ist« (19. August 1938), und er bittet, ich möchte den Eltern in Münchwilen die »heutige Zuwendung absolut verschweigen«. »Meine Schwester und ich stellen jedoch die *Bedingung*, daß die Überweisungen der Eltern Hohl von Franken 150.- pro Monat pünktlich weiter erfolgen, da wir nicht gewillt sind, die *Eltern* zu entlasten« (25. Oktober 1938).

Mit Albin Zollinger und dem Sekretär des SSV, Dr. Karl Naef, kam ich überein, daß immer auf den ersten des Monats vom

Sekretariat aus ein Beitrag von 100 Franken nach Genf abgehe, was dann aber leider nicht mit der nötigen Pünktlichkeit eingehalten wurde. Es trafen briefliche Notschreie von Lotte Hohl ein, weil die Hilfe ausgeblieben war: »Jede nötige Briefmarke, jedes Geld für ein Telephongespräch, für eine Zeitung erfordert bei uns stundenlange Probleme . . .« (28. September 1938).

Im September 1938 kam Ludwig Hohl nach Zürich gefahren; er hatte sich vorgenommen, auf die Suche nach einem Verleger zu gehen. Seine Manuskripte trug er als Wertschriften in einem prall gefüllten Handkoffer bei sich. Mit eigenen Augen konnte ich mich davon überzeugen, daß die Sache mit dem Verfall der Kleider stimmte: sein Anzug glich dem Werkkleid eines Handlangers auf dem Bau.

Der persönliche Einsatz Hohls bei Verlagen und Redaktionen in Zürich hatte einen gewissen Erfolg: aufs Frühjahr 1939 sollte im Verlag Oprecht, Zürich, der Band *Nuancen und Details* erscheinen, und Albin Zollinger trieb bei einer literarischen Freundin (Hedwig Ammann) den Garantiebetrag von 1000 Franken auf, die der Verlag verlangte. Ferner war die Redaktion der Zeitschrift ›Maß und Wert‹ (unter dem Patronat von Thomas Mann redigiert von Ferdinand Lion) bereit, eine größere erzählende Arbeit Ludwig Hohls zu bringen. Ludwig Hohl schrieb mir am 19. Oktober 1938: »Heute Honorar von ›Maß und Wert‹, dessen Höhe ich nicht kenne, noch nicht eingetroffen; Plan für dessen Verwendung: 1) Kleider für mich (30 bis 80), 2) Maschine (40-80), 3) zurück an E. S. 20 etc.« Es bleiben zu begleichen: » . . . Arztrechnung Fr. 95.- für Behandlung von Lo. Anfang dieses Jahres; Spitalrechnung, deren Bezahlung ja (laut Brief der Assistance Publique Médicale, vom 13. Januar 38) von Pfr. Hohl kategorisch verweigert wurde . . .«

Wie ich diese brieflichen Zeugnisse aufblättere, beklemmt es mir im Rückblick auf jene Zeit heute noch das Gemüt. Wie bemühend, ja bedrückend war erst die Gegenwart dieser Armutei für ihn, für uns, für seine Freunde. Einmal schrieb mir der von dauernder Armut Bedrängte, nachdem er mir vorgerechnet hatte, daß ihm nichts übrig bleibe, um Schreibwaren zu kaufen: »Ich könnte noch einen (weitern) so miesen Vormittag wie den gestrigen erwähnen, an dem mir nicht nur wie seit Tagen jedes Getränk, sondern auch – was das Äußerste ist – der Tabak fehlte und an dem ich gegen zehn Uhr meine Bemühungen aufgeben mußte, da ich die Schrift verpfuschte und sah, daß jeder Küfer es besser machte, als ich. Dann haben wir wieder 8 Fr. von der Hausfrau (der Vermieterin) erheben können.«

Bei solcher Verfassung am Werk zu bleiben setzt Besessenheit voraus. Er blieb tatsächlich trotz allen diesen »Dreckdingen« in rastloser Tätigkeit und berichtet von einem »Auszug«, den er in »definitive Gestalt« gebracht habe. Auch Frau Lotte hat sich »in rühmenswerter Entschlossenheit aufgerafft, eine Tätigkeit zu ergreifen, nämlich vor allem Maschinenschreiben und Stenographie zu lernen, und seit einem Monat höre ich sie nebenan täglich ein paar Stunden üben« (2. November 1938). Es folgt der Nachsatz: »Heute, am 15. Nov., sind die Fr. 100 von Naef eingetroffen. Die Zeit vorher, etwa 10 Tage, bis Ende der letzten Woche, war die ärgste, seit ich in der Schweiz bin, hatte schon holländische Natur. Vom Honorar von ›Maß und Wert‹ habe ich nun einen billigen Anzug gekauft und Fr. 60 an die Maschine abgezahlt. – Was dieser Brief doch erbaulich ist! Ich habe ihn eben wiedergelesen und finde ihn widerlich, dachte daran, ihn zu vernichten, was ich doch nicht kann, indem ich sonst einen großen Teil dieser Dinge doch wieder auseinandersetzen müßte. Also sende ich ihn los ... und bitte die Naturmächte, ihm eine gute Geleitschaft (ich meine im Atmosphärischen oder etwas Ähnliches) zu stellen, damit er nicht allzu widerlich vor Ihnen sich ausnehme, damit Sie ihn eben mit soviel Applikation lesen, wie ihm zukommen darf, nicht mehr.«

Im Dezember 1938 richtete Ludwig Hohl an den Vorstand des SSV das Gesuch um Aufnahme in den Schriftstellerverein. Ordnungsgemäß gibt er in dem Schreiben Auskunft über seinen Zivilstand: geboren 9. April 1904 in Netstal (Glarus), Bürger von Grub (Appenzell), öffentliche Schulen bis zum neunzehnten Jahr besucht, in seinem zwanzigsten die Schweiz verlassen und sich im Ausland (Paris, Wien, Holland) aufgehalten bis 1937, dann wohnhaft in Genf. Seit seinem 22. Jahr arbeite er ununterbrochen an seinem Prosawerk. »Die dabei zustandegekommenen Manuskripte verschiedener Art umfassen ungefähr 10 000 normale Seiten.« » ... auf ihre richtige, die vorgesehene vollendete Form reduziert würden diese Manuskripte 10 bis 12 Bände bilden.« Von diesen seien zwei Bände seit Jahren bereit (»Erzählungen« und »Nuancen und Details«), drei weitere vom fertigen Zustand nur durch Alleräußerstes getrennt und eigentlich fertig zu nennen. (»Für die und jede andere Auskunft möchten Sie sich vielleicht, außer an Herrn Dr. Naef, an die Herren Traugott Vogel und Albin Zollinger wenden.«)

Dann am 17. Dezember erhielt ich vom Sekretariat des SSV die Abschrift eines Briefes, der soeben an Ludwig Hohl in Genf abgegangen war: das Eintrittsgesuch sei vom Vorstand aus formellen Gründen abgelehnt worden. Im Begleitbrief fügt der Sekretär bei, er könne sich denken, »was für eine Verheerung« der Brief anstifte. – Verheerend wirkte die Absage weniger auf den Abgewiesenen als auf Albin Zollinger und mich, hatten wir uns doch als Gewährsleute (Garanten) für Hohl verbürgt und empfanden die Niederlage als persönliche Kränkung. Es gab indessen die Möglichkeit eines Rekurses gegen den Vorstandsbeschluß, die wir denn auch ungesäumt benützten. Und wir erreichten Wiedererwägung, Neubeschluß und Aufnahme Hohls in den Verein. (Am 4. April kündigt Ludwig Hohl an: »Ihre und A. Z.s Aktion hat sich durchgesetzt: Gestern habe ich Bericht erhalten, daß ich in den S.-Verein aufgenommen worden sei.«)

Krieg und Mobilisation schoben sich gewalttätig zwischen uns. Wie Albin Zollinger diente auch ich bei den Festungstruppen im Bereich von Sargans. Noch im Januar 1939 hatten mich aus Genf Beschwerdeschreiben wegen unregelmäßigen Eintreffens der Monatsbeträge (150 Franken von den Eltern aus Münchwilen und 100 Franken vom Sekretariat des SSV aus Zürich) erreicht; jedoch trotz andauerndem Notstand (»das Ausbleiben dieser 100 Frs. ist für uns eine Katastrophe«, Lotte Hohl, Juli 1940) hatte Ludwig Hohl geschrieben: »Was meine Wenigkeit betrifft, so fahre ich mit meiner gewohnten langsamen Stetigkeit fort, noch einen ›Auszug‹ zusammenzustellen (. . .) Ich bin tief im Grunde von Befürchtungen und Angst erfüllt und genötigt, mich unaufhörlich ›in die eigenen Hände zu legen‹, von den äußern Dingen und Überlegungen mich weg- und hochzuheben, für kurze Zeit und daher stets von neuem. Obwohl für mich nie, ich betone: niemals, eine Frage besteht, daß ich in der Welt *eine* Sache zu tun habe und keine andere Sache – das ist: mein Werk zu fördern, immer unter den jeweiligen Bedingungen so gut ich kann –, ist die Lage nicht klar und einfach« (11. Januar 1939).

Tatsächlich, die Lage war nicht klar und einfach, weder die persönliche noch die politische, weder die seine noch die unsere;

wir alle standen »an der Grenze«. Nach Beginn der Mobilisation erreichte mich »en Campagne« ein kurzes Schreiben (Ter. Füs. Kp. I/159). Ludwig Hohl meldete: »Das übrige Dunkel besteht. Denken Sie nicht, daß ich in diesem Brief irgend etwas schreiben könne; die Stummheit ist groß in mir; ich sende den Zettel nur als Gruß, der sogleich abgehen möge. – Auch ich habe, seit drei Wochen ›meine gewohnten Übungen aufgegeben‹; d. h. ich stehe nicht mehr um halb 6 Uhr auf etc.; wozu auch? Die Tage sind nicht so leicht zu ertragen; ich verbringe die Zeit mit äußerlichem Ordnen, Klassifizieren der Manuskripte, hie und da noch einem kleinen Abschreiben und etwa einer Sendung.« Zusatz: »Sollte ich Ihnen vielleicht etwas senden können (zu lesen?) oder Ihnen sonst einen Dienst leisten, soweit es in meiner (unermeßlich kleinen) Macht liegt, so würde ich das mit Freude tun« (20. September 1939). Und auf einer ebenfalls ins Feld geschickten Karte steht unter anderem: »Alle meine Kräfte verwende ich auf das Weiterführen der Erzählung (›Bergfahrt‹), die ich – deren 6. Fassung; die erste ist von 1926 – seit zwei Monaten wieder aufgenommen habe, vorrückend mit der üblichen Schneckengeschwindigkeit von durchschnittlich 1 Seite pro Tag, d. i. in etwa 6stündiger Arbeitszeit. Und ich würde, um das Stück einigermaßen zu Ende zu führen, noch 2 Monate nötig haben . . .«

Es war im Juni 1940, als ich ein alarmierendes Schreiben des SSV-Präsidenten Felix Moeschlin erhielt, »unser Mitglied Herr Ludwig Hohl, 1, Avenue de Frontenex, Genf«, habe ihn heute am Telephon dringend gebeten, ihm doch wieder einen Beitrag zu senden, da er sich in äußerster Not befinde. Der Kassier des SSV aber lasse ihn wissen, daß die durch mich vermittelte Summe sich erschöpft habe; ob es mir nicht möglich sei, nochmals Schritte zu unternehmen, damit L. H. geholfen werden könne.

Zu jener Zeit war ich als Fourier von der Kompanie weg zum Stab des Ter. Bat. 159 abkommandiert und hatte die Komptabilitäten der Einheiten zu revidieren. Nebenbei blieb mir Muße, für allwöchentliche Radiosendungen meine »Baschti«-Geschichten zu erfinden. Ich wandte mich sogleich an Ludwig Hohls Onkel und spekulierte, der Herr Oberst werde mild und mildtätig gestimmt allein schon durch den Umstand, daß ihn ein Stabsfourier anbettle. Ein Mann von der Sonderart seines Neffen, schrieb ich, sei natürlich neuen Gegebenheiten des Krieges hilfloser ausgeliefert als unsereiner, und ich versäumte auch nicht, beizufügen, daß Hohls nun gedruckt vorliegende *Nuancen und Details* in der ›Weltwoche‹ durch Manuel Gasser, in der ›NZZ‹ durch Konrad Bänninger und in der ›National Zeitung‹ durch Dr. O. Kleiber gewürdigt worden seien. Auch drucke Dr. Max Rychner im ›Kleinen Bund‹ regelmäßig Texte aus Ludwig Hohls Werk ab (15. Juni 1940). Aus Bad Schinznach ließ mir der Herr Oberst den Bescheid zukommen, er sei zum Ausheilen eines erlittenen Unfalls mit schweren Folgen hier zur Kur, bleibe nach wie vor bereit, dem Neffen die Unterstützung im bisherigen Betrag angedeihen zu lassen und er werde sich auch mit Ludwig Hohls Tante verständigen. Auf meine Bitte, die Eltern möchten ebenfalls weiterhin das Ihre zum Wohle des Sohnes beitragen, erhielt ich die Zusicherung, es bleibe beim alten, man habe übrigens das Monatliche seit dem Tod von Ludwigs Schwester Magda auf 200 Franken erhöht. »Im Übrigen freuen wir uns natürlich, daß unser Sohn schriftstellerisch langsam zu reüssieren scheint. Ich möchte lediglich wünschen, daß sein Stil etwas lucider u. weniger kompliziert würde« (27. Juni 1940).

Der Ertrag meines Vorstoßes beim Herrn Obersten war im Endergebnis dann nicht eben ermutigend. Es wurde nämlich bestimmt, daß dem Neffen künftig nicht mehr als 50 Franken als Monatsrate durch die Bank auf Kosten des Onkels ausgehändigt und auch die Spende der Tante (300 Franken) nur in kleinen Beträgen überlassen werde. »Die Angelegenheit wird zu einer Schraube ohne Ende« (15. Juli 1940). »Der unterstützte Neffe ist nun 36 Jahre lang ohne den leisesten Willen zur Selbsterhaltung, vollständig weltfremd und unbekümmert durch das Leben gegangen. Seine Eltern haben trotzdem bis heute nicht das geringste vorgekehrt, daß sein Erbteil nach ihrem Ableben nicht den allerraschesten Weg alles Irdischen nimmt ...« Und mit seinem Versuch der festen Hand will der Onkel »eine Änderung provozieren«.

Die Auswirkung der vom Obersten angeordneten Restriktion auf den Gemaßregelten war in ihrer Heftigkeit vorauszusehen. Auf einer Karte (vom 9. August 1940) bricht der Beleidigte los, er habe mich telephonisch anfragen wollen, »ob der neue Sekretär des Teufels« sei. »Um die letzte Geldsendung mußte ich 18 Tage lang schreiben und telephonieren ... jetzt hat die Geldsendung *wieder*, bis heute, *10 Tage* Verspätung. Sollte der Mann in die Ferien abgereist sein – ›die andern können unterdessen verrekken‹? *Ich verbringe meine meiste Zeit, Tag um Tag dieser heißen Tage, mit dem Ausfindigmachen kleiner Kredite, Versuchen, ein Buch zu verkaufen etc.*«

Beim Überlesen meines Skandalberichtes, wie ich ihn hier gegen laute und leise Bedenken darbiete, stellt sich mir die Frage, ob es sich wirklich lohne, von allen den Kleinlichkeiten viel Aufhebens zu machen, von Schikanen, denen dieser von jeglicher bürgerlicher Schutzwehr entblößte Mensch ausgeliefert war. Ja, sage ich mir, es lohnt sich, es muß sich lohnen. Man soll wissen, welchen Demütigungen ein Außerordentlicher (außer der gebilligten Ordnung lebender und wirkender) ausgesetzt war – und dennoch seinem Werk ergeben blieb. Es sind der Erniedrigungen noch weitere zu erwähnen; ich will sie nicht ausführlich darstellen, nur den Umfang ihrer beleidigenden und hemmenden Häßlichkeit andeuten. Die Erfahrungen dieses so unabhängig Abhängigen sind ja keineswegs einmalig; Ludwig Hohl hat seine Art- und Leidensgenossen unter den Schriftstellern im Lande, und nicht von ungefähr erkannte Albin Zollinger in ihm den Schicksalsgefährten. Es liegt mir fern, hier als Ankläger die schweizerische Geistesverfassung (wenn es so etwas gibt!) oder nur unsere Öffentlichkeit vor die Schranken zu rufen und dabei willentlich zu übersehen, daß die Anlage zu leidvollem Geschick gewissen Menschen eingewachsen ist. Es handelt sich aber für uns Geregelte und weniger Angefochtene darum, dem wachsamen, aufgestörten Grenzbewohner mit mehr Vertrauen zu begegnen, statt ihm mit Verdächtigungen, Argwohn und Hochmut, die ja meist nur ein Ausfluß von Angst vor unbequemer Veränderung sind, den Weg zu versperren. Mit einer Notiz (Nr. 136 im VII. Teil seines Hauptwerkes) bekennt Hohl, wer nie in die Möglichkeit des Wahnsinns geschaut habe, sei kein großer Geist. Es ist nicht gewiß und nur zu vermuten, was wir hier unter großem Geist zu verstehen haben; es ist wohl der Mensch gemeint, der, von innen genötigt, sich außer Norm und Durchschnitt setzt und Unruhe und Wagnis fordert, also die erstarrte, verbriefte Ordnung anzweifelt und angreift. Es braucht uns somit nicht zu verwundern, wenn eigenwilliges Denken und Sehen mit ihren Ergebnissen – wenn überhaupt beachtet und ernstgenommen – von Lesern, die auf Beruhigung und Bestätigung des Bisherigen aus sind, abgelehnt wird, und mich dünkt, es sei eigentlich erstaunlich, daß die Angehörigen Ludwig Hohls entgegen ihres Argwohns langmütig ihre Beiträge zu dessen Unterhalt beisteuerten. Selbst Albin Zollinger, der Einsichtige und Opferbereite, ließ es sich schließlich verdrießen, dem Begehrlichen beizustehen (er selbst war ja der Hilfe von außen so überaus bedürftig!), und schrieb mir (im November 1941): »Es kommt aus Genf wieder einmal ein schwarzer Brief; aber ich bin persönlich müde, mich noch sehr für die sonderbar Anspruchsvollen zu rühren, die sich wundern, nicht von der Feder leben zu können.«[1]

Wenn ich zu erfahren versuche, in welchen Untiefen eigentlich Ludwig Hohls Weigerung gründet, eine wirtschaftlich einträgliche Tätigkeit zu ergreifen, wo also die Ursache zu suchen ist für seinen Widerstand gegen jede fest entlöhnte Berufsausübung und warum er allen Demütigungen zum Trotz sich während Jahren den Launen der Wohltätigen aussetzte, befriedigt mich die Erklärung nicht, daß ihn eben »schwerer Dienste tägliche Bewahrung« erschöpfte. (Er zitiert das Goethewort aus dem *Divan* hier und dort, z. B. in *Die Notizen*, V/7 und VII/139.) Seine Weigerung aus psychischer Untauglichkeit, die ihm so viel Beschwernis und Behelligung bringt, muß auf eine Verwundung zurückweisen, die ihm in frühen Jahren angetan wurde. Warum, fragt sich der Teilnehmende, verbietet er sich ferner jedes Mundartwort im täglichen Umgang, warum meidet er die eigentliche Muttersprache, den Dialekt, und verdächtigt er ihn immer wieder in seinem Werk? Ein Beispiel von vielen: »Auch ist es unmöglich, daß ein durchschnittlich begabter Mensch je deutsch sprechen und schreiben lernt, der sechs Tage in der Woche Dialekt spricht« (*Die Notizen*, IX/77). Verdrängt er mit der Muttersprache die Mutter? Dieser Verdacht befestigte sich mir, als ich seine Mutter kennenlernte, und ich fand die Bestätigung meiner Vermutung in einem schriftlichen Bekenntnis Ludwig Hohls: am 12. November 1945 begann er einen Brief in Kleinformat an mich zu schreiben, den er am 29. November, sowie am 6. Dezember fortsetzte und am 15. Dezember auf der dreizehnten Seite abschloß. Bedeutungsvoll für die Antwort auf meine Frage nach der trotzigen Hilflosigkeit in finanziellen Dingen sind die Eröffnungen, die auf den Seiten 10 bis 13 nachzulesen sind; da heißt es:

»Ich bin nicht undankbar. Bei diesen Leuten aber war es so, daß, was die eine Hand gab, die andere wieder zurücknahm in Form von – – ja einfach durch die Form. (›Opfer‹. ›Was wir uns vom Mund absparen‹. ›Nocheinmal . . .‹ usw.) Durch Erniedrigungen.

Daher schulde ich ihnen nichts. Wenn jemand zehnmal ärmer gewesen wäre, zehnmal weniger gegeben hätte, aber so, wie Arme zu geben pflegen, nämlich ohne daß Erniedrigungen damit verknüpft waren (und auch ohne Bestehen eines Drucks, sei es durch die Furcht vor gesetzlicher Verpflichtung, sei es durch die öffentliche Meinung – wie sie beispielsweise durch Sie repräsentiert wird –), – ihm wäre ich dankbar.

Der Hintergrund ist gewaltiger.

Das ist meine Kindheit. In diesen Jahren erst ist es mir klar geworden, daß meine Unfähigkeit, Geld zu erwerben, wenigstens so es sich nicht um großes Verhältnis, sondern um das Kleinere, Engere handelt, diese *Infirmität*, dort entstanden ist durch einen einfachen psychischen Prozeß: das Grauen, das die uns bekannte Dame in mir erweckte, das unbedingte Bestreben, ihr um alles in der Welt nicht zu gleichen, erzeugte in mir die genannte Infirmität. So muß auf die eine Übertreibung die andere folgen – möge man es ›Unerbittlichkeit des Weltgesetzes‹, ›Dialektik der Geschichte‹ nennen.

Die Frau Pfarrer ist übrigens nicht nur der personifizierte Geiz, sie ist auch noch Sadistin. Die Veröffentlichung meiner Kindheitserinnerungen würden genügen, sie hinter Gitter zu bringen – und wenn auch vielleicht der Verjährung wegen nicht hinter die des Gefängnisses, so doch hinter die des Irrenhauses – wo sie hingehört hätte seit mindestens dreißig Jahren.«

Es fällt auch hier auf, daß – obwohl von der leiblichen Mutter die Rede ist – nie das Wort Mutter verwendet wird; er weicht ihm aus, nennt sie »die Frau Pfarrer«, »die uns bekannte Dame«, oder er spricht, wenn er die Eltern meint, von »diesen Leuten«, oder, früher, »die Geistlichen«.

Ist es da verwunderlich, daß auch seine Einstellung zur Frau allgemein durch derartige Erfahrungen vorgeprägt wird und sich in den Notizen, den Maximen, Aphorismen, bis in die Erzählungen hinein auswirkt! Ich denke da an die erschreckenden Frauengestalten in der Erzählung *Vernunft und Güte* und in der Skizze *Laurisa* (›Der kleine Bund‹, Bern, 17. 4. 1938), oder man erinnert sich an Anmerkungen über die Faulheit der Frau (*Die Notizen*, II/213). Es scheint geradezu naturnotwendig zu sein, daß einer unter solchen Umständen zum Rebellen auswächst: unter der »Unerbittlichkeit des Weltgesetzes« oder einfach als Folge des Drucks und Gegendrucks und der ausgleichenden Gerechtigkeit, nach der Pastorensöhne zur Wehrmacht ausreißen und Generalssöhne zur Kanzel fliehen!

Es gibt in Ludwig Hohls Notizen Einträge genug, die als Ausdruck des geradezu verbissenen Hasses und der gesunden Wut (er nennt sie »objektiv«, die Wut) gewertet werden müssen: gegen den Hund, gegen das Pferd, gegen den Herrn Meyer und den Apotheker, gegen den Lehrer, gegen die Theologen und eben gegen den Dialekt. Hohl hat seine *Notizen* in Holland (1934 bis 1936) aufgeschrieben, als Rohstoff nach Genf gebracht und hier, von 1937 an, das Werk umgebaut. Er betont immer wieder, daß er in jahrelanger Arbeit durch Auswählen, Anordnen, Eliminieren dem Ganzen eine Struktur gab, und was an Neuem dazukam, bestehe vorwiegend aus Fußnoten. In solchen nachträglich zugefügten Anmerkungen versucht er zuweilen, gewisse eigene schroffe Urteile durch Beschränkung ihrer Gültigkeit zu mildern. In einem Anhang zum VII. Teil (Varia) von *Die Notizen*, der mit »Autobiographisches« bezeichnet ist, faßt er Fragmente persönlichen, privaten Erlebens zusammen. In der Absicht, »die Einheitlichkeit des Werkes nicht zu gefährden, sah ich mich genötigt, die hier folgenden wirklich autobiographischen Stücke zusammenzufassen und als Anhang zu isolieren« (Vorrede).

Unter diesen Stücken findet sich als Nr. 158 ein Geständnis, das hier ungekürzt wiedergegeben sei und das zur Rechtfertigung meines Berichtes dienen könnte, falls er dieser bedürfte. Wenige Seiten zuvor (in der Vorrede) begründet Hohl übrigens sein Vorgehen mit dem Satz seines Freundes Andreas Ronai, der gewisse Schriftsteller vor dem Irrtum warne, die Allgemeingültigkeit ihres Werkes dadurch sichern zu können, daß sie das Geschaffene von allen Fäden befreien, die es mit dem persönlichen Erleben verbinden: »Sätze und Werk werden aber dadurch nur abstrakt, nicht allgemeingültig; denn *wie sich das Leben in Erkenntnis wandelt*, macht das Allgemeingültige aus« (Ronai).

Das heißt doch wohl, individuell Erlebtes (also privat Intimes) verliere dadurch den Beigeschmack des Indiskreten, wenn es so dargeboten werde, daß es jedem von uns hätte geschehen können (»indem das Ge*s*ehene wichtiger als das Ge*sch*ehene« wird; Vorrede), oder: indem das Einzelleiden exemplarisch als Menschenleid erkannt, subjektive Not zu objektiver Zeitnot und Nötigung aufgehellt wird. Dazu vermerkte Helmut Heißenbüttel[2]: »Hohl . . . verbannt das seinem Empfinden nach lediglich

Personale in Anhänge, fühlt sich allerdings zugleich verpflichtet, dieses Personale mit einzufügen, gleichsam wie eine Stifterfigur auf mittelalterlichen Altarbildern.«

Dieser Stifterfigur L. H. gilt hier meine Aufmerksamkeit. Aus dem Abstand Zürich-Genf, aus dem Abstand meiner bürgerlichen Geborgenheit von seinem ausgelieferten Dortsein habe ich jene Notzeit miterfahren. Seine harten Jahre haben sich bei mir niedergeschlagen in lastenden Erinnerungen, aber auch in Zetteln, Briefen und Karten. So kann ich die »einzelnen Elemente«, die er in der »Tages-Chronik« namhaft macht, belegen und derart dartun, aus welchen Erfahrungselementen sich das »Leben in Erkenntnis« wandelte.

»Tages-Chronik ... jedenfalls eine so *lang* dauernde Schrekkenszeit – ohne einen Punkt des Ausruhens –, sie ist völlig neu. – Die einzelnen Elemente: L. mit grauenhaftem, zerstörendem Husten – überhaupt krank seit Monaten – von Tag zu Tag kein Gas (Münzautomat) – kein Licht droben in meinem Raum (genauer, nur die schon erwähnte trübe Petroleumlampe) (– und wenn ich gewußt hätte, als ich das schrieb, daß derselbe Zustand noch nahezu zehn Monate dauern sollte!) – so gut wie nichts zu essen – keine Getränke – zerstörte Kleidung – Kälte, erstickendes Haus und Unmöglichkeit, auszugehen – Notwendigkeit, statt an meinem Werk zu arbeiten, mich Tage und Wochen mit schauerlichen Briefen abzuschinden (welche dann nutzlos waren) – dauernde Drohung der Hauskündigung – mit niemand zu reden möglich – keine Post – *eine* Marke. – ...« (*Die Notizen*, VII/158)

Satz um Satz dieser Klage könnte ich hier mit handschriftlichem Zeugnis belegen. Zu der ökonomischen Bedürftigkeit kamen die Mühen, einen Verleger zu finden. Am 17. August 1942, also im dritten Kriegsjahr, schrieb er mir, nachdem er wieder einmal nach Zürich gefahren war und hier in Verlagshäusern und Zeitungsredaktionen vorgesprochen hatte: »... nach fünfzehnmonatigen unvorstellbaren, grausigen, unsagbaren (– allein Kafkas *Schloß* kann eine Vorstellung davon geben) Geschehen und Nicht-Geschehen mit meinen sogenannten Verlegern (unter der Führung erst 9 Monate lang von Brenner, dann 6 Monate lang von Egli[3]) habe ich den Entschluß gefaßt (am 28. Juni), ein Unternehmen zu versuchen, das bisher immer als Sinnlosigkeit hatte erscheinen müssen, vor *dem* Geschehen und Nichtgeschehen aber . . ., nämlich eine kleine Schrift wenigstens im Selbstverlag herauszugeben. – Und ›eine Sinnlosigkeit‹: die Erfahrung hat gezeigt und wird zeigen, daß da noch immer weniger Sinnlosigkeit sitzt als in dem, was von diesen Lumpen, Lügnern und faulen Hunden (Atlantis ausgenommen), welche sich in der Schweiz literarische Verleger nennen, erwartet werden kann. – Ein Versuch also, aber mit Hartnäckigkeit unternommen, ruhend ausschließlich auf Subskription, denn ich habe weniger als je auch nur einen Rappen Geld. Und ganz allein auf privatem, privatestem Wege vordringend – diejenigen beiden, auf die ich als Hauptpfeiler des Unternehmens gezählt hatte, Egli und Brenner, haben mich hier einmal völlig im Stich gelassen (was ihre übrigen Verdienste um mich nicht schmälern soll) – habe ich die Subskription in fünfundvierzigtägiger unabläßiger Arbeit auf 203 Exemplare geführt. Am 11. August wurde sie abgeschlossen, und das kleine Buch wird in dieser Woche erscheinen. Der III. Teil von Nuancen und Details, der des geizigen Oprechts wegen damals zurückbleiben mußte – erinnern Sie sich, wie A. Z. ihn mit der Schere, im Café Ernst [damals am Bahnhofplatz], herausgeschnitten hat –; außerdem aber ist dabei noch eine kleine Freude gelungen; wie Sie sehen werden, wenn Sie, als einer der ersten, die Broschüre erhalten werden . . .«

Was die »kleine Freude« betrifft: Ludwig Hohl ließ als Anhang seinen »Letzten Brief an Albin Zollinger« ins Bändchen einrükken. Das Werk wurde bei Albert Kundig in Genf in einer Auflage von 400 numerierten Exemplaren hergestellt (im Selbstverlag, Genf, 50, Rue du 31 Décembre). Es umfaßt 78 Seiten, und in einer »Übersicht« ist vermerkt, wann und wo einzelne der hier gesammelt erscheinenden Aufsätze und Stücke zuvor gedruckt worden sind. Vor dem Innentitel werden die vorhandenen und abgeschlossenen Werke aufgezählt. Ein einziges davon lag gedruckt vor (*Nuancen und Details*, I. und II. Teil, 1939); hinter den übrigen fünf Titeln steht: Nicht erschienen.

Im September des selben Jahres (1942) plant er, drei Teile seiner *Notizen* (I Vom Arbeiten – II Reden, Schwatzen, Schweigen – III Der Leser) abermals im Selbstverlag herauszubringen, und fährt, um »eine öffentliche Hilfe mobil zu machen«, nach Zürich. »Die Schillerstiftung und der SSV müßten (zusammen) ca. 1/3 übernehmen (ca. 400 Fr.), dann habe ich Hoffnung durchzukommen, sonst nicht. Bis jetzt sehen die Aussichten nicht ganz hell aus . . .« (Karte, 3. September 1942). In einem Zwischenbericht vom Mai 1943 wird der Mißerfolg der versuchten Subskription festgestellt; nach sieben Wochen Werbung sind 45 Bücher bestellt, bei einem Minimum von 200 Exemplaren, die nötig wären, um die Kosten zu decken.[4]

Verärgerung! Während ihm unterm Zeichen E. K. (Ed. Korrodi) ein Aufsatz zurückgeschickt wird (». . . und wir bitten Sie darum zu verstehen, daß wir keine Verwendung für Ihre Kunst haben«), geht durch die Presse die Meldung von einer Preiskrönung: E. K. wurde »in Anerkennung seiner Verdienste um das schweizerische Schrifttum« von der Schillerstiftung mit einer Gabe von 2000 Fr. geehrt (Mai 1943).

Verbitterung! Im Juni erhält Ludwig Hohl von der Bank »in offenbar absichtlich grober Form« die Mitteilung, daß gemäß »Weisung von Herrn L. Zweifel keine weitern Überweisungen mehr erfolgen«. (Es handelt sich um die bis dahin monatlich gespendeten 50 Franken.) Was war vorgefallen? »Die Mitteilung stand auf dem Abschnitt der Postanweisung, mittelst der mir – 4 Monate nach Lieferung und auf ein nochmaliges Zusenden der Rechnung hin – die seinerzeit subskribierten Bücher bezahlt wurden«, so schreibt mir Ludwig Hohl am 2. Juni 1943 und fährt fort:

»Das Zusenden der Rechnung hat den Herrn offenbar in Zorn gebracht. Ich hatte auch lange gezögert; aber ich komme nicht zu Ende, ja ich kann kaum mehr vorwärts mit *meinen* Bezahlungen (d. h. an die Druckerei, die zu mahnen begonnen hat – und was sind das für Grundlagen für ein neues Drucken!).«

Dann im Sommer 1944 endlich etwas Lichtes. Der Vorstand des Literarischen Klubs Zürich, dem Max Frisch, Erwin Jaeckle, Emil Staiger und Max Wehrli angehörten, beschloß, Ludwig Hohl zu einer Vorlesung einzuladen, und man erteilte mir den Auftrag, mich mit ihm ins Einvernehmen zu setzen. Im Februar zuvor hatte er mir nämlich angezeigt, das Manuskript des ersten Bandes der *Notizen* (Teile I-VI) liege druckfertig vor und sei im Begriffe abzugehen – »allerdings nicht an einen Verlag, sondern an Witz (Dr. Friedrich Witz, Artemis-Verlag) persönlich; aber dank diesem ausgezeichneten Dr. Witz kann ich hoffen, daß die Verlagswirren (denn durch Vertrag bin ich doch gebunden an diesen Morgartenverlag) auf das rascheste befriedigend geklärt werden«[5] (16. Februar 1944).

Tatsächlich war Dr. Friedrich Witz bereit, im Artemis-Verlag die *Notizen* in zwei Bänden im Herbst und im drauffolgenden Frühling erscheinen zu lassen. Hohl willigte nun ein, zu einer Vorlesung nach Zürich zu kommen, und er zählt auf, was er vorzutragen gedenkt: eine kurze Erzählung und Stücke aus dem IV. und II. Teil von *Die Notizen*. Der Vorleseabend wird auf Freitag, den 17. November 1944, angesetzt, Clubzimmer des Kongreßhauses. Im Einladungsschreiben an die zu erwartenden Gäste steht, daß wir in Ludwig Hohl einem Schriftsteller begegnen, »der in präzisen Denkschritten zum Erkennen vordringt. Er preist im treu erfüllten Gemeinen das gültige Allgemeine, im genauen Verrichten des persönlich Gesetzten das Errichten und Erfüllen des Menschengesetzes«. Ich hatte ihm diese knappe Formel zur Begutachtung vorgelegt, und sie wurde stillschweigend gebilligt.

Im gleichen Monat war Ludwig Hohl in der »Katakombe« der Genossenschaftsbuchhandlung in Zürich zu Gast. Aus dem Text der Einladung hebe ich diese Sätze hervor, mit denen seine Sonderart gekennzeichnet wird: »Es ist kein Zufall, wenn der Mann, der das stärkste Sprachgewissen der deutschschreibenden Schweiz verkörpert, seit vielen Jahren in Genf lebt. Wer Wesentliches zu geben hat, sucht sich den Raum des größten Widerstandes aus.«

Nach Erscheinen des ersten Bandes von *Die Notizen* im Artemis-Verlag (er trägt die Jahreszahl 1944) setzen für den Verfasser die von uns erwarteten Erfüllungen leider nicht ein. Das Buch wird vom Verlag – im Klappentext – so angekündigt: »So werden *Die Notizen* von Ludwig Hohl zu einem ›Brevier für denkende Menschen‹.« Kein erstauntes Aufhorchen, weder Zustimmung noch Ablehnen durch die Tagespresse, sondern Stille, die man zur Not als Zeichen der Verlegenheit oder des Zuwartens deuten konnte, war doch ein zweiter Band angezeigt worden, dessen Erscheinen für das Frühjahr 1945 vorgesehen war. Und eben dieser zweite Band, »die zweite Hälfte eines völlig einheitlichen Werks«, blieb aus, und dessen Fehlen wurde während nahezu zehn Jahren Ursache neuer Enttäuschungen. Anfangs 1945 schrieb mir Ludwig Hohl, der Winter sei schlecht gewesen; sogar die Maschine sei »in Aufenthalt gegangen«; die zweite Hälfte seines Werks könne nicht wie vorgesehen im Frühling erscheinen. Und wieder fehle es ihm am allernötigsten zum Lebensunterhalt, und er hätte einen Minimalbetrag von rund 1000 Franken zur sofortigen Sanierung gebraucht. Der um Beistand angegangene Verlag (Artemis) machte mir gegenüber geltend, man habe den zweiten Band bereits bevorschußt, habe ferner dessen Satz unterbrechen müssen, da die Manuskriptfortsetzung ausgeblieben seien, und dem bereits ausbezahlten Betrag stehe »ein Einnähmchen von 1500.– Fr.« gegenüber. Es seien nicht mehr als 144 Exemplare abgesetzt worden und von den Erzählungen *Nächtlicher Weg* nur 5 Stück. Man frage sich, ob irgendeine Stiftung oder eine private Stelle dazu zu bewegen sei, Hohl ein langfristiges Darlehen zinslos zu gewähren. Einer seiner Freunde, Andreas Ronai, schrieb mir: »Hohl besitzt einen einzigen, völlig zerfetzten Anzug, der es ihm fast unmöglich macht, seine Behausung zu verlassen. Er sehnt den Winter herbei, wo sein neuer Wintermantel diese Defekte verdecken kann« (30. August 1945). Die alte Misère – und dabei lag ein gedrucktes Werk von 477 Seiten vor.

Ich wandte mich an die Weltwoche und fragte, ob man nicht bereit sei, dem Buch einen Weg in die literarische Öffentlichkeit zu bahnen. Manuel Gasser antwortete, *Die Notizen* seien bis dahin nicht besprochen worden, weil er keinen Rezensenten gefunden habe. »Ich gab es dreien oder vieren von meinen Mitarbeitern, aber die Aphorismen kamen wie ein Bumerang jedesmal wieder zurück.« Er willigte ein, das Buch durch Herrn Ronai besprechen zu lassen, was denn auch zustande kam. [Diese Angabe hat sich nicht verifizieren lassen. D. Hrsg.]

Zwecks »sofortiger Sanierung« mußte wieder bei den Verwandten angesetzt werden; der Herr Oberst sowie die Eltern steuerten zwar ihre üblichen Gaben bei, konnten sich aber zu einer einmaligen größern Spende nicht entschließen. Der Vater schrieb mir, was er leiste, entspreche dem Ertrag eines Vermögens von mindestens 130 000 Franken, und er habe dem Sohn wiederholt erklärt, entweder heimzukommen oder endlich einmal irgendeine andere Beschäftigung neben seiner Schriftstellerei zu ergreifen (2. Oktober 1945). Es kam dann im November 1945 zu einer Aussprache mit Pfarrer Hohl im Buffet des Hauptbahnhofs in Zürich, bei der auch die Mutter Hohl zugegen war. Der alte Herr (78) zeigte sich aufgeschlossen, war bereit, zur Sanierung der Wirtschaft seines Sohnes einen einmaligen Beitrag zu leisten, fürchtete aber, das Geld werde nicht zweckmäßig verwendet. Die

Mutter anerbot sich, dem Sohn aus einem Nachlaß einen Anzug zu überweisen, der freilich vom Schneider zuerst umgearbeitet werden müßte.

Ich ließ Ludwig Hohl wissen, daß die Aussprache nichts Ersprießliches ergeben habe. Er antwortete: »Die Mühe, die Sie sich gegeben haben, ist rührend. – Das Resultat ist das erwartete. Nach einer Inkubationszeit werden sie eine kleine Summe, für Anzug oder Teil eines Anzuges oder anderes ›opfern‹« (12. November 1945). Und er fährt später fort: »Wenn man mir aber allgemein eine Summe übermitteln würde unter der Bedingung, daß irgend eine Bevormundung damit verbunden sei, würde ich, *welches auch immer die Summe und welches auch immer meine Lage sei*, diese Summe zurückweisen. – In meine Lebensführung hat sich niemand zu mischen ...; und am allerwenigsten die Leute, die lebenslang auch nicht halb so viel Konstruktion des Daseins, bewußte Führung, *Lenkung* erreicht haben. (Wer mich mit Glauser vergleicht, beleidigt mich)« (6. Dezember 1945).

Im Januar 1946 trifft ein Entscheid des Eidgenössischen Departements des Innern ein: man ist außerstande, einen Werkbeitrag an den Druck des zweiten Bandes von *Die Notizen* zu leisten.[6] Das Departement habe für die verschiedenen Teile der *Notizen* aus Arbeitsbeschaffungsmitteln bereits insgesamt 3300 Fr. bewilligt, dazu komme eine Zuwendung der Stiftung Pro Arte von 1500 Franken. – Die Absage wirkte niederdrückend; gemeinsam mit Hanny Fries erwog man, bei Gottlieb Duttweiler vorstellig zu werden. (›Die Tat‹[7] brachte ja zuweilen Texte von L. H., die der Redaktor Dr. Erwin Jaeckle angenommen hatte.) Am 9. Juli 1946 richtete ich an den Rechtsvertreter Gottlieb Duttweilers, Dr. Walter Baechi, Rechtsanwalt, ein Gesuch, mit welchem ich um eine Aussprache bat. »Ich bin vom Vorstand des SSV in der Sache Ludwig Hohl als freundschaftlicher Beistand bezeichnet worden und rechne es mir zur Ehre an, für diesen eigenwilligen Denker und Künstler einstehen zu dürfen« (9. Juli 1946). Die Bettelei trug 500 Franken ein.

Eine Eingabe an das Zentralsekretariat der Schweizerischen Winterhilfe, die über einen »Fonds für Künstler und Intellektuelle« verfügte, zeitigte eine etwas pedantische Antwort, die zur Folge hatte, daß Ludwig Hohl sich weigerte, auf dem lokalen Wohltätigkeitsbüro vorzusprechen, wo, wie er schrieb, »auf Bänken verhutzelte alte Weiblein sitzen, welche warten, bis einer der Beamten sie gnädig und nicht ohne Strenge anzureden geruht, um sie sozusagen zur Rechenschaft zu ziehen ... Ich will mich damit den alten Weiblein gegenüber keineswegs überheben; aber meine Gegebenheiten sind andere ... Ich aber sage Ihnen, daß, so lange Sie keinen weniger entwürdigenden Modus finden, ich auf Ihren Beitrag verzichten werde, wenngleich ich keine Schreibmaschine mehr, bis zum heutigen Tage keine Heizung, und nur Schuhe habe, durch deren Sohle bei feuchtem Boden nach zwei Schritten Wasser dringt – und auch dann verzichten würde, wenn ich noch weniger hätte« (28. Oktober 1947).

Ludwig Hohl gab sowohl mir als Edwin Arnet, der zu vermitteln versuchte, Kenntnis von seiner Empörung, indem er jedem von uns eine Abschrift seines Schreibens an die »Winterhilfe« zukommen ließ. In der Antwort Edwin Arnets an Ludwig Hohl steht zu lesen: »... obwohl ich persönlich der Meinung bin, daß es kein Verbrechen ist, wenn jemand unsere Werke nicht kennt, etwa wie Sie die Arbeit dieser Beamten nicht kennen und sich darüber trotzdem Urteile erlauben. Sie als Aphorismus-Mann müssen wissen, daß der schönste Aphorismus Goethes im Ausruf ›Oh, kennte einer den andern‹ besteht.«

Ergebnis: 150 Franken aus dem Fonds für Künstler und Intellektuelle.

Es folgten diese Unternehmungen:

Im Februar 1948: Eingabe an die Emil Bührle-Stiftung; ohne Erfolg. Im März 1949 neues Gesuch an Nationalrat Gottlieb Duttweiler, Migros-Genossenschaftsbund, mit dem Ergebnis: Beitrag an Klinikkosten 500 Fr., Monatliche Beitragsleistung an den Lebensunterhalt 150 Fr., befristet auf ein Jahr = 1800 Franken.

Im April 1949: gute Botschaften! Die Schillerstiftung zeichnet ihn aus; der SSV beschließt, ihm im Kampf um die Herausgabe des zweiten Bandes von *Die Notizen* beizustehen und Herrn Dr. Martin Howald mit der Übernahme der Prozeßführung zu betrauen.

Dann im Mai 1949: »Die erwartete Person ist angekommen. Herzlichst Ihr Hohl. (Gesundheitlich normale Zustände).« Ihm war die Tochter Adèle geboren worden. Die Anschrift auf dem Briefumschlag weist ungewöhnlich freudvoll ausholende Schriftzüge auf.

Februar 1950: »Die Stunde der Erlösung naht – baldiges

Heraustreten aus der Dunkelhaft! Die Hauptverhandlung des Prozesses soll am 28. stattfinden. Ich werde jedenfalls gewinnen, so oder so; denn ich werde doch meinem 4 1/2 Jahre dauernden Kelleraufenthalt entrinnen.« Vor dem Handelsgericht des Kantons Zürich wurde der Artemis-Verlag durch Dr. René Niederer vertreten. Hohl bemerkt zu der Klageantwort des Gegenanwaltes, ihr fehle das Amüsante (immerhin) nicht, sie sei nicht trocken, viel mehr eine Schmäh-, als eine juristisch argumentierende Schrift: »Verhalten des Klägers höchst unaufrichtig« – »Machenschaften« – »über die eigenen Untaten schweigt man sich aus« (Hohl nämlich) – »der Öffentlichkeit ein solches Machwerk vorzulegen« – »katastrophales Machwerk« (*Die Notizen* nämlich) – »Sammelsurium von Unsinn« – »Antrag auf psychiatrische Begutachtung seines Elaborates«. –

Es sollte immerhin nach erfolgtem Richterspruch noch vier Jahre dauern, bis der umstrittene zweite Band erscheinen konnte. Er ist mit einem Vorvermerk »Dr. Martin Howald in Dankbarkeit« gewidmet (1954).

Mit dem Vorliegen der beiden gedruckten Bände *Die Notizen* scheint tatsächlich »die Stunde der Erlösung« geschlagen zu haben. Das Werk liegt nun als Ganzes vor, wie es erdacht und gedacht war, und es stellen sich Leser und Kritiker ein, die dessen strukturelle Einheitlichkeit zu erkennen vermögen (siehe Vorwort zum zweiten Band). Es erscheinen nun verschiedene Würdigungen, freilich auch Anzeigen, die an Schmähung grenzen. Im Jahre 1955 gelingt es mir, von Ludwig Hohl ein »Bogen«-Heft (im Tschudy-Verlag, St. Gallen) herauszubringen. Zunächst hatte Ludwig Hohl vorgeschlagen, in dem Heft zwei Nachrufe zu vereinen: *Abendlicher Gang* (auf Katherine Mansfield) und *Letzter Brief an Albin Zollinger*; wir wählten schließlich die bittere, satirische Erzählung *Vernunft und Güte*, zu der Hanny Fries eine Bildniszeichnung gab und ich ein Nachwort beisteuerte.

Während der folgenden Jahre erreichten mich keine ausführlichen handschriftlichen Belege mehr; es blieb bei gelegentlichen telephonischen Anrufen von Genf aus oder es kam zu Besuchen hier und dort. Nie aber hat sich eingestellt, was einst R. J. Humm glaubte mir prophezeien zu müssen, als er mir im Jahre 1938 schrieb: »Wie ich Hohl an diesem Abend kennen gelernt habe, muß der Tag kommen, wo er auch Ihnen einen ähnlichen Streich spielt. Nicht er, sondern der Dämon, der in ihm steckt.« Es ging um eine Handgreiflichkeit mit körperlichen Folgen nach erregter Debatte, in Anwesenheit Albin Zollingers, der gegen Humm und für Hohl Partei ergriffen hatte. Schon früher war ich zu Vorsicht im Umgang mit dem angeblich zu Jähzorn neigenden Hohl gewarnt worden. Dieses alles waren entweder Verleumdungen oder Urteile von Menschen mit beschränkter Sicht, die gerechten Zorn nicht von Jähzorn zu unterscheiden vermochten.

In einem entschieden absprechenden Aufsatz (in »Unsere Meinung«, April 1965) versuchte Humm nachzuweisen, daß Hohls philosophische Betrachtungsweise (die auf ein unablässig denkendes Erkennen gerichtet ist) die Folge geistiger Unterernährung sei, und er bezeichnet dessen wunderliche Verhaltensweise, wie sie sich in seinem Werk bekunde, als den Ausdruck »spiritueller Limitierung« eines Abiturtoren mit mittlerer Bildung, läßt freilich in einer Nebenbemerkung Ludwig Hohls erzählerische Leistung als »durchaus beachtlich« gelten. Der radikalen, gottlosen Verabsolutierung der Verstandeskräfte, wie Hohl sie praktiziert, setzt Humm sein naturwissenschaftliches, mathematisches Besserwissen entgegen.

Solchen kurzschlüssigen, voreiligen Reduktionen seien einige Zeugnisse von Zeitgenossen gegenübergestellt, die den Grad der Bildung nicht einseitig am Umfang der Belesenheit abmessen.

In der ›Neuen Zürcher Zeitung‹ vom 27. November 1954 bespricht Werner Weber *Die Notizen*, Band II. Es heißt da einmal: »Man hat bei ihm Gelegenheit, sich auf Schritt und Tritt durch Bemerkungen betroffen oder auch getroffen zu empfinden, man möchte bellen, verbeißt es dann aber, weil man lächelnd, auf einmal das Gran entdeckt hat, in dem eine Wahrheit sitzt.« Und später: »Ludwig Hohl erhellt sich den Blick auf das Leben durch den Blick auf den Tod. Er hat die Kraft, sich eine Sache in vollkommener Lebensgefahr vorzustellen, um sie, mit einer auf den letzten möglichen Augenblick gerafften Aufmerksamkeit noch einmal ereignishaft betrachten zu können. Er hat den Tod als Verstärker.« Und zwei Jahre später (›NZZ‹, 22. Dezember 1956, »Aus Dankbarkeit«) würdigt Wb. den Außenseiter Hohl. Da heißt es: »Hohl schreibt eine Kurzform der Prosa, voller Urteil und Verurteilung, heftig persönlich, nicht auf Abschluß versessen, vielmehr gereizt andere fortreizend, tief traurig über mögliche Dummheiten, voller Liebe aber den Honig verbergend.«

Konrad Bänninger, der wiederholt von Hohl zitiert wird (im zweiten Bande), beschließt eine Besprechung der *Nuancen und Details* (überschrieben mit »Rechtfertigung des Künstlers«, ›NZZ‹, 27. August 1939) wie folgt: »Die Summe des Ganzen ist beträchtlich, sie rührt an die Schultern der *Weisheit*, der Hohl selber in einem Stück ehrfürchtige Worte widmet ... Wahrhaftig, hier ist wieder einmal ein Künstler sowohl durch sein kämpferisches, als das rein gestaltende und seherische Wort gerechtfertigt, es kann ihm nicht mehr genommen werden, und doch gehört es allen andern.«

Max Frisch schrieb anläßlich der Neuausgabe von *Nuancen und Details* in einem Brief an den Walter-Verlag: »... dabei kein prophetisches Werk, also nicht posthum-aktuell, weil die Zeitgeschichte es bestätigt, aber virulent jetzt wie vor Jahrzehnten und lesbar, als wäre es jetzt entstanden, abseitig-gegenwärtig ›unberühmt‹, aber vorhanden, als Sprache akut, ich denke, das ist Rang ...«

Und Albin Zollinger gestand, in einem Nachwort zu einem Brief an Ludwig Hohl, am 9. Februar 1939: »Dein Ton ist wie der langsame Ernst derer vor hundert Jahren. Du sprichst ohne uns nachzugehen, immer von Deinem Ort aus; wer also vor Dir flüchtet, dem wird Deine Stimme immer größer im Ohr, wie ein Trichter. Ich möchte sagen: Du bist unentrinnbar. Die Wesenheit ist unentrinnbar. Das ist unser oberster Optimismus.« (Heinz Weder: *Briefe von Albin Zollinger an Ludwig Hohl*, Verlag Hans Huber Bern, 1965.)

Auch Friedrich Dürrenmatt bekennt sich seit Jahren zu Ludwig Hohls Schaffen; neuerdings schlossen Kurt Marti, Peter Bichsel, François Bondy und Heinz Weder auf und »ont rendu hommage à Ludwig Hohl, un grand écrivain européen« (Mitteilungen des SSV, Nr. 6, 1969/70).

Das Treffendste, Zutreffende aber, das ich über ihn hier anführen und zur Rechtfertigung dieser literarischen Chronique scandaleuse beifügen kann, ist ein Wort Ludwig Hohls selbst, mit dem er sich zur »schöpferischen Not« bekennt. Es steht im XII. Teil der *Notizen*, trägt Nummer 13 und heißt: »Auch ich glaube, daß die Welt eher gut (positiv) ist. – Das sagt einer nach langer Bahn – und es ist nicht nötig zu sagen ›des Leidens‹, denn das Leben ist wesentlicherweise Leiden.« [Und weiter – wie der Herausgeber hier anfügen will – heißt es:] »– Aber das Glück ist nicht da, wo man es gewöhnlicherweise vermutet: *Zu sehen, wie,* in allen Verhältnissen, *der Geist von den Dingen sich scheidet,* das ist das Glück.«

1 Albin Zollinger starb am 7. November 1941. – Die Briefstelle findet sich auch in *Briefe an einen Freund,* Hrsg. v. Traugott Vogel, St. Gallen, 1955, S. 89, 111. [Anm. d. Hrsg.]

2 Helmut Heißenbüttel zu Ludwig Hohls *Nuancen und Details* (NZZ, 30. August 1964).

3 Dr. Egli, Sekretär des SSV, Nachfolger von Dr. Karl Naef.

4 Im Januar 1943 erscheint im Selbstverlag der 1. Teil der *Notizen: Vom Arbeiten.* Die Mittel für den Druck der geplanten drei Teile waren »auch nicht im entferntesten Maße« aufzubringen (nach dem Vorwort).

5 Durch Vermittlung des Departements des Innern hatte sich der Morgarten-Verlag entschlossen, die gesammelten Erzählungen Ludwig Hohls herauszubringen (*Nächtlicher Weg*).

6 Dem Gesuch lagen nicht die *Notizen* zugrunde, sondern ein neues Manuskript »Die Nachnotizen«. (Nach einem rechtfertigenden Bericht Ludwig Hohls.)

7 ›Die Tat‹, Zürich, 1939-1978 Tageszeitung des von Duttweiler begründeten Migros-Genossenschaftsbundes s. [Anm. d. Hrsg.]

IV.

Mani Matter

Aus den ›Sudelheften‹

Tagebuch I. 1958-1961.

1958

[...]

10 Schreiben, nicht um Gedanken mitzuteilen, sondern um dem Leser zu zeigen, wie ich sie denke und formuliere? Der Leser müßte dann vorgestellt werden als einer, der alles selbst schon gedacht hat. Gibt es überhaupt neue Gedanken?

11 Der Fehler, den die meisten Philosophen machen, ist, daß sie ihr System von A bis Z folgerichtig aufbauen. Das macht mißtrauisch.

12 Lob des Vollbringens? – Wenn die Menschheit weniger vollbracht hätte, wäre uns jetzt (vielleicht) wohler. Was vollbracht wird, ist entscheidend!

13 Wenn man sich überlegt, daß die Mona Lisa mit lauter einzelnen Pinselstrichen gemalt wurde ...

14 Vielleicht kann man sich selbst dadurch erziehen, daß man viel mit Menschen zusammen ist, mit denen man klug sprechen kann und dies tut. Die Verhältnisse, die Gesellschaft, in der man sich befindet z. B., lassen einen ja oft dumm und uneinsichtig werden. Wenn man aber häufig das Kluge, das Einsichtige in sich, ausspricht, so könnte es sein, daß es stärker und bewußter würde und einem in jenen schlechten Momenten zu Hilfe käme.

1959

[...]

20 Um schreiben zu können, muß man ein Stadium erreichen, wie es sich manchmal, in späten Abendstunden, beim Sprechen

einstellt: wo sich die Gedanken mühelos in Worte verwandeln, als ob es keine Formulierungsschwierigkeiten gäbe, wo die Worte aus der Feder laufen, wie Feuerwehrleute bei einem Alarm: dem Ziel verpflichtet, ohne an die Schritte zu seiner Erreichung zu denken, instinktiv und ohne zu fürchten, daß sie die Treppe hinunterfallen könnten. Sobald man aus dieser Gefühlslage in jene andere kommt, wo jedes Wort problematisch wird, wo einem plötzlich die tausend Möglichkeiten des Satzbaus in den Sinn kommen und man sich vorkommt, als müsse man das Bild seiner Gedanken in Granit meißeln, jeden Schlag vorher wohl überlegend und mit Kraftaufwand ausführend, wenn man da hineinrutscht, kann man ebensogut aufhören, denn man hat die Intuition dann verscheucht und wird sie sobald nicht wieder herausholen können. Unser Intellekt ist gegen sie ein bescheidenes Kräftlein, mit dem zu arbeiten sich nicht lohnt. – Anderseits ist zu erinnern an den Ausspruch Wildes über die Arbeit des Dichters: »Was hast du heute morgen getan? – Ein Komma eingesetzt! – Und am Nachmittag? – Hab' ich's wieder weggenommen.« Was auch wahr ist.

21 Man muß sich dagegen wehren, einfach zu versinken. Wenigstens noch ein wenig schreiben. Die Tage steigen an uns hoch wie Wasser bei einer Überschwemmung. Einmal wird es uns bis zum Hals kommen: Dann wird es zu spät sein. –

1960

[...]

30 Das gehört auch zum Schreiben, daß man, sozureden, nur jedes sechste Wort sagt – eine Lücke freilassend für die Phantasie. Schreiben ist auswählen.

31 ... die kleinen Boote, die plätschernd übers nächtliche Wasser Gedanken bringen.

32 Ist es nicht ein wesentliches Merkmal des großen Mannes, daß er groß ist im Erkennen seiner Grenzen? Daß er häufig sagt: »Ich weiß nicht; laßt uns überlegen (oder: nachschlagen)!«, wo andere längst eine Antwort gegeben hätten!

33 Anders: Unser Schulsystem fördert die Oberflächlichkeit; denn man lobt immer den, der zuerst die Antwort gibt; und sind es nicht gerade die großen Männer, die noch sagen: »Ich weiß nicht; laßt mich überlegen!«, wo andere längst eine Antwort bereit haben?

34 Wie wenn man Wasser im Ohr hatte, das nun getrocknet ist, und der Gehörgang auf einmal, ganz plötzlich, frei wird, so daß man viel klarer hört: so brechen die Tatbestände meines Innern in mein Bewußtsein, wenn ich sie bei einem Schriftsteller zum erstenmal dargestellt finde. Und meist empfinde ich gleichzeitig ein Erstaunen darüber, daß er sie kennt; wie wenn ich geglaubt hätte, sie kämen nur bei mir selber vor.

35 Ist es wirklich so, wie es öfters scheint, daß, wenn es einem Schriftsteller sehr ernst ist mit dem, was er sagen will, sein Werk darunter leidet? Ist nicht im Gegenteil erst der ein großer Schriftsteller, dem es so ernst ist, daß er jedes einzelne Wörtchen auf die Goldwaage legt? Oder ist einfach die Ausdruckskraft der Leute verschieden groß? In dem Fall müßte es aber doch der, dem es wirklich ernst war, merken, wenn er sich nicht hat ausdrücken können; und dann wenigstens die Veröffentlichung des inkongruent Ausgedrückten unterlassen; denn selbstredend schadet er damit seiner Sache.

36 Vielleicht wäre es für den schlechten Leser gut, wenn man das Geschriebene immer so darstellte, wie es Lessing in seiner »Erziehung des Menschengeschlechts« tut: Jeden Satz numeriert, als gesonderten Abschnitt; damit er merkt, daß in jedem etwas gesagt ist und daß da kein Füllwerk ist, das er einfach überspringen kann. (Es würde auch den Schreibenden zwingen, so zu schreiben, daß das wirklich der Fall wäre!)

37 Wie mancher Gedanke entsteht erst, wenn der vorhergehende, der ihn erzeugt hat, in Worte gefaßt ist! (Was die »Allmähliche Verfertigung der Gedanken beim Reden« erklärt und auch: beim Schreiben und Lesen). Woraus man folgern könnte, ein Gedanke sei erst zu Ende gedacht, wenn er formuliert ist! – Wer dieses Satzes absolut gewiß wäre, könnte damit vielen Scheintiefsinn aufs Häßlichste entlarven.

38 Wenn ich sehe, welch ein Roman in jedem Straf- und manchem Zivilgerichtsdossier steckt, und zudem erwäge, wie viele solcher Akten es auf der Welt gibt, bin ich wirklich versucht, mit Ludwig Hohl die Romanform als überholt zu bezeichnen. Äußere Ereignisse, Lebensläufe, Liebesgeschichten können angesichts solcher niedergeschlagener Wirklichkeit einen Schriftsteller kaum noch interessieren. Es zeigt sich aber – auch darin hat Hohl recht –, daß das innere Geschehen unbegrenzt ist, unbegrenzt auch in seiner Faszinationskraft.

[...]

43 Unbeugsam sind die Sätze von Ludwig Hohl; entweder du befindest dich genau auf der Linie ihres Gedankens – oder sie sind stumm, nichtssagend. So eindeutig müßte man schreiben lernen!

[...]

48 Ich bin einverstanden, daß man sich schon nach drei Sätzen über etwas Geschriebenes ein Urteil bilden kann. Aber erstens muß man sie mehrmals gelesen haben; und zweitens nur dieses Urteil: daß es schlecht ist.

49 Es ist fast zu selbstverständlich: gut geschrieben ist etwas dann, wenn jedes Wort (notwendig ist, d. h.) die Sache sagen hilft und möglichst einfach sagen hilft (»die Sache einfach sagen« nicht zu verwechseln mit »eine einfache [banale] Sache sagen«!).

[...]

51 Jedes Schaffen besteht in einem Fixieren und Verselbständigen einer inneren Regung. (Die Regung kann eine Ahnung, ein Gefühl, ein Gedanke sein – wer könnte den Charakter eines inneren Geschehens genau definieren!)

Diese wird also fixiert und verselbständigt: indem sie nach außen kommt: als Handlung, als Wort, als Klang, als Bild. Am fixiertesten und selbständigsten ist sie – beispielsweise – auf einer Schallplatte: Der Komponist – sofern er ein guter Komponist ist – hat zunächst seine »Gedanken« in Noten niedergeschrieben (je genauer diese seinen »Gedanken« entsprechen, desto größer ist er). Danach hat der Interpret diese Noten gelesen und, dem Sinn entsprechend, den sie in ihm entstehen ließen (je genauer, desto besser, wie oben), gespielt. Damit hat der Gedanke des Komponisten die äußerste Erscheinung erreicht, die ihm möglich ist: den klingenden Ton (der eben nur durch Vermittlung des Nachklangs – des in Noten Niedergeschriebenen im Innern des Interpreten – hervorgebracht werden kann). Und dieser wird nun auf der Schallplatte fixiert und verselbständigt, d. h. vom Dasein des Interpreten unabhängig gemacht (wie die Noten vom Dasein des Komponisten unabhängig sind) und auch: unveränderlich gemacht. Dieser letzte Schritt ist bei der Schallplatte keine schöpferische, sondern bloß eine technische Angelegenheit; während etwa beim Film auch das Festhalten der – schauspielerischen – Interpretation in Rede und Gebärde ein schöpferischer Akt ist: Es muß Distanz und Blickwinkel ausgewählt werden, Hintergrund, Beleuchtung spielen eine Rolle, ja, es ist sogar eine Filmkunst ohne Schauspieler denkbar.

Zusammenfassend: Es geht darum, die innere Regung so genau wie möglich in eine äußere Erscheinungsform zu übertragen; nur wenn sie nach außen kommt, wird sie wirksam und beurteilbar; und sie kommt nur nach außen, wenn sie eine Form annimmt.

[Wie gesagt: Die innere Regung, die es den Schaffenden nach außen zu bringen drängt, ist nicht definiert; sie ist auch für die Qualität seines Schaffens ohne Bedeutung. Es kann das Bedürfnis sein, die Welt in gewisser Weise zu verändern (Brecht), es kann eine Erkenntnis über das Wesen der Welt sein (Hohl) und es kann auch die Anschauung einer bestimmten Sache (van Gogh) oder eine religiöse Empfindung (Bach) sein.]

[. . .]

54 Die Form des Cabarets, die mir (für mich) steril zu werden schien, in einem neuen Lichte zeigend, lese ich bei Hohl (Notizen X. 28):

»– nur bizarrer, lächerlicher noch, womit man ja eben mehr das Wesen der Welt trifft.«

[. . .]

58 »Leicht lesbar« soll es sein, »flüssig geschrieben« . . . Was wäre denn leichter lesbar als abgeschliffene Redensarten, was flüssiger zu schreiben als Banalitäten? Was jedem längst bekannt ist, ist leicht lesbar, neue Sätze wollen genau gelesen sein. (– Und doch soll es möglichst einfach geschrieben sein, möglichst; zu

denen, die das Dunkle, weil sie es nicht verstehen, bewundern, rede ich nicht.)

[...]

63 Altes, oft schon seit Kindheit Vertrautes stellt der Künstler dar, nie etwas Neues. Er erfindet nicht, er entdeckt; denn wie sonst könnten wir ihn verstehen?

64 Sie lieben es, wenn man sie an der Hand nimmt und spazieren führt; da brauchen sie nicht viel zu denken und sind für längere Zeit beschäftigt. (Deshalb lesen sie so gerne Romane.) Nun kommt aber einer und zeigt ihnen die kleinen Dinge, zu Hause, und die großen Dinge, im Innern, er hebt bloß die Hand und weist auf sie mit dem Finger; da sind sie enttäuscht. (Sie legen das Buch beiseite.)

65 Die bekannte Erscheinung: Du erinnerst dich nicht mehr an etwas – denkst nach und denkst nach – es will dir nicht einfallen; dann plötzlich, wenn du längst zu anderem übergegangen bist, bricht es ins Bewußtsein, wie von selbst – diese Erscheinung nutzbar machen. Es gibt im Denken immer wieder Knoten: Fragen, die unzugänglich, wie mit einer Schale umgeben scheinen; du stößt an, kommst nicht weiter. Wenn mir nur das klar wäre, scheint dir, könnte ich ... Wende dich ganz etwas anderem zu! Und plötzlich, wenn du wieder hinsiehst, ist alles flüssig, klar – du erinnerst dich nicht einmal mehr, was es denn war, das dir so Schwierigkeiten bereitet hatte.

66 Das ganz private Ichselbst (die Psychologen mögen ihm andere Namen geben), in das wir hineintauchen, wenn wir allein sind: wo sich die Gegenstände unserer Umgebung uns zu verbrüdern scheinen, wo die innersten Triebkräfte unseres Wesens ans Licht kommen, in etwas Traurigkeit gebadet – – diese Tiefe ist im Alltag, im Umgang mit anderen verschlossen. Wir sehnen uns nach ihr und fürchten sie ein wenig.

[...]

91 ... daß der Wert des Lesens nicht darin besteht, daß man hernach »gelesen hat«, d. h. zur Kenntnis genommen; sondern daß für jeden einzelnen das Lesen nur soviel wert ist, als seine

(individuellen) Gedanken, die er beim Lesen hat – über den Sinn des Textes oder andere, »eigene« –, wert sind. So daß, wenn einer ein dummes Buch liest, dabei aber intelligente Dinge denkt, sein Lesen wertvoller ist, als im umgekehrten Fall.

1961

[...]

100 Ich habe Franz Blei gelesen. Und wieder einmal ist mir die Literatur als eine begehrenswerte Welt erschienen, in der zu leben sein müsse wie im Paradies. Schreiben als alltägliche Geisteshaltung, eine entspannte, ehrliche Beziehung dazu, so daß immer Echteres, Tieferes daraus entspringt, durch das der Geist selbst auch wieder echter und tiefer wird – es ist mein Wunschtraum seit langem. Und vielleicht ließe sich doch damit auch die Verpflichtung erfüllen, die sich in dieser Weltlage aufdrängt, die »Verpflichtung gegenüber der Menschheit«. Ich kann mich und mag mich nicht herumschlagen mit denen, die nichts von mir wissen wollen; ich kann und mag nicht irgendeine Stelle einnehmen in der Wirtschaftsmaschinerie, irgendein Rädchen ersetzen, das zufällig fehlt. Und ich sehe auch, daß das Risiko des Schreibens gut ist, daß das Leben Risiko braucht: ich muß abstoßen, um irgendwo landen zu können.

Tagebuch II. 1962.

[...]

4 »Mancher schreibt nur zu oft, was alle schreiben könnten, und läßt das zurück, was nur er sagen konnte und wodurch er verewigt werden würde«. Woduch wird bestimmt, was einer sagen kann? Durch sein besonderes Intesse. Die Menschen unterscheiden sich durch ihre Interessen, und innerhalb der gleichen Interessen wieder durch ihre Unterinteressen; etc. Das macht ihre Blickrichtung und ihre »besondere Sehweise« aus. Denn für das, was sie interessiert, entwickeln sie eine besondere Sensibilität. Diese aber können nur sie zum Ausdruck bringen. So entstammt Hohls Werk seinem Interesse für das »Arbeiten«, Kraus' Werk seinem Zorn gegen die Presse, etc. Überall ist eine

besondere Sensibilität für gewisse Dinge entwickelt, die das Schöpferische daran ist.

Wofür interessierst du dich? Und was interessiert dich daran? – Damit ist dein Weg vorgezeichnet. Denn wenn du das ernst nimmst, was dich interessiert, wirklich und im Innersten interessiert, und wofür du eine besondere Senibilität hast – denn das hast du! –, dann ist deine Aufgabe gestellt: jene zum Ausdruck zu bringen. »Aber L. z. B., der interessiert sich nur für Frauen!« Nur? Wie war es denn mit Lawrence, Wedekind, Altenberg? Haben sie nicht aus eben diesem Interesse ihr Lebenswerk geschaffen?

[. . .]

13 Daß es mir so schwerfällt, eine (beliebige) Geschichte zu schreiben (obschon mir genügend Stoff einfällt!), kommt, glaube ich, daher, daß ein gewisser Widerstand – fehlt. Es entsteht jeweils ein Rinnsal, das nach allen Seiten fließen kann; und keine ist richtig oder falsch. Einfacher, eine vorgegebene Geschichte zu erzählen: das gibt Kriterien in die Hand, ist eine Aufgabe; möglich auch: eine Illustration zu finden zu einem bestimmten Gedanken. Auch hier gibt es Grenzen, Widerstände. – Moral: Die Arbeit muß zerlegt werden; man muß sich zuerst selbst die Aufgabe stellen! (Und diese nicht mehr antasten; sonst geht der Widerstand, den man sich geschaffen hat, zum Teufel!) – Dafür, daß man ohne einen gewissen Widerstand nicht arbeiten kann (der Widerstand kann auch sein: Du hast nur drei Seiten zur Verfügung! oder: Es muß sich reimen! oder ähnliches), ein Bild: Du möchtest etwas feilen und hast keinen Schraubstock, das zu Feilende zu befestigen; immer wenn du die Feile ansetzest, rutscht dir der Gegenstand davon.

14 Beim Schreiben des vorstehenden Absatzes folgende Entdeckung gemacht (richtiger: realisiert, was ich dabei von Hohl gelernt habe): Wie eine gewisse Härte des Geschriebenen dadurch entsteht, daß man einen Gedanken während seiner Entstehung, gemäß deren Fortgang, aufschreibt, nicht *nach* seiner Entstehung in »logischer« Abfolge. – »Quintessenzenmeier« – ein Wort, das Hohl erfunden hat. Das sind vielleicht auch diejenigen, die an *ihren eigenen* Gedanken nur die Quintessenz, d. h. den Gemeinplatz sehen; die ihn *nach* seiner Entstehung auf eine allgemeine

Logik, d. h. einen üblichen Gedankengang zurückführen und damit vernichten.

15 Da sie kein Urteil haben, sondern nur gegenwärtig in Mode stehende (oder auch frühere, berühmte) Formen kennen, verstehen sie H. nicht, da die seinigen jenen nicht gleichen. Schriebe er aber so, wie sie es erwarten, so würden sie, verächtlich die Achseln zuckend, sagen: »Er hat's von dem und dem!« Er muß wohl erst berühmt werden, bevor sie ihn anerkennen. Denn nur der Erfolg, das imponiert ihnen!

((Wie kann er aber berühmt werden? Durch den Einfluß jener Wenigen, die Urteil haben. In der Schweiz aber z. B. ist der gering.)

16 Der Ausdruck »Selbstdenken« (»Er hat es durch Selbstdenken herausgebracht«). Daß man es hervorheben muß, wenn einer einmal selbst denkt, begreiflich! Aber daß man das andere, das Nicht-Selbstdenken anscheinend auch noch als Denken akzeptiert, ist eher betrüblich.

[...]

18 »... jene kleine Menge Giftes, die nötig ist, um der Seele die allzu sichere und beruhigte Gesundheit zu nehmen und ihr dafür eine feinere, zugeschärfte, verstehende zu geben.«

Robert Musil, Törless

Wer nie sündig war, dessen Tugend ist nichts wert. (Steht nicht etwas Ähnliches in der Bibel?) Womit wieder einmal gesagt ist, daß der *Weg* zur Tugend (die »Arbeit«) das Entscheidende ist. Hohl: »Krankheit ist ohne Wert, geheilt ist ohne Wert; Heilung, das ist alles ...« Die Frage, wie lange diese »zugeschärfte Gesundheit« anhält, zugeschärft bleibt!

[...]

21 Ich habe schon hie und da das Gefühl gehabt, daß der Vorzug der Leute, die »ein gutes Urteil haben«, vor den anderen nur darin besteht, daß sie ihre eigenen Gedanken ernst nehmen, sie in Erinnerung bewahren und auszusprechen wagen. Wie oft dachte ich schon beim Lesen einer guten Kritik über etwas, das ich selbst gesehen, gehört oder gelesen hatte: Richtig, das habe ich auch gedacht (oder: »gespürt« oder »geahnt«)! (Was sonst veranlaßt einen denn überhaupt, eine Kritik gut zu finden?) Aber eben:

Ich hatte den Gedanken wieder vergessen und habe ihn auch nicht ausgesprochen.

22 Kritik über etwas Geschriebenes: der Gedanke ist zu wenig nahe an die Sprache herangeführt worden. Das gewaltsame Überspringen der Kluft zwischen ihm und der Sprache hat ihn unscharf gemacht.

23 Die »Meinung« ist das Gegenteil von einem Gedanken. – Wenn einer trotzig und hartnäckig sagt: »Das ist meine Meinung!«, dann hat er wohl meistens nicht gedacht; sondern bloß aus Verschiedenem, was ihm von anderen angeboten wurde, das ihm Plausibelste ausgewählt. Eigene Gedanken wird man nie auf diese Weise verteidigen; wissend, daß man einen Weg zurücklegen muss, um zu ihnen zu gelangen, wird man dem anderen den Weg zeigen, oder, wenn er (sichtlich) nicht bereit oder fähig ist zu folgen, auf eine Verteidigung überhaupt verzichten und schweigen.

24 Ob es nicht das Bewegungsbedürfnis des Denkens ist, das die Intelligenz ausmacht? Dieses ist, mehr oder weniger, konstant. Auch wenn sie beide (äußerlich) nichts tun, wird der Intelligentere innerlich doch mehr leisten als der andere, wenn sie spazieren gehen mehr Beobachtungen und Überlegungen anstellen, wenn sie sprechen, mehr zutage fördern, etc. »Der Dichter soll mehr erleben? – Er erlebt mehr.« (Kraus)

[. . .]

35 T. H. erzählte, er habe geträumt, er lese in einem Buch (demselben, das er am Vorabend gelesen hatte) und finde darin ein Gedicht, vier Zeilen, das etwas ganz Wichtiges, »die Wahrheit« enthalte; da sei ihm in den Sinn gekommen, daß er dasselbe schon früher, in einem andern Buch, gelesen habe, jedoch nur in einem Nebensatz; und zugleich habe er gewußt, daß diese Wahrheit nun immer größer werden würde. (. . .»von den hereinbrechenden Rändern«.)

[. . .]

38 »Er hat keine Phantasie; deshalb muß er sich damit begnügen, seine Träume aufzuschreiben.« Aber: wessen Phantasie ist es denn, die die Träume erfindet?

Was natürlich nicht heißt, daß, wer nichts träumt, keine Phantasie hat. Es kann auch sein, daß seine Träume im Wachen sich ausleben können (oder anderes).

Wann träumt man am meisten? Im Fieber. Vor Examen. Etc. Wenn man an etwas leidet! Aber ein Kunstwerk soll ja, wie uns glaubwürdig versichert wird, auch aus der Not entstehen!

[...]

41 Hat je einer zuerst das Ganze gesehen, und dann erst das Einzelne? Ich meine: von einem Ganzen, das wirklich etwas ist? – Mir geht es immer umgekehrt: Zuerst Einzelnes, nur immer Einzelnes. Und auch wenn ich plötzlich, nach vielem Einzelnen, das Ganze zu sehen meinte, gleichsam als Rahmen, dessen verbleibende Leere ich nun bloß noch auszufüllen hätte, so stellte nur zu oft eines dieser Einzelnen, das ich hätte ausfüllen sollen, das Ganze wieder in Frage und sprengte den Rahmen. Oder dann sah ich, daß das Ausfüllende nichts war, eben nur Füllwerk. Der günstigste Fall ist noch: wenn das Einzelne einer ein Ganzes bildenden Reihe nach sich einstellt. Aber oft ist das Spätere dem Früheren geradezu feindlich, muß ich immer wieder vorn anfangen, jedenfalls das Frühere neu überprüfen. Wenn dieses allerdings fest ist, hilft es dem Späteren. Die einzelnen Steine des Baus beginnen sich gegenseitig zu stützen. Man darf hoffen, daß er schließlich halten wird.

[...]

45 Der »Sinn für die Form«, das, glauben viele, sei, was den Künstler ausmache. Was aber wäre dann die Kunst dem Leben nütze? Welchen Wert hätte der Künstler als Mensch? Und doch *ist* es der Sinn für die Form, was den Künstler ausmacht; aber für die Form als Inhalt. Nicht dafür, beispielsweise, die Wörter so zu gebrauchen, daß sie schön sind; sondern so, daß sie etwas sagen. Dadurch erst werden sie wirklich schön.

(Einleitung: In einem Gespräch über Kunstpolitik äußerte einmal ein Graphiker, den Behörden gehe halt einfach der »Sinn fürs Formale« ab; das sehe man schon am Steuerzettel: der hinterste Warenhausprospekt sei graphisch besser gestaltet als jener [Ja, der Sinn für die Form ...]. [Das ist der Unterschied zwischen einem Graphiker und einem Künstler.])

46 Daß sie mich, ihren Nächsten, wie sich selbst lieben, darauf verzichte ich; denn sieh nur, auf welch törichte Weise sie sich selbst lieben!

47 An der weißen Zimmerdecke, zu der du vom Bett aus aufschaust, ist ein dunkler Fleck. Du blickst ihn nicht an, sondern starrst, in Gedanken versunken, längere Zeit an eine andere Stelle daneben. Nun erwachst du aus deinen Gedanken, beginnst deine Blicke wandern zu lassen. Da wandert neben ihnen, in der gleichen Entfernung wie vorher der dunkle, ein heller Fleck mit über die Decke hin –: Symbol für irgend etwas, das im Leben unbewußt auf dich eingewirkt hat und dessen Abwesenheit nun, als unbenennbares Vakuum, dich begleitet.

[...]

56 Heute ist mir etwas wieder bewußt geworden, das mich schon beim Zeichnen hie und da beschäftigt hatte: Daß im künstlerischen Arbeiten – nein, ich kann es nicht so allgemein sagen, aber doch: Daß im Zeichnen und Schreiben etwas ist, das die Zeit aufhält, das bewirkt, daß sie nicht mehr so unwiederbringlich abläuft wie sonst. Liegt es daran, daß man sie später durch Anschauen des Gezeichneten, Lesen des Geschriebenen wieder heraufbeschwören kann? Vielleicht nicht nur daran. Es ist, als ob dadurch, daß man niederschreibt, was in einem ist, es veräußert, eine Art Verdauung stattfinde. Oder: Als laufe die Zeit durch einen Widerstand hindurch, der sie bis zum letzten auspreßt. Oder ist es das?: Daß man das Geschehen, indem man sich zwingt, es schon während man es erlebt (oder denkt) zu objektivieren, vorzeitig in das Stadium der Erinnerung setzt, wo alles schön ist ... Das scheint nicht logisch. Vielleicht ist es nur: man lebt gründlicher, sieht weniger an, aber dafür genau, denkt weniger, aber dafür zu Ende etc. Mag sein. Zweierlei ist noch wichtig: Die Zeit läuft nicht mehr spurlos ab. Und: Ich stelle mich dem Geschehen gegenüber, werde nicht mehr bloß von ihm mitgerissen.

57 Ich hege eine Vorstellung von einem unberühmten Künstler, Dichter oder Maler, den ich aufs äußerste zu bewundern bereit bin, den ich mich aber noch nie habe entschließen können, in einem konkreten – lebenden oder gestorbenen – Künstler ver-

wirklicht zu sehen. Dabei gibt es ihn zweifellos, es gibt wohl sogar mehrere seiner Art, und ich habe auch schon hie und da einen eine Zeitlang – meist für so lange, als ich nur eines oder wenige Werke von ihm kannte – dafür gehalten. Aber sobald ich diesen dann jeweils näher kennenlernte, seine Eigenarten vor allem, und dies sah: daß auch andere ihn kannten und von ihm einen festen Begriff hatten, verlor sich jene ideale Vorstellung von ihm, die, wie ich dann erkannte, eben doch zu sehr mir zugehörte, als daß ich sie mit einem konkreten andern auf die Dauer verbinden könnte.

Ich habe gesagt, daß es sich um einen unberühmten Künstler handle. In der Tat sind es vorwiegend negative Eigenschaften, was mir beim Versuch, meine vage Vorstellung zu konkretisieren, zunächst einfällt. Er ist unberühmt. Er ist es, weil seine Art nicht geeignet ist, Berühmtheit zu erlangen; und dies wiederum negativer Eigenschaften wegen.

Es fehlt zum Beispiel jede Brillanz. Mein Künstler ist alles andere als ein Könner. Ich stelle mir sogar nicht ungern vor, daß er in gewissen technischen Belangen, die auch minore Kollegen aus dem Handgelenk beherrschen, von einer rührenden Unbeholfenheit ist. Deshalb arbeitet er langsam, mühsam, würde ich sagen, wenn mir nicht das Wort »Mühe« als Entweihung seiner Arbeit erschiene. Auch dadurch zeichnet er sich aus, daß er vieles von dem, was er gemacht hat, verwirft, meist deshalb, weil er sich darin zu einseitig dargestellt findet. Denn er möchte niemandem eine trügerisch einfache Weltanschauung vermitteln, sondern, womöglich, alles sagen. Daraus ergibt sich, daß er eigentlich nur ein Werk schaffen kann. Oder könnte, wenn er eben nicht als Mensch Fortschritte machte. Diese allein legitimieren ihn zu einem neuen Werk, welches das frühere eben dann immer insofern ergänzt oder berichtigt.

[. . .]

60 Wir haben das Bedürfnis, die Erzeugnisse des Geistes zu katalogisieren. Obgleich der Geist selbst – wer wüßte das nicht? – nur fließende Übergänge kennt. So unterscheiden wir in der bildenden Kunst Malerei und Plastik, Malerei als das auf einer Fläche Aufgetragene, Plastik als das räumlich Gestaltete. Jene Fläche stellen wir uns viereckig vor, die Plastik ist in unserer Vorstellung stehend, oder an der Wand hängend, etc. So ließen

sich wohl noch andere fixe Vorstellungen aufweisen. Hie und da werden sie durchbrochen, immer aber bilden sie zunächst einen Widerstand.

Dieselbe Erscheinung auch im Bereich der Literatur: Lyrik, Epik, Dramatik. Der Lyrik lassen wir inhaltlich den größten Spielraum. Aber sie muß in Versen geschrieben sein. Was Prosa ist und nicht in Rollen und Bühnenanweisungen aufgelöst (als Dramatik) erscheint, muß Epik sein. Muß schildern, erzählen. Oder dann ist es Feuilleton, Essay, Lehrbuch etc., woraus sich aber dann wiederum gewisse Forderungen ergeben: in bezug auf Leichtfaßlichkeit, begriffliche Klarheit oder Wissenschaftlichkeit, welche sie aus der Dichtung ausschließen. Und obgleich es einen Lichtenberg gibt, obgleich zahlreiche Schriftsteller uns ihr Bestes in Tagebüchern hinterlassen haben, eine Gedankendichtung ist noch nicht anerkannt. Wer Schriftsteller sein will, hat Romane, Novellen, Kurzgeschichten zu schreiben, darf nur nebenher in Kritiken, Feuilletons, Vorwörtern oder Reden rechte Gedanken äußern. Denn das ist keine geläufige Gattung, die sich verkauft. Wenn der Buchhändler auf die Frage: »Ist es ein Roman?« antworten muß: »Nein, es sind vermischte Aufzeichnungen«, dann wird der Kunde kopfscheu. Einige Schriftsteller versuchen dem zu entgehen, indem sie ihr Erzeugnis Tagebuch nennen. Damit verbindet sich wenigstens eine bestimmte Vorstellung. Aber dem Wort Tagebuch haftet der Geruch der Autobiographie und Intimität an, wozu man nur bekannte Schriftsteller, die ein gewisses Interesse für ihre Person erwarten dürfen, für berechtigt hält. Das Interesse aber müssen sie sich durch ihre Romane erringen.

(Dazu Beispiele: Moser, Hohl, Frisch, Bänninger, bekannt nur Frisch, weil er daneben Romane und Stücke schrieb. – Zeitschriften springen manchmal in die Lücke. Redaktoren (Weber) können es sich leisten. – Montaigne, Lichtenberg, Altenberg, Hebbel, Thomas Mann, Henry Miller, Musil, Broch.)

Tagebuch III. 1963-1965.

1963

[. . .]
6 Wie kann ich lernen, mehr zu arbeiten? Im Grunde glaube ich es Hohl, daß der Wert des Lebens in der Arbeit, »die darin war«, besteht. Aber immer wieder bringe ich vor mir selber die kindischsten Ausflüchte vor, mache mir weis, gerade das, was ich gegenwärtig tun müsse, sei nicht das Wahre, etc. Ich bin überzeugt, daß es nicht darum geht, sich zu überwinden, wie Moralisten sagen würden, sondern daß es nur um eine Änderung der Einstellung geht. Die meinige ist, wie gesagt, kindisch. Solange ich einfach arbeite und nichts weiter denke, geht alles gut; sobald ich mir aber bewußt werde, daß es meine Arbeit ist, die ich tue, bekomme ich das Gefühl, ich würde lieber tausend andere Dinge tun. Obschon ich nicht wüßte, was. Faul bin ich nicht, ich habe das Bedürfnis, mich mit etwas zu beschäftigen. Doch kaum ist der Vorsatz gefaßt, eine Sache konsequent zu tun, kaum wird aus ihr eine Pflicht, sträube ich mich dagegen. Zum Glück bin ich so feige, wenigstens das, was andere mir auftragen, tun zu müssen. Aber in mir selbst das Gesetz zu einer Arbeit einpflanzen, das möchte ich können. Ich bewundere die nicht, die pflichtgemäß jeden Tag ins Büro gehen. Hingegen die, die beschließen: ich will ein Buch schreiben über . . . – und sich dann hinsetzen und es schreiben.

[. . .]
8 Am herrschenden Stil wissenschaftlicher Schriftstellerei stört mich etwas, ich weiß nur noch nicht recht was. Es hat zu tun mit dem vielen Zitieren und dem Fußnotenwesen. Zwar habe ich an sich nichts gegen das Zitieren, möchte auch nicht sagen, es würden keine eigenen Gedanken vorgetragen, es sei alles nur kompiliert. Und doch sehne ich mich nach einem Autor, bei dem ich das Gefühl haben könnte: er hat alles vergessen, was er gelesen hat, und fängt nun wieder ganz vorne an, ganz auf sich selbst gestellt. Aber dann wäre es wohl keine wissenschaftliche Arbeit mehr. Auch könnte er wohl oft nur einen Satz oder eine halbe Seite schreiben, worüber andere jetzt einen ganzen Aufsatz verfertigen. Hieran könnte einiges liegen. Ist nicht oft in dem

Satz, mit dem einer beschließt: Ich will einen Aufsatz (oder: ein Buch) schreiben darüber, daß ... – alles enthalten, was er zu sagen hat? Und alles übrige ist bloß der Tribut, den er der Göttin Wissenschaft entrichtet.

[...]

10 Es ist seltsam, daß noch nie jemand etwas geschrieben hat über das Verhältnis von Max Frischs Tagebuch zu seinen späteren Werken. Jedermann weiß, daß diese in jenem vorgezeichnet sind. Die Frage liegt eigentlich auf der Hand, ob die späteren Werke etwas beitragen zu dem, was im Tagebuch steht, ob »Andorra« wertvoller ist als die Tagebuchnotizen, die seinen Inhalt skizzieren. – Ich bin geneigt, die Frage zu verneinen. Hat er nicht bloß dem Bedarf der Institutionen (Theater, Verleger) nach »konstruierter Form« (wie Hohl das nennt) nachgegeben?

[...]

17 Sprache und Wissenschaft:

Ich habe in der letzten Zeit zehn Aufsätze von verschiedenen Autoren über Jean-Jacques Rousseau gelesen. Was für ein Aufwand wird da getrieben, um einen Schriftsteller zu interpretieren! Da hat einer einen Gedanken darüber, was Rousseau gemeint haben könnte. Nun sucht er hundert Stellen aus den verschiedenen Werken zusammen, die das beweisen sollen, stellt die Frage in »geistesgeschichtliche Zusammenhänge«, etc. Und man hat das Gefühl, das Ganze sei verschwendet. Was hat der, der den Aufsatz geschrieben hat, davon? Er hat es sich selbst bewiesen, daß er recht hatte mit seinem Gedanken; aber dazu hätte er ihn nicht zu schreiben brauchen. Und was hat der Leser davon? Er weiß nun, was einer meint, was Rousseau meine. Aber das hätte er kürzer, meist in einem Satz haben können. Wissenschaftlich ausgedrückt; das heißt mit Zitaten und historischem Material belegt. Aber würde man die Zeit, die man braucht, um der Wissenschaft ihren Tribut zu zollen, nicht besser dazu verwenden, über die Sache selbst nachzudenken? Beispielsweise: Ich denke: Rousseau hat das und das gemeint. Ich verifiziere, ob er es wirklich gemeint hat: es stimmt. Ich schreibe es auf: »Rousseau meint ...«, oder besser: ich zitiere die Stelle, wo er es selbst sagt. Und nun widme ich mich der Arbeit, zu überlegen, ob es stimmt, was Rousseau sagt. Und schreibe die Bestätigung oder Widerlegung. »Rede mit eigenen Worten«, wie Hohl sagt, und zwar über die Sache selbst, das wäre es. Der Sprache etwas liefern, nicht der Wissenschaft.

1964

[...]

27 Ich befinde mich im Zustande der Verpuppung und warte, daß der Schmetterling endlich aus mir herauskommt.

Und wenn er nicht käme? Hohl zitiert einen Satz der Katherine Mansfield, an den ich sehr oft denke: »Sometimes I feel that it is dangerous to wait for things.« Der Satz macht mir Angst.

[...]

32 Hohls Begriff der Arbeit scheint mir heute bedenklich. Da nach Hohl das Leben von A bis Z Arbeit sein soll, ist er gezwungen, auch Essen, Trinken, körperliche Liebe, ja den Schlaf selbst als Arbeit zu bezeichnen. Damit gewinnt er zwar die intellektuelle Befriedigung eines alles umfassenden Begriffs, setzt sich aber außerstande, das Gleichgewicht zu diskutieren, das Maß, könnte man sagen, um die verschiedenen Formen seiner »Arbeit«, die eben doch verschieden bleiben, zueinander ins Verhältnis zu setzen. Beispielsweise: Wie verhalten sich die körperlichen Bedürfnisse – Essen, Trinken, Liebe, Schlaf – zur eigentlichen Arbeit? Wie verhält sich der »Mensch« – in Beziehung auf seine nähere Umwelt verstanden – zum Werk – das die Menschheit als ganze angeht (vgl. sein »vollkommener Sozialismus«)? Ist etwa dieses (das Werk) der Menschlichkeit völlig überzuordnen? Das scheint sich aus seinen Äußerungen, wie aus dem, was man über seine Lebensweise hört, zu ergeben. Damit erhält Hohl aber etwas beängstigend Maßloses. Es scheint ihm jenes Gleichgewicht, auf das eben doch viel ankommt, zu fehlen.

[...]

34 Was wohl zur Selbsterkenntnis beitragen und dadurch förderlich sein müßte, wäre eine genaue und ehrliche Untersuchung, welche Bücher – Dichter und Philosophen – einem nahe stehen, und auch, welche einem nichts sagen. Warum interessieren mich

Morgenstern und Ringelnatz – und anderseits Hohl und Kraus? Warum Shakespeare mehr als Goethe? Warum Hölderlin nicht, die Romantiker nicht (am ehesten noch Hoffmann), dafür Kleist und noch mehr Lessing und Lichtenberg? Warum greife ich eher zum Tao-te-king, zu Büchern über Zen- und anderen Buddhismus, ja zu Kaßner, als zu Hegel, Kant, Aristoteles? Was suche ich in jenen, warum suche ich es nicht bei diesen? Was macht Karl Valentin neben Plato? Und was verspreche ich mir vom Besitz aller möglichen Wörterbücher: Synonymenlexikon, Stilwörterbuch, Grammatik?

(Fernere Sympathien: Gryphius, Robert Walser, Henry Miller, Dada, Brecht. Verständnislos für: Thomas Mann, George, Dante, Eliot, Pound, Benn, Historie.)

Tagebuch IV. 1969-1971.

1971

[...]

31 Daß einer von einem Standpunkt aus, den wir nicht teilen, seine Betrachtungen anstellt, heißt nicht, daß diese Betrachtungen für uns wertlos sind. Es ist möglich, daß er von dort aus Dinge sieht, die uns von unserem Standpunkt aus entgehen.

V.

Johannes Beringer

Gebirge ist, was sich erhebt

Bemerkungen zu Ludwig Hohls ›Zeitungsarbeit‹ und zur Bibliographie.

Ludwig Hohl ist am 3. November 1980 gestorben. – In seiner Wohnung an der Erstellung der Bibliographie weiterarbeitend, hatte ich oft, tagtraumhaft, den Eindruck, in sein Leben zu blicken, ihn bei der Arbeit zu sehen. Das, was in seinen letzten Monaten, vielleicht sogar intensiver als früher, volle Wahrnehmung der abnehmenden Physis, Auseinandersetzung mit dem körperlichen Leiden war, schien über den Einschnitt durch den Tod hinaus zu wirken. »Leben ist Arbeiten.« Das hat auch da noch gegolten und es hatte zuletzt Geltung im Annehmen des Unausweichlichen. – *Vom Arbeiten überhaupt.* Dem Stück dieses Titels – ihm voran steht *Vom Schreib-Arbeiten* – habe ich den zitierten Satz entnommen. Hohls Gleichsetzung von Leben und Arbeit durchsetzt das Mißverständnis des allgemeinen Begriffs: sie schließt in sich ein die Abrechnung mit dem Tod. Ich gebe den Satz im Zusammenhang des Schluß-Abschnitts wieder: »Nur im Willen zur Verwandlung ist das Leben. (Leben ist Arbeiten. Arbeiten ist ein Inneres in ein Außen bringen. Dieses Innere verwandelt notwendigerweise immer dieses Außen.) Das Leben will Verwandlung und wird das Beharren der wichtigsten Dinge erreichen. Der Tod will das Beharren und wird die Verwesung erreichen.« (*Nuancen und Details*, II/51)

Wie einer sein Leben wahrnimmt, wie er es wahrmacht, also erst lebt – sein bewußtes Sein –, wirkt über den Tod hinaus. Hohls Arbeit wird – nachdem er sein Leben bestanden hat – als sein Lebendig-Bleibendes weiterbestehen.

Nicht um Kanonisierung kann es gehen; vielmehr darum: ob ›der Andere‹ damit seinerseits etwas anzufangen weiß. Was die professionelle Kritik betrifft, so hat sie sich dazu in ihrer Mehrheit unfähig gezeigt: sie hat nicht gelesen, sondern zensiert und rezensiert (übrigens durchaus mit jenem unverbindlichen ›Wohlwollen‹, das alles verständnislos einebnet). Und das enge Raster der Literaturwissenschaft ist, in der Beachtung Hohls, allemal noch weit genug gewesen, um ihn durchfallen zu lassen (nicht ganz zufällig allerdings). Das Phänomen, das sich durch fast das ganze tätige Leben Hohls hindurchzieht, ist dies: er hat Beachtung gefunden und er hat doch nicht die richtige Beachtung gefunden. Selbst die Beachtung dieser Nicht-Beachtung, die es (wie man hinzufügen muß) auch gegeben hat, ist kaum über sich selbst hinaus gekommen. So konnte Hohl – der Betrieb braucht seinen ›Geheimtip‹ – über Jahre hinweg vergessen und immer wieder entdeckt werden. Er war also – mir scheint es: selbst in der größten Vergessenheit – auf eine ruhig-konstante Weise anwesend. Albin Zollinger sprach bereits 1939 von »jenem eigenartigen ›Ruhm in der Unbekanntheit‹ . . ., der in die Tiefe, nicht in die Breite geht«.

Hohl hat das, was man das Biographische nennt, nicht oder kaum preisgegeben – was freilich der Legendenbildung Vorschub leisten mußte. Für ihn war die Biographie aufgehoben im Schreiben (da er doch sah, daß die Kunst im Schreiben identisch mit Leben ist): Werk als Akt der Realisation der eigenen Person. Indem er mit dem Biographischen zurückhielt, wollte er die Lektüre fördern – zum wirklichen Lesen hinführen. (Nur zu gut war zu sehen, wie fast bemüht schon diejenigen, die es anging, dem Text aus dem Weg gingen . . . gefesselt durch Beruf, Geldverdienst, Ideologie.)

In der Bibliographie kann man deshalb, wenn man will, die Biographie entdecken, das heißt ein äußeres Stück davon wenigstens, die kleineren und größeren Erfolge. Die Niederlagen sieht man bereits weniger gut – und man sieht nicht, hinter den nackten Daten, die tägliche Anstrengung, aus der heraus mit dem Begriff von ›richtiger Arbeit‹ auch diese selbst sich erhebt. Die Bibliographie ist wie ein Blick durch das Fenster ins Arbeitszimmer: sie gibt ein Bild oder einen Index dessen, was nach außen hin sichtbar ist, was sich realisiert hat, und sie zeigt die Wirkung dieser Realisation.

Kaum einer, der auf ähnlicher gedanklicher Höhe – wage ich zu sagen – diesselbe Verlassenheit erfuhr, war der Resonanz vielleicht so bedürftig wie Hohl. Sorgfältigst hat er Abdrucke eigener Texte und Besprechungen aufbewahrt und als kleine Erfolgserlebnisse registriert. Zugleich mußte er bemerken (so steht es im Vorwort zum ersten Band der *Notizen*): »die Kritik, wie sie im allgemeinen geübt wird, gehört in den Bezirk des Amüsanten, möge sie tadelnd oder lobend sein« – was nur verweisen kann auf die Isoliertheit seines Monologs, der so dringend menschlicher Dialog hätte werden wollen (so mußte er ›mit den Steinen‹ reden).

Hohls Sammelarbeit hat das Roh- und Baumaterial für den überwiegenden Teil der nachstehend abgedruckten Bibliographie geliefert. Ihr relativer Umfang – sie schließt ja vor allem Zeitungsabdrucke mit ein – muß zunächst überraschen (nach dem, was man zu wissen glaubte). Das kann leicht darüber hinwegtäuschen – ich spreche von der Primärliteratur –, welch lang durchgehaltene Mühe dahinterstand und wie schwer errungen und vergleichsweise gering der äußere Erfolg war. Wenn ich vorhin geschrieben habe, daß hinter den nackten Daten die tägliche Anstrengung nicht zu sehen ist, so kann ich das hier wiederholen. Trotzdem ist es nur zu einem Teil richtig. Was mich angezogen hat (neben dem, was es zu entdecken gab), war gerade, wie in der Häufung der Daten, einer gewissen Monotonie, etwas von diesem Alltag zum Vorschein kommt. Das hat mich bewogen, nach den Erstdrucken auch die Wiederabdrucke aufzuführen. Darüber hinaus – und das ist vor allem im Auge zu behalten – ist sichtbar zu machen, wie Hohl operierte; zu seiner Verfahrensweise gehörte ja bestimmend die Arbeit mit Zitat und Selbstzitat, Variation und Wiederholung.

Hohls Bemühung in dieser Richtung – seine ›Zeitungsarbeit‹ – ergibt allein schon ein (im nachhinein) traurig-faszinierendes Kapitel über die Schwierigkeit der Aufrechterhaltung seiner Schriftstellerexistenz. Eine Einkommensliste, die er über 18 Jahre hinweg – nämlich von 1937 bis 1954 – geführt hat, weist nach, wie es um dieses Einkommen aus Zeitungs- und Zeitschriftenbeiträgen stand. 1938 hat Hohl zum Beispiel, wie er selbst angibt, 436 Sendungen ausgeführt und 20 Annahmen erzielt, die ihm gerade etwas mehr als das Porto ersetzt haben mögen. Mit anderen Worten: hinter einem Abdruck stehen etwa 21 Abweisungen . . . was vielmehr heißt Nicht-Beantwortung, Verschlampen, Vergessen (die geläufigste Form von ›kommerzieller Zensur‹*). In den folgenden Jahren mag sich dieses Verhältnis etwas zu Hohls

* Ich übernehme den Begriff von Hartmut Bitomsky (s. ›Filmkritik‹ Nr. 209, Mai 1974).

Gunsten verbessert haben; was sich jedoch kaum verbessert haben wird, ist der Umgang mit dem redaktionellen ›Milieu‹. In einem extremen, dennoch symptomatischen Fall kam es da etwa vor, daß man einen Beitrag fast sechs Jahre nach der Zusendung wieder aus der Schublade holte und in die Zeitung setzte. Weglassungen, Kürzungen, gar Sinnveränderungen und Entstellungen sind nicht eben selten zu nennen: der Eindruck ist nicht von der Hand zu weisen, daß der zuständige Redakteur oft gerade so in die *Notizen* hineingegriffen hat, als habe er es mit einem Gemischtwarenladen zu tun. Es ist klar, daß diese Bedenkenlosigkeit und Unsorgfalt einesteils der Hektik des Zeitung-Machens entspringt; andernteils ist sie aber zugleich so etwas wie der Trägheit des Betriebs, mithin der Borniertheit des jeweiligen Kultur-Verantwortlichen zuzuschreiben. Wenn der nicht gerade von der Statur eines Max Rychner war (der im ›kleinen Bund‹ und in der ›Tat‹, vorher schon in der ›Neuen Schweizer Rundschau‹ und der ›Kölnischen Zeitung‹ einiges von Hohl gebracht hat), mußte es wohl meist darum gehen, gerade leerstehenden Raum – bei generellem Raummangel – noch schnell zu füllen. Daß Hohl von diesem Raummangel, etwa im Teil über ›Literatur‹, ironisierend zu sprechen vermochte, darf man getrost als selbstauferlegte Zurückhaltung und kluges Maßhalten einschätzen (denn ihm ging es ja ans Lebendige). Er hat sich bemüht, das ist an mancher Stelle zu spüren, sich von seiner Wut nicht vereinnahmen zu lassen – sie zu objektivieren, den Blick auf ›Literaturzustände‹ eröffnend. Gerade in seiner Lage war das wichtig (Hohl hat dieses Moment wiederholt angesprochen), um den Kopf oben behalten zu können.

Wie war denn nun die Lage? – Bei einem Einkommen aus Zeitungs- und Zeitschriftenbeiträgen von im Schnitt 372 Franken pro Jahr (mit Schwankungen von 100 bis etwas über 800 Franken), also 31 Franken monatlich, ist sie schlicht unhaltbar. Davon konnte auch damals keiner leben. Wie Hohl dennoch gelebt hat, vermag ein Kapitel aus Traugott Vogels Erinnerungsbuch anzudeuten: es gibt den bislang kenntnisreichsten, trotzdem doch wohl nur annähernden Begriff für die tägliche Geldnot während der 30er und 40er Jahre (wobei sich die Anschauung vorwiegend über Briefe und über mehr als nur die Distanz Zürich-Genf vermittelte). Da jedoch die für Hohl schlimmste Zeit – trotz oder gerade wegen des gegen den Artemis-Verlag gewonnenen Prozesses – in den 50er Jahren gewesen sein muß, bleibt diese Schilderung noch hinter der Realität zurück. Anscheinend hat Hohl Mitte der fünfziger Jahre die ›Zeitungsarbeit‹ mehr oder weniger aufgegeben (die Einkommensliste registriert in den Jahren davor immer spärlichere Annahmen). Er ist damit nicht nur der minimalen Einnahmequelle, sondern vor allem der für die Aufrechterhaltung seiner Moral wichtigen – wenn auch gleicherweise minimalen – Resonanz verlustig gegangen.

Trotzdem kann man an diesem, in einer krisenhaften Situation vielleicht tiefsten Punkt so etwas wie eine Wende sehen: fortan sind es nicht mehr die von Hohl selbst veranlaßten Abdrucke, die das Bild bestimmen, sondern vermehrt – wie spärlich auch immer – von außen, durch die feststehende Größe des Werks zurückkommende Reaktionen. Die Art dieser Reaktion – darauf muß man sogleich hinweisen – ist jedoch bis in die letzten Jahre hinein episodisch und von einem seltsamen Ungenügen geprägt geblieben: es ist, als habe der lebensgeschichtliche ›Bruch‹ sich auf solch reduzierende Weise in die Aufnahme des Werks eingeschrieben. Am ›Befremdlichen‹ der Person entzündete sich das Interesse (nicht am Text), an der Unvorstellbarkeit von Hohls Lage – der Lage des Schriftstellers – nahm das Legendäre seinen Ausgang. Und falsch wird es, indem es nicht erhellt, sondern das Vergangene von der Gegenwart abschneidet, Unrichtiges kolportierend festschreibt.

Ist es wirklich ein Bruch? Ich weiß es nicht so genau. – Hohl hat weitergearbeitet, wenn auch auf einer anderen, ausgedehnteren, vielleicht endloseren Ebene – eliminierend, korrigierend, konzentrierend (das hat er früher auch schon getan, aber wohl nicht mit diesem Gewicht). Und immerhin hat er die *Bergfahrt* abgeschlossen, was nicht nur etwas heißen will, sondern auch für sich spricht. – Meine Spekulation gründet sich jedoch – das wird für fast jedermann nachvollziehbar sein – auf das sichere Gefühl, daß da, wenngleich schwer faßbar, schon etwas ist. Und es war schon da (war es immer schon da?), bevor es offenkundig wurde – der Ahnungen, Verweise in Hohls Werk selbst gibt es genug: ich nenne als ein Beispiel ›Das Unglück‹ (*Die Notizen*, II/233). Versinken, Reduktion, Erstarrung, Tod – Verlust von wahrer Tätigkeit, Identität, Gesellschaft: das Unglück des Absturzes ist es, gegen das Hohl auf gefährdetem Standort sich behaupten muß. Das Unglück des Einzelnen als das schlecht Allgemeine. Es geht ums Ganze, das unfaßbarer geworden ist – die Komplexität des zu Fassenden, die Macht von objektiven Verhinderungsgründen, damit die subjektive Bedrängtheit hat zugenommen. Die Konzentration beim Balanceakt des Schreibens ist vielleicht so ablenkbar wie noch nie; sie wiederzufinden, aufrechtzuerhalten war Hohls ständiges und letztes Bemühen. »Das Unglück allein ist noch nicht das ganze Unglück . . .«

Hohls besondere Produktionsweise wäre erst noch zu beschreiben (wenn sie zu beschreiben ist). Sie mußte durchgehalten werden, und sie wurde ausgehalten gegen die Erfordernisse des Tages, die banalen Notwendigkeiten der nackten Subsistenz. In Hohls Arbeit, die im wahrsten Sinn des Wortes eine Auseinander-Setzung war, liegt etwas beschlossen, was weiter reicht, was von ihm ausgehend über ihn selbst hinaus geht; vielmehr: sich in seiner Weise des Arbeitens und Lebens gerade ausdrückt und bezeichnet. – Ich muß, auf die ›Zeitungsarbeit‹ zurückkommend, es noch einmal anders fassen: welcher Bogen sich spannt von einem Schreiben ›für den Tag‹ zu einem ›unter dem Aspekt der Ewigkeit‹, hat mich als fast heroisch beeindruckt. Ist das nicht wie eine Tätigkeit über dem Abgrund der Gedankenlosigkeit, die tote Zeit, die Leere im sinnvollen Augenblick aufhebend? Dem flüchtigsten und vergänglichsten Medium, das Worte im Nu verbraucht und schal werden läßt, vertraute Hohl seine Sätze an; nicht ganz abwegig der Gedanke, daß er sie auch deshalb so haltbar machen mußte. Und seine Abkehr bei voller Zuwendung wirft zumindest ein Licht auf das Unhaltbare der üblichen Kommunikationsweise, darin auf den Zustand von Gesellschaft. »(Bei den Gipfeln des Mißverständnisses:) Ich muß die Sätze meißeln, da es mir nicht mehr zu vielen reicht.« (*Die Notizen*, VII/162)

Wenn kein Publikum da ist, schreibt es sich *notgedrungen* für die Ewigkeit. Aber Zeitungen haben ein Publikum. Die tägliche Lektüre: Hohl hätte sie sicher gern für jedermann zur wirklichen Entdeckungsfahrt gemacht. So blieb nur die Zuversicht der eigenen Arbeit und die Hoffnung, daß das Auge des flüchtigen Lesers hängenbleiben, in der Einöde das Rinnsal ausmachen möge. Darin die Gewißheit, daß in der Unmittelbarkeit dieses Augenblicks der *wahre Leser* sich konstituiert, aus dem Bedingenden heraus, unbedingt, also frei.

Hohls eigene Fähigkeit zum Lesen bewährte sich nicht zuletzt beim Durchblättern der Zeitung – sei es im Wahrnehmen von wirklich Werthaltigem innerhalb einer Überfülle von Rankenwerk, sei es im Durchschauen der alltäglichen, mit frecher Selbstverständlichkeit auftretenden Phrase. Jedenfalls ist ein heller Widerschein der ›Fackel‹ von Karl Kraus bei ihm noch zu spüren, eine durch-dringende Schärfe im Blick auf den gewöhnlichen Alltag. (Und wenn Hohl in einer schweizer Zeitung seine feste Spalte gehabt hätte, hätte das nicht nur ihm, sondern der schweizer Literatur gut getan. Davon war und ist die Kultur dieses Landes allerdings sehr weit entfernt.)

Wenn eine Wirkung ausbleibt, Schreiben und Lesen sich trennen, ›in alle Ewigkeit‹ auseinanderfallen, so drückt sich darin zuallererst ein ökonomischer Tatbestand aus. Und der wiederum ist ganz unvermittelt und direkt die Mittellosigkeit des Schreibenden: es trifft gerade den, der seine Mittel des Denkens und Fühlens, Schreibens und Lesens noch beisammen hat. Ihm soll ein Tun verwehrt sein, das sich mit dem Leben verbindet. Das ist der öffentliche Druck, der auf Hohls Tätigkeit lastete, die ›gesellschaftliche‹ Spannung, gegen die er sich – und wahrscheinlich sogar zunehmend – zu behaupten hatte. Wenn der Bogen sich so gefährlich weit spannte, daß es zum Bruch kam, so ist es jedenfalls ein lebensgeschichtlicher Bruch, der tiefer reicht – ein menschheitsgeschichtlicher Bruch vielleicht, der nicht wieder einzuholen und doch wieder einzuholen ist.

Hohl hat sich nicht dazu hergeben können, aus seiner Tätigkeit einen Beruf zu machen; zugleich hat er sich geweigert, vor der Höhe und Schwierigkeit des Anspruchs abzudanken und in eine Nebentätigkeit auszuweichen. Das hätte ihn abgehalten von dem, was er als Arbeit in umfassendstem Sinn begriffen hat – ihr konnte er sich nur voll und ganz widmen. Den Bedingungen der Mittellosigkeit sich aussetzend, hat er aus Öde und Isolation sich herausgeschrieben – was nur heißt, daß er, indem er Unmittelbarkeit herstellte und der Sache folgte, auch sich selbst treu blieb.

Ungewöhnlich und anachronistisch mutet eine solche Haltung heute wie vor vierzig Jahren an. Sie ist es nicht, wenn ein Schriftsteller ein wirklicher Schriftsteller sein will. An Hohls Beispiel ist zu sehen, wie einer das – gegen Zeit und Umstände, in denen er lebte – geschafft hat. Etwas vom Wunder dieses Überlebens hat Hohls Existenz bis zu seinem Tod umgeben. Und das Wunder des richtig gewählten Wortes – standhaltende Sprache – wird die falsche Legende besiegen. »Die wahren Schriften: sie geben dem Leben nicht recht; aber das Leben wird ihnen recht geben.«

Abschließend noch ein paar Worte zur ›Sekundärliteratur‹, das heißt zu den Zeitungs- und Zeitschriftenartikel zu Hohls Werk. Sie werden in puncto ›Kritik‹ nicht das halten können, was sie vielleicht auf den ersten Blick, auch durch ihre relativ große Anzahl, versprechen. Die in diesem Band vertretenen Arbeiten sind tatsächlich schon so gut wie alle, die wiederaufzunehmen sich lohnte. Was am überwiegenden Teil des Übrigen zu studieren wäre, ist die geläufige Form von ›Zeitungsarbeit‹, für die nie Raumnot und nie Platzmangel herrscht. Immerhin gibt es dabei bestimmte Topoi, die mangels weitergehender Kenntnisse immer wieder reproduziert worden sind und eine gerade herrschende Interessenlage – oder eher: permanente Verlegenheit – vermitteln. Wie sich dieses Interesse an Hohl (und diese Nicht-Befassung mit dem Werk) über die Jahre hinweg ausgedrückt hat, mag aufschlußreich sein zu verfolgen.

Kennzeichnend für die Situation ist wohl dies: zur Ausgabe von *Vom Arbeiten/Bild*, 1978, ließ sich, abgesehen von einem Hinweis, keine einzige Rezension finden, für *Varia*, 1977, gerade eine und ein Hinweis. Und das für Wiederveröffentlichungen von Teilen der *Notizen*, die zu den in meinen Augen wichtigsten und schönsten zählen. Zu Hohls Tod hingegen sind so viele Artikel erschienen wie nie zuvor.

Wenn es der Nekrologe bedarf, um mit dem Lesen endlich zu beginnen, so wäre dagegen vielleicht nicht einmal allzuviel zu sagen.

Original-Arbeiten zu Hohls Werk sollen einem späteren Band vorbehalten sein.

Verzeichnis der Veröffentlichungen von und über Ludwig Hohl

Bibliographie 1923-1980.

I. Primärliteratur
   1. Buchausgaben
   2. Übersetzungen (ins Französiche)
   3. Beiträge in Zeitungen, Zeitschriften, Anthologien
   4. Wiederabdrucke (Auswahl)
   5. Radiosendungen

II. Sekundärliteratur
   1. Briefband, Hommage, Dissertationen
   2. Aufsätze, Essays, Berichte, ausgewählte Rezensionen in Zeitungen und Zeitschriften; Erinnerungen, Reden, Ehrungen; Radiosendungen
   3. Kurzkritiken, Sammelbesprechungen, Hinweise (zu den Buchausgaben)
   4. Verschiedenes (Reportagen, Artikel über Lesungen, Ehrungen, literaturkritische Hinweise u. a.)
   5. Lexika

Zur Orientierung des Lesers und Benutzers der Bibliographie ein paar Erläuterungen vorweg.

Hohls frühe Prosastücke oder Impressionen – das betrifft vor allem die seiner Pariser Zeit – verweisen auf eine jugendlich-intensive Selbstsuche: sie sind, wenn sie nicht ganz fallengelassen wurden, verschiedentlich umgearbeitet, zu Teilen neu zusammengestellt (und betitelt), in einigen Fällen nach Jahren wieder aufgenommen und umgeschrieben. Vor- und Rückverweise bei den jeweiligen Abdrucken sollen etwas von diesem für Hohl charakteristischen Klärungsprozeß andeuten, der zweifellos – aber eben nicht nur! – auch mit einem Bemühen um neue Zeitungsbeiträge einherging. Von diesen Stücken (›Optimismus‹, ›Meer‹) ist jeweils nur für die letzte, dem Textlaut im Buch am nächsten kommende oder mit ihm identische Fassung der Nachweis im Erzählband *Nächtlicher Weg* geführt.

Die Identifizierung der in Zeitungen und Zeitschriften abgedruckten Stücke aus *Nuancen und Details* und den *Notizen* folgt Hohls Zahlensystem: die römische Ziffer verweist auf den betreffenden Teil des Buches (für *Nuancen und Details* drei, für die *Notizen* zwölf Teile), die arabische Zahl ist die Nummer des Stücks. Die Reihenfolge gibt die Anordnung in der Zeitung/Zeitschrift wieder, um Hohls *Zusammenstellung* zu veranschaulichen. Erscheinen bereits abgedruckte Stücke zusammen mit neuen, so sind die *Nummern für die Erstdrucke kursiv* gesetzt.

Weitergehende Angaben, etwa für voneinander abweichende Fassungen, konnten hier nur mehr oder weniger summarisch gemacht werden. Eine eingehendere Befassung mit den Zusammenstellungen und oft nur minimalen Veränderungen läßt etwas erahnen von Hohls großem ›Umbau‹ des 1937 fertig vorliegenden chronologischen Grundmanuskripts der *Notizen*. Diese Arbeit des ›Auswählens, Anordnens, Eliminierens‹ (wie Hohl sie in den beiden Vorworten erwähnt) war auf eine Buchveröffentlichung ausgerichtet, hat aber sicher gleichzeitig – als Nebenprodukt vielleicht – die ›Zeitungsarbeit‹ ermöglicht und erleichtert.

Hohl hat 1937 (als das Grundmanuskript der *Notizen* abgeschlossen war) seine Aufzeichnungen weitergeführt, erst noch in Holland, dann in Genf. Von diesen, zunächst als ›Nachnotizen‹ bezeichneten Stücken (in zwei Bänden) hat er viele für die Veröffentlichung in Zeitungen und Zeitschriften ausgewählt und zusammengestellt. Der erste Abdruck aus dem 1. Band datiert vom 13. 3. 1947 in den ›Luzerner Neuesten Nachrichten‹, der erste aus dem 2. Band vom 6. 8. 1950 in der ›National-Zeitung‹, Basel (weitere Angaben an der betreffenden Stelle der Bibliographie). Die Bezeichnung ›Nachnotizen‹ für die Nachweise wurde jedoch nur der Einfachheit halber beibehalten: es handelt sich hier um Texte, die zum von Hohl so bezeichneten Stoffkreis *Von den hereinbrechenden Rändern* gehören. Ein Stück gleichen Namens, geschrieben Juni 1937, gibt ihm den Titel. Das ist im Auge und im Gedächtnis zu behalten.

Der Nachweis der Stücknummern in diesen zwei Bänden konnte im übrigen allein den Sinn haben, auf noch nicht in Buchform Veröffentlichtes hinzuweisen und wiederum etwas von Hohls Arbeitsweise kenntlich zu machen. Was vorhin gesagt worden ist, gilt auch hier: die Nummern neuer Stücke, die zusammen mit bereits gebrachten erscheinen, sind kursiv gesetzt.

Weiterhin ist zu beachten, daß als Wiederabdrucke (unter dem Eintrag des Erstdrucks) nur solche aufgeführt werden, die sonst in der Bibliographie nicht wieder genannt sind. Das erwähnte Stück ›Von den hereinbrechenden Rändern‹ zum Beispiel ist erstmals abgedruckt in der ›Neuen Zeitung‹ vom 25. 9. 1950, erscheint aber, außer den dort angegebenen Wiederabdrucken, auch zusammen mit Neuem, etwa in der ›Tat‹ vom 26. 9. 1953, der ›Bodensee-Zeitschrift‹ vom März 1955 und der ›National-Zeitung‹ vom 24. 4. 1960.

Aus einsichtigen Gründen ist die Primärliteratur nach der Chronologie ihrer Erscheinungsdaten gegliedert – nur so sind die Umrisse einer Art Werkgeschichte sichtbar zu machen. Eine separate Auswahl von Wiederabdrucken, die nicht von Hohl selbst veranlaßt wurden, sollte etwas vom Widerhall, der späten ›Verbreitung‹, wiederzugeben vermögen.

Für den größten Teil der Sekundärliteratur erschien es sinnvoll, eine alphabetische Bibliographie der Verfasser anzulegen, die das Namens-Spektrum der hauptsächlichen Rezensenten und Rezipienten absteckt. Das Übrige ist dann wieder chronologisch aufgeführt: einesteils, um die ungefähre Bandbreite der Besprechungen zu den einzelnen Buchausgaben anzudeuten (die in die Verfasser-Bibliographie aufgenommenen Beiträge sind hier allerdings nicht noch einmal berücksichtigt); andernteils, um etwas von vergangenen Aktualitäten zu verzeichnen (›Verschiedenes‹).

Dank für großzügige Unterstützung schulde ich Madeleine Hohl-Constançon. Hilfestellung und/oder moralische Unterstützung habe ich von Alexander J. Seiler, Herrn Hans Saner und Herrn Hans Rütter erfahren. Ihnen, wie den Kollegen Charly Hersperger und Hugo Sarbach, der die Übersetzungen aus dem Französischen gewissenhaft besorgt hat, gilt ebenfalls Dank. Hervorheben möchte ich auch die Hilfe durch Freundlichkeit und Zuverlässigkeit des Schalter-Personals der Stadtbibliothek Winterthur.

J. B.

I. Primärliteratur

1. *Buchausgaben*

- *Gedichte*. – Konstanz (Selbstverlag / Gedruckt bei Oskar Wöhrle) 1925; 78 S.
- *Nuancen und Details. I und II.* – Zürich (Verlag Oprecht) 1939; 128 S.
  [Entstanden 1932-1935 / Klappentext von Albin Zollinger.]
- *Nuancen und Details. III. Teil.* Mit einem Gedenkwort für Albin Zollinger. – Genf (Im Selbstverlag) 1942; 75 S.
  [N. u. D. III. T. entstanden 1931-1935 / »... gedruckt von Albert Kundig in Genf im August 1942 in einer Auflage von insgesamt 400 numerierten Exemplaren ...«.]
- *Die Notizen oder Von der unvoreiligen Versöhnung. I. Teil: ›Vom Arbeiten‹.* – Genf (Im Selbstverlag) 1943; 74 S.
  [Entstanden 1934-1936 / »... gedruckt von Albert Kundig in Genf im Dezember 1942 in einer Auflage von insgesamt 300 numerierten Exemplaren ...«.]
- *Nächtlicher Weg. Erzählungen.* Mit 15 Federzeichnungen von Hanny Fries. – Zürich (Morgarten-Verlag) 1943; 246 S.
  [›Dem Gedächtnis Albin Zollingers‹ / enthält: ›Das Pferdchen‹, ›Das Blatt‹, ›Meer‹, ›Und eine neue Erde‹, ›Optimismus‹, ›Der Igel‹, ›Landschaften‹, ›Der Suchende‹, ›Nächtlicher Weg‹, ›Skizze einer Skizze der Welt‹, ›Die Trinkerin‹, ›Laurisa, die Glänzende‹, ›Drei alte Weiber in einem Bergdorf‹; entstanden, soweit angegeben, 1929-1938.]
- *Die Notizen oder Von der unvoreiligen Versöhnung. 1. Band. Teil I-VI.* – Zürich (Artemis-Verlag) 1944; 477 S.
  [Vorwort »Genf, Juni 1944« / Entstanden 1934-1936; enthält: ›Vom Arbeiten‹, ›Vom Erreichbaren und vom Unerreichbaren‹, ›Reden, Schwatzen, Schweigen‹, ›Der Leser‹, ›Kunst‹, ›Vom Schreiben‹.]
- *Von den hereinbrechenden Rändern.* – Zürich, 1952; 20 S.
  [»Dieser Auszug aus dem unveröffentlichten Werk ... wurde von seinen Freunden herausgegeben. (...)« / Hohl lehnte diese Veröffentlichung ab.]
- *Die Notizen oder Von der unvoreiligen Versöhnung. 2. Band. Teil VII-XII.* – Zürich (Artemis-Verlag) 1954; 622 S.
  [Vorwort »Genf, Januar 1954« / Entstanden 1934-1936; enthält: ›Varia‹, ›Apotheker‹, ›Literatur‹, ›Traum und Träume‹, ›Vom Tod‹, ›Bild‹.]
- *Vernunft und Güte. Erzählung.* – St. Gallen (Tschudy-Verlag) 1956; 19 S. [Der Bogen. Heft 48.]

[S. 17-19: ›Ludwig Hohl‹ von Traugott Vogel.]

– *Wirklichkeiten. Prosa.* Mit sechs Farbzeichnungen von Hans Äschbacher und einer Foto. Auswahl und Nachwort von Heinz Weder. – St. Gallen und Stuttgart (Tschudy Verlag) 1963; o. S. z. [Die Quadrat-Bücher, herausgegeben von Hans Rudolf Hilty. Band 34.]
[I. Aus ›Von den hereinbrechenden Rändern‹, II. Fragmente aus ›Bergfahrt‹, III. ›Letzter Brief an Albin Zollinger‹, IV. ›Über Ludwig Hohl‹ von Heinz Weder.]

– *Nuancen und Details.* Mit einem Nachwort von Helmut Heißenbüttel. – Olten und Freiburg (i. Brsg.) (Walter-Verlag) 1964; 116 S. [Walter-Druck 3.]
[Vereinigt »nach dem Text der Erstausgaben« die drei Teile zum ersten Mal in einem Band. »Die Ausgabe bleibt beschränkt auf 1220 Exemplare der einmaligen Auflage«.]

– *Daß fast alles anders ist.* – Olten und Freiburg (i. Brsg.) (Walter-Verlag) 1967; 150 S.
[»Die Betrachtungen, Träume, Erzählungen dieses Buches gehören zum Stoffkreis des Werkes ›Von den hereinbrechenden Rändern‹, an dem der Autor seit vielen Jahren arbeitet«.]

– *Drei alte Weiber in einem Bergdorf.* Mit einem Nachwort von Elisabeth Brock-Sulzer. – Bern (Kandelaber Verlag) 1970; 34 S. [kandelaber-werk-reihe 6.]
[Entstanden 1933-1938; aus: ›Nächtlicher Weg‹, Zürich, 1943.]

– *Nächtlicher Weg. Erzählungen.* – Frankfurt am Main (Suhrkamp) 1971; 107 S. [Band 292 der Bibliothek Suhrkamp.]
Dass. 5. bis 7. Tausend 1974.
[»Der Autor hat für diese Ausgabe die Texte neu durchgesehen und einige Erzählungen nicht mehr aufgenommen«, nämlich: ›Das Pferdchen‹, ›Meer‹, ›Und eine neue Erde‹, ›Optimismus‹.]

– *Vom Erreichbaren und vom Unerreichbaren.* – Frankfurt am Main (Suhrkamp) 1972; 205 S. [Band 323 der Bibliothek Suhrkamp.]
Dass. 5. und 6. Tausend 1976. Dass. 7. Tausend 1981.
[». . . Teil II (von insgesamt zwölf Teilen) des Werks ›Die Notizen oder Von der unvoreiligen Versöhnung‹ . . . . Die Texte wurden für diese Ausgabe vom Autor neu durchgesehen«.]

– *Nuancen und Details.* – Frankfurt am Main (Suhrkamp) 1975; 140 S. [Band 438 der Bibliothek Suhrkamp.]

– *Bergfahrt.* – Frankfurt am Main / Zürich (Suhrkamp) 1975; 97 S.
Dass. Frankfurt/M., 1979; 112 S. [Band 624 d. Bibl. Suhrkamp.]

– *Varia.* – Frankfurt am Main (Suhrkamp) 1977; 141 S. [Band 557 der Bibliothek Suhrkamp.]
[». . . Teil VII (von insgesamt zwölf Teilen) des Werkes ›Die Notizen oder Von der unvoreiligen Versöhnung‹ . . .«.]

– *Vom Arbeiten. Bild.* – Frankfurt am Main (Suhrkamp) 1978; 143 S.

[Band 605 der Bibliothek Suhrkamp.]
[»›Vom Arbeiten‹ ist der Teil I (von insgesamt zwölf Teilen) des Werkes ›Die Notizen oder Von der unvoreiligen Versöhnung‹ . . . ›Bild‹ ist der Teil XII und letzte Teil des Werkes«.]

– *Das Wort faßt nicht jeden. Über Literatur.* – Frankfurt am Main (Suhrkamp) 1980; 134 S. [Band 675 der Bibliothek Suhrkamp.]
[». . . Teil IX (von insgesamt zwölf Teilen) des Werkes ›Die Notizen oder Von der unvoreiligen Versöhnung‹ . . .«.]
– *Die Notizen oder Von der unvoreiligen Versöhnung.* – Frankfurt am Main (Suhrkamp) 1981; 831 S.

– *Bericht über Artemis.* (Meine durch den Artemis-Verlag geschaffene Lage.) – Genf, 1. Januar 1949; 23 S.
[»Hektogr. Reprod. in 100 Ex; finanziell ermöglicht durch meinen Freund J. K.«]

2. *Übersetzungen* (ins Französische)

– *Tous les hommes presque toujours s'imaginent.* Traduit de l'allemand par Walter Weideli. – Lausanne (Éditions de L'Aire / Coopérative Rencontre) 1971; 159 S.
Neuausgabe: 1981 [Lettres Universelles].
[›Daß fast alles anders ist.‹ – Olten u. Freiburg (i. Brsg.), 1967.]
– *Chemin de nuit.* Traduit de l'allemand par Philippe Jaccottet. – Vevey (Éditions Bertil Galland) / Lausanne et Zurich (Éditions Ex Libris) 1978; 149 S. [ch; Les meilleurs écrivains contemporains de suisse alémanique.] [›Nächtlicher Weg.‹ Erzählungen. – Zürich, 1943, Frankfurt/M., 1971.]
– *Une ascension.* Traduit de l'allemand par Luc de Goustine. – Paris (Editions Gallimard) 1980; 113 S.
[›Bergfahrt.‹ – Frankfurt/M., 1975.]

3. *Beiträge in Zeitungen, Zeitschriften, Anthologien*

– *Schneefall.* [Gedicht.] – In: Neue Glarner Zeitung, 68. Jg., Nr. 300, Glarus, 22. 12. 1923.
In: Gedichte. Konstanz, 1925, S. 28 (unter dem Titel ›Schnee‹).
– *Gedichte.* (Erwachen der Eifersucht. Erkenntnis. Die Sonne. Mein Adler. Gothars Lied von der Welt.) – In: Wissen und Leben. Neue Schweizer Rundschau. Zürich. (Red. Dr. Max Rychner.) XVII. Jg., 18. Heft, 20. 8. 1924, S. 1099-1101.
In: Gedichte. Konstanz, 1925, S. 37, 60, 10, 14, 49.

– *In der Nacht.* [Gedicht.] – In: Der Basilisk (Sonntagsbeilage der National-Zeitung), 6. Jg., Nr. 14, Basel, 5. 4. 1925.
In: Gedichte. Konstanz, 1925, S. 69 (unter dem Titel ›Mitten in der Winternacht‹).
– *Das Bächlein.* [Gedicht.] – In: Schweizerische Familien-Zeitung (Beilage der Schweiz. Allgemeinen Volkszeitung), Zofingen, 25. 1. 1930.
In: Gedichte. Konstanz, 1925, S. 67.
– *Die Sonne.* [Gedicht.] – In: Tages-Anzeiger, Zürich, 12. 5. 1930.
In: Gedichte. Konstanz, 1925, S. 10.
– *Im Frühling.* [Gedicht.] – In: Tages-Anzeiger, 38. Jg., Nr. 128, Zürich, 3. 6. 1930.
In: Gedichte. Konstanz, 1925, S. 39.
– *Impressionen aus einem Fischerdorf am Mittelmeer.* (Die Straße. Landschaft. Das Wetter.) – In: Neue Zürcher Zeitung, Nr. 1597, 17. 8. 1930.
– *Impressionen aus einem Fischerdorf am Mittelmeer.* (Ansiedlung. Bewohner. Das Meer.) – In: Neue Zürcher Zeitung, Nr. 1638, 24. 8. 1930.
Vgl. Umarbeitung des letzten Teils in ›Meer‹ (Der kleine Bund, Bern, 25. 2. 1940. Nächtlicher Weg. Zürich, 1943).
– *Nachtvögelein.* [Gedicht.] – In: Tages-Anzeiger, 38. Jg., Nr. 204, Zürich, 1. 9. 1930.
In: Gedichte. Konstanz, 1925, S. 27.
– *Der Tiefe Licht.* [Gedicht.] – In: National-Zeitung, Basel, 7. 9. 1930.
In: Gedichte. Konstanz, 1925, S. 57-59.
– *Das Pferdchen. Novelle.* – In: Neue Schweizer Rundschau. Zürich. (Red. Dr. Max Rychner.) XXIII. Jg. (von ›Wissen und Leben‹), Heft 12, Dezember 1930, S. 934-945.
In: Nächtlicher Weg. Erzählungen. Zürich, 1943, S. 7-34.
Dass. in: Dortmunder Generalanzeiger, 22. 12. 1930 (gekürzt). National-Zeitung, Basel, 31. 12. 1939. Beatrice von Matt (Hrsg.), Unruhige Landsleute. Schweizer Erzähler zwischen Keller und Frisch. Ein Lesebuch. Zürich und München, 1980.
– *Bergdorf.* – In: Neue Zürcher Zeitung, 26. 11. 1931.
– *Neun Tage aus Lorenzos Leben.* – In: Neue Zürcher Zeitung, 17. 12. 1931.
Vgl. spätere, stark veränderte Fassungen unter dem Titel ›Optimismus‹ (27. 9. 1933) und ›Glück von morgen an‹ (12. 3. 1938).
– *Das Blatt.* – In: Kölnische Zeitung, Unterhaltungsblatt (Verantwortl. für den Inhalt: Dr. Max Rychner), 16. 4. 1932.
In: Nächtlicher Weg. Erzählungen. Zürich, 1943. Frankfurt/M., 1971.
Dass. in: Simplicissimus, München, 16. 7. 1933. Die Zeit, Bern, V. Jg., Nr. 1, April 1937. Der Landbote, Winterthur, 23. 7. 1938. Basler

Nachrichten, 12.11. 1939. Das ideale Heim, Winterthur, November 1939. Luzerner Neueste Nachrichten, 26. 1. 1941. National-Zeitung, Basel, 12. 8. 1942. DU, Zürich, Oktober 1943. Das Fenster. Mitteilungen des Morgarten-Verlages, Zürich, Nr. 1, Oktober 1943. Neue Zürcher Zeitung, 6. 11. 1949. Der goldene Griffel. Dichtungen sanktgallischer und appenzellischer Autoren von der Frühzeit bis zur Gegenwart. Band III. St. Gallen, 1957. National Zeitung, Basel, 24. 12. 1971.
Dass. französisch in: La Revue de Belles-Lettres, Genève, 94. Jg., Nr. 3, 1969. Journal de Genève, 25./26. Oktober 1969. L'Impartial, La Chaux-de-Fonds, 9. 4. 1974. (= übersetzt von Armand Jacoubovitch.) Journal de Genève, 6. 5. 1978. (= übersetzt v. Philippe Jaccottet.)
Dass. rumänisch in: Románia literară, Bukarest, Nr. 49, 4. 12. 1980. (= übersetzt von Ana Simon.)

– *Gesellschaft um Mitternacht.* – In: Neues Wiener Tagblatt, 5. 8. 1933. Vgl. auch ›Nächtliche Stadt‹ (1936), das die beiden letzten Absätze aufnimmt.
– *Pariser Straßenimpressionen.* – In: Tages-Anzeiger, Zürich, 16. 8. 1933.
Dass. in: Luzerner Neueste Nachrichten, 24. 7. 1937 (unter dem Titel ›Pariser Straßenbilder‹).
Vgl.: der letzte Teil ist verändert erschienen als zweiter Teil von ›Pariser Fragment‹ (13. 4. 1934), dann wieder völlig umgearbeitet und erweitert als selbständiges Stück unter dem Titel ›Athleten‹ (17. 7. 1938).
– *Optimismus.* – In: Arbeiter-Zeitung, Wien, 27. 9. 1933.
Dass. in: Die Zeit, Bern, 12. 5. 1934 (unter dem Titel ›Glück von morgen an‹). Luzerner Neueste Nachrichten, 16. 10. 1934. Neues Wiener Tagblatt, 21. 8. 1937 (unter dem Titel ›Der Mann mit den besonderen Ideen‹).
Vgl. ›Neun Tage aus Lorenzos Leben‹ (17. 12. 1931) und ›Glück von morgen an‹ (12. 3. 1938).
– *Pariser Fragment.* – In: Frankfurter Zeitung, Nr. 185-186, 13. 4. 1934. Übernimmt, leicht umgearbeitet, den letzten Teil aus ›Pariser Straßenimpressionen‹ (16. 8. 1933); vgl. ›Athleten‹ (17. 7. 1938).
– *Von den Hastigen.* – In: Berliner Tageblatt (Abend-Ausgabe), Nr. 332, 16. 7. 1935.
I/35 (Teil ›Von der Eile‹) in: Nuancen und Details. Zürich, 1939. Olten u. Freiburg (i. Brsg.), 1964. Frankfurt/M., 1975.
Dass. in: Die Zeit, Bern, Oktober 1937. Tages-Anzeiger, Zürich, 13. 2. 1942.
– *Landschaften.* – In: Neue Zürcher Zeitung, 24. 4. 1936.
In: Nächtlicher Weg. Erzählungen. Zürich, 1943. Frankfurt/M., 1971.
– *Nächtliche Stadt.* – In: Neue Schweizer Bibliothek. Herausgegeben von

Robert Jakob Lang. Band XIV. Zürich, 1936, S. 87-92.
Übernimmt, leicht verändert, die zwei letzten Absätze aus ›Gesellschaft um Mitternacht‹ (5. 8. 1933).
Dass. in: Berliner Tageblatt, 21. 6. 1936 (gekürzt um den letzten Teil). Das Interessante Blatt, Wien, 30. 9. 1937. National-Zeitung, Basel, 16. 5. 1938.

– *Dämmerung in Paris.* – In: Berliner Tageblatt (Abend-Ausgabe), Nr. 3, 2. 1. 1937.
Übernimmt, leicht verändert, den ersten Teil von ›Pariser Fragment‹ (13. 4. 1934).
Dass. in: Basler Nachrichten, 16. 8. 1937. Luzerner Neueste Nachrichten, 30. 10. 1937.

– *Nuancen und Details.* – In: Neue Schweizer Bibliothek. Band XXII. Zürich, 1937.
II/3, 4, 34, 35, 37 in: Nuancen und Details. Zürich, 1939. Olten u. Freiburg (i. Brsg.), 1964. Frankfurt/M., 1975.

– *Zwei Stücke. Das Blatt. Der Igel. Märchen.* – In: Die Zeit (Schriftleitung: Albin Zollinger; Ernst Rieder). Bern. V. Jg., Nr. 1, April 1937.
In: Nächtlicher Weg. Erzählungen, Zürich, 1943. Frankfurt/M., 1971.
Vgl. Erstdruck ›Das Blatt‹ (16. 4. 1932).
›Der Igel‹ auch in: Luzerner Neueste Nachrichten, 9. 9. 1939. Der kleine Bund, Bern, 11. 8. 1940. Das ideale Heim, Winterthur, Nr. 10, Oktober 1940. Aktion, Frankfurt/M., 1. Jg., Nr. 8, Oktober 1951.

– *Vom Lesen.* – In: Der kleine Bund (Literarische Beilage des ›Bund‹), Bern, 6. 6. 1937.
IV/1 in: Die Notizen. Bd. 1. Zürich, 1944. Frankfurt/M., 1981.
Dass., mit kleinen Verschiebungen, in: Tages-Anzeiger, Zürich, 5. 2. 1938. Der Landbote, Winterthur, 25. 6. 1938. Davoser Revue, Dezember 1938. Luzerner Neueste Nachrichten, 11. 3. 1939. National-Zeitung, Basel, 16. 4. 1939. Das ideale Heim, Winterthur, Februar 1945.

– *Von den unwichtigen Briefen.* – In: National-Zeitung, Basel, 25. 7. 1937.
II/23 in: Nuancen und Details. Zürich, 1939. Olten u. Freiburg (i. Brsg.), 1964. Frankfurt/M., 1975.
Dass. in der Sprache des Languedoc (›Neŭtraleco. Aŭ: Pri Signifo De La Perletera Korespondado‹) in: Nia Gazeto, Nice, November 1937.

– *Bei näherem Zusehen.* – In: Der kleine Bund (Literarische Beilage des ›Bund‹), Bern, 15. 8. 1937.
I/10, 23, 24 (Teil, verändert), 32, 37, 38 in: Nuancen und Details. Zürich, 1939. Olten u. Freiburg (i. Brsg.), 1964. Frankfurt/M., 1975.
I/32 auch in: Aktion, Frankfurt/M., 1. Jg., Nr. 4, 1951.

– *Der Suchende.* – In: Neue Zürcher Zeitung, 28. 9. 1937.

In: Nächtlicher Weg. Erzählungen. Zürich, 1943. Frankfurt/M., 1971.
Dass. in: Luzerner Neueste Nachrichten, 18. 3. 1939. Der Bund, Bern, 8. 5. 1940. Basler Nachrichten, 20. 4. 1941. DU, Zürich, Dezember 1943.

– *Nuancen und Details.* – In: National-Zeitung (Sonntagsbeilage), Basel, 24. 10. 1937.
I/3, II/2 (Teil), II/50 (›Vom Schreib-Arbeiten‹, Teil), I/27, II/27, II/51 (›Vom Arbeiten überhaupt‹, Teil) in: Nuancen und Details. Zürich, 1939. Olten u. Freiburg (i. Brsg.), 1964. Frankfurt/M., 1975.
Dass. in: Der Landbote (Sonntagspost), Winterthur, 29. 1. 1938.

– *Von nahem besehen.* – In: Der kleine Bund (Literarische Beilage des ›Bund‹), 18. Jg., Nr. 45, Bern, 7. 11. 1937.
II/3, 4, 22 (›Das Verhältnis zu den andern‹), 31, 34, 40, 43 (›Am Weg zu den andern‹) in: Nuancen und Details. Zürich, 1939. Olten u. Freiburg (i. Brsg.), 1964. Frankfurt/M., 1975.

– *Von der Überanstrengung.* – In: Der Bund, Nr. 520, Bern, 7. 11. 1937.
II/10 in: Nuancen und Details. Zürich, 1939. Olten u. Freiburg (i. Brsg.), 1964. Frankfurt/M., 1975.

– *Nuancen und Details. Skizze einer Skizze der Welt.* – In: Neue Schweizer Bibliothek. Hrsg. v. Robert Jakob Lang. Band XXVII, Zürich, 1937, S. 159-160.
I/7, 17 (Teil), II/36, 39, 40 in: Nuancen und Details. Zürich, 1939. Olten u. Freiburg (i. Brsg.), 1964, Frankfurt/M., 1975.
I/7 auch in: Aktion, Frankfurt/M., 1. Jg., Nr. 4, 1951.
›Skizze einer Skizze der Welt‹ in: Nächtlicher Weg. Erzählungen. Zürich, 1943. Frankfurt/M., 1971.
Dass. in: Der öffentliche Dienst, Zürich, 23. 6. 1939. Der Bund, Bern, 28. 9. 1939. Basler Nachrichten, 12. 3. 1940. National-Zeitung, Basel, 20. 7. 1941. Luzerner Neueste Nachrichten, 3. 4. 1943 (unter dem Titel ›Lebenswerte‹).
Dass. (›Esquisse d'une esquisse du monde‹) in: Journal de Genève, 6. 5. 1978. (= übersetzt v. Philippe Jaccottet.)

– *Bei nahem besehen.* – In: Der Bund, Bern, 7. 1. 1938.
III/5, 6 (›Von Geld- und andern Nöten‹) in: Nuancen und Details. Genf, 1942. Olten u. Freiburg (i. Brsg.), 1964, Frankfurt/M., 1975.

– *Die Elfen.* – In: Siegfried Lang (Hrsg.), Lesebuch schweizerischer Dichtung. o. O. [Zürich], 1938, S. 50-51.
II/8 in: Nuancen und Details, Zürich, 1939. Olten u. Freiburg (i. Brsg.), 1964. Frankfurt/M., 1975.

– *Jener Apotheker.* – In: Der kleine Bund (Literarische Beilage des ›Bund‹), 19. Jg., Nr. 9, Bern, 27. 2. 1938.
III/12 (›Apotheker‹) in: Nuancen und Details. Genf, 1942. Olten u. Freiburg (i. Brsg.), 1964. Frankfurt/M., 1975.

Dass. (unter dem Titel ›Kampf mit ungleichartigen Waffen‹) auch in: Der öffentliche Dienst, Zürich, 21. 4. 1939. Basler Nachrichten, 3./4. 6. 1939. Tages-Anzeiger, Zürich, 22. 6. 1940. Schweizer Familien-Wochenblatt, Zürich, 8. 3. 1947. Figur, Genf, Dezember 1947.
Dass. (›Comptes d'apothicaire‹) in: Journal de Genève, 18./19. 1. 1964. (= übersetzt von Walter Weideli.)

- *Glück von morgen an.* – In: Der Landbote (Sonntagspost), Winterthur, 12. 3. 1938.
Mit neuem Zusatz am Ende – vgl. ›Neun Tage aus Lorenzos Leben‹ (17. 12. 1931) und ›Optimismus‹ (27. 9. 1933).
Unter dem Titel ›Optimismus‹ in: Nächtlicher Weg. Erzählungen. Zürich, 1943.
Dass. französisch in: Présence. Revue Suisse. Genève. VIe année, No. 1, Hiver 1955-1956. (= übersetzt v. Henri Jean Bolle.)
Dass. ungarisch in: Magyar Könyvbarátok. Köln. VI. EVF, 1960, Július-Szeptember, 7. (13.) Szám. (= übersetzt v. Tibor Dénes.)
- *Zeit und Utensilien.* – In: National-Zeitung, Basel, 13. 3. 1938.
I/35 (›Von Staubsaugereien und dergleichen‹) in: Nuancen und Details. Zürich, 1939. Olten u. Freiburg (i. Brsg.), 1964. Frankfurt/M., 1975.
Dass. (Teil ›Utensilien‹) in: Luzerner Tagblatt, 14. 8. 1971.
- *Vom Erreichbaren und vom Unerreichbaren.* – In: Die Nation, Bern, 17. 3. 1938.
II/47 in: Nuancen und Details. Zürich, 1939. Olten u. Freiburg (i. Brsg.), 1964. Frankfurt/M., 1975.
Dass. in: Spektrum, Zürich, 16. Jg., Nr. 63, Juni 1974.
Dass. (›De l'atteignable et de l'inatteignable‹) in: Journal de Genève, 23./24. 1. 1965. (= übersetzt v. Walter Weideli.)
- *Holländische Impressionen.* (Zeichnung von Eugen Früh.) – In: Die Weltwoche, Zürich, 25. 3. 1938.
- *Studie über den Hunger.* – In: Neue Zürcher Zeitung, 5. 4. 1938.
Fragment aus der Novelle ›Und eine neue Erde . . .‹ in: Nächtlicher Weg. Erzählungen. Zürich, 1943.
- *Laurisa, die Glänzende.* – In: Der kleine Bund (Literarische Beilage des ›Bund‹), Bern, 17. 4. 1938.
In: Nächtlicher Weg. Erzählungen. Zürich, 1943. Frankfurt/M., 1971.
- *Reden, Schwatzen, Schweigen.* – In: Der kleine Bund (Literarische Beilage des ›Bund‹), Bern, 17. 7. 1938.
III/2, 7-17, 19-21, 26 in: Die Notizen. Band 1. Zürich, 1944. Frankfurt/M., 1981.
Teil ›Vom Schweigen‹ auch in: Tages-Anzeiger, Zürich, 15. 4. 1939.
III/15 in: Der öffentliche Dienst, Zürich, 15. 7. 1949.
- *Athleten.* – In: Neue Zürcher Zeitung, 17. 7. 1938.
Vgl. betreffende, kurze Teile von ›Pariser Straßenimpressionen‹

(16. 8. 1933) und ›Pariser Fragment‹ (13. 4. 1934).

– *Vom Arbeiten.* – In: Der kleine Bund (Literarische Beilage des ›Bund‹), Bern, 28. 8. 1938.
I/10, 49, 2, 6, 7, 21, 23, 5, 25, XII/95 (Teil), I/44 in: Vom Arbeiten. Genf, 1943. Die Notizen. Zürich, 1944 und 1954. Vom Arbeiten/Bild. Frankfurt/M., 1978. Die Notizen. Frankfurt/M., 1981.
Dass. (veränderte Anordnung; ohne XII/95) in: Tages-Anzeiger, Zürich, 25. 5. 1940. I/44, 49, 6 in: Die Tat, Zürich, 17./18. 7. 1943. I/23 in: Der öffentliche Dienst, Zürich, 2. 9. 1949. I/21 in: Aktion, Frankfurt/M., Nr. 3, 1951.

– *Kindererziehung.* – In: Schweizer Journal, Zürich, Nr. 11, November 1938.
III/10 in: Nuancen und Details. Genf, 1942. Olten u. Freiburg (i. Brsg.), 1964. Frankfurt/M., 1975.
Dass. in: Der öffentliche Dienst, Zürich, 4. 11. 1938 (gekürzt).

– *Nächtlicher Weg.* – In: Maß und Wert. Zweimonatsschrift für freie deutsche Kultur. Hrsg. v. Thomas Mann und Konrad Falke. Zürich, II. Jg., Heft 2, November/Dezember 1938, S. 196-214.
In: Nächtlicher Weg. Erzählungen. Zürich, 1943. Frankfurt/M., 1971.
Dass. in: Die schönsten Schweizer Erzählungen. Mit einem Geleitwort von Max Rychner. Basel, o. J. [1958], S. 441-457.

– *Wird Kunst erarbeitet?* – In: Die Weltwoche, Zürich, 6. 1. 1939.
III/13 in: Nuancen und Details. Genf, 1942. Olten u. Freiburg (i. Brsg.), 1964. Frankfurt/M. 1975.
Dass. in: Der kleine Bund, Bern, 28. 1. 1940. Basler Nachrichten, 3. 3. 1940. Luzerner Neueste Nachrichten, 16. 3. 1941. Tages-Anzeiger, Zürich, 28. 6. 1941. Figur, Genf, Nr. 1, November 1947. Der öffentliche Dienst, Zürich, 27. 11. 1950. National-Zeitung, Basel, 22. 4. 1951 (»verunstaltet«). Das Ziegeneuter, Hrsg. Michael Guttenbrunner, Wien, 1. Jg., Nr. 2, Oktober 1966.
Dass. (›L'art: inspiration ou travail?‹) in: Journal de Genève, 18./19. 1. 1964. La Revue de Belles-Lettres, Genève, Nr. 3, 1969. (= übersetzt v. Walter Weideli.)

– *Von der Kunst.* – In: Der kleine Bund (Literarische Beilage des ›Bund‹), Bern, 12. 3. 1939.
V/41, 9 (umgearbeitet), 3, 4, 12, 5, 30, 37 in: Die Notizen. Zürich, 1944. Frankfurt/M., 1981.
Dass. in: Luzerner Neueste Nachrichten, 29. /30. 6. 1940 (gekürzt; veränderte Anordnung). DU, Zürich, 3. Jg., Nr. 2, Februar 1943.

– *Vom Lesen.* – In: Die Weltwoche, Zürich, 21. 4. 1939.
IV/4 (Teil), 6, 11, 17, 18, 5, 4 (Teil) in: Die Notizen. Zürich, 1944. Frankfurt/M., 1981.
Dass. (Teile) in: National-Zeitung, Basel, 7. 4. 1940. Basler Nachrich-

ten, 4. 8. 1940. Der Bund, Bern, 27. 10. 1940. National-Zeitung, Basel, 22. 6. 1941. Luzerner Neueste Nachrichten, 9. 1. 1943.

– *Vom Arbeiten.* – In: Der kleine Bund (Literarische Beilage des ›Bund‹). Bern, 21. 5. 1939.
I/1 (Teil), 3, 4, 8, 9 in: Vom Arbeiten. Genf, 1943. Die Notizen. Zürich, 1944. Vom Arbeiten/Bild. Frankfurt/M., 1978. Die Notizen. Frankfurt/M., 1981.
Dass. in: National-Zeitung, Basel, 6. 10. 1940. Luzerner Neueste Nachrichten, 29. 2. 1944.

– *Katherine Mansfield: Pension Allemande.* Novelle in französischer Übersetzung / Editions Stock, Paris. [Rezension.] – In: Die Weltwoche, Zürich, 23. 6. 1939.

– *Die Briefe von Paul Cézanne.* Mit einer Einleitung von Gotthard Jedlicka. Eugen Rentsch Verlag, Zürich. [Rezension.] – In: Die Weltwoche, Zürich, 21. 7. 1939.

– *Vom Arbeiten.* – In: National-Zeitung, Basel, 23. 7. 1939.
I/33, 32, 34, 26, 43 in: Vom Arbeiten. Genf, 1943. Die Notizen. Zürich, 1944. Vom Arbeiten/Bild. Frankfurt/M., 1978. Die Notizen. Frankfurt/M., 1981.
Dass. in: Der öffentliche Dienst, Zürich, 9. 4. 1942.

– *Vom öffentlichen Reden.* – In: Der kleine Bund (Literarische Beilage des ›Bund‹), Bern, 13. 8. 1939.
III/22-25 in: Die Notizen. Zürich, 1944. Frankfurt/M., 1981.

– *Vom Lesen.* – In: Der Bund, Bern, 24. 9. 1939.
IV/9, 21 in: Die Notizen. Zürich, 1944. Frankfurt/M., 1981.
Dass. in: Die Tat, Zürich, 26./27. 4. 1941 (›Leser und Lesen‹). Luzerner Neueste Nachrichten, 7. 6. 1941. National-Zeitung, Basel, 29. 11. 1942.

– *Vom Schwatzen.* – In: Der öffentliche Dienst, Zürich, 29. 9. 1939.
III/18, 19 (= erweitert; vgl. ›Reden, Schwatzen, Schweigen‹, 17. 7. 1938) in: Die Notizen. Zürich, 1944. Frankfurt/M., 1981.

– *Vom Lesen.* – In: National-Zeitung, Basel, 8. 10. 1939.
IV/7, 8 (Teil) in: Die Notizen. Zürich, 1944. Frankfurt/M., 1981.
Dass. in: Der öffentliche Dienst, Zürich, 10. 1. 1941.
Gedanken über die Arbeit. – In: Der kleine Bund (Literarische Beilage des ›Bund‹), Bern, 15. 10. 1939.
I/15, 12, 17 in: Vom Arbeiten. Genf, 1943. Die Notizen. Zürich, 1944. Vom Arbeiten/Bild. Frankfurt/M., 1978. Die Notizen. Frankfurt/M., 1981.

– *Drei alte Weiber in einem Bergdorf.* (1. Die Wuchtige. 2. Die Stille. 3. Die Furchtbare.) – In: Atlantis. Zürich, Oktober 1939, S. 581-588.
In: Nächtlicher Weg. Erzählungen. Zürich, 1943. Drei alte Weiber in einem Bergdorf. Bern, 1970. Nächtlicher Weg. Erzählungen. Frankfurt/M., 1971.

– *Bemerkungen.* – In: Die Weltwoche, Nr. 316, Zürich, 1. 12. 1939.
IV/2 (›Prüfung‹), 3 (›Stoff, Gehalt, Form‹) in: Die Notizen. Zürich, 1944. Frankfurt/M., 1981.
Dass. in: Das ideale Heim, Winterthur, November 1945.
– *Vom Arbeiten.* – In: Neue Zürcher Zeitung (Sonntagsausgabe), Nr. 2138, 17. 12. 1939.
I/33, *35*, 26, 43 in: Vom Arbeiten. Genf, 1943. Die Notizen. Zürich, 1944. Vom Arbeiten/Bild. Frankfurt/M., 1978. Die Notizen. Frankfurt/M., 1981.
– *Über Lichtenberg.* – In: Die Weltwoche, 8. Jg., Nr. 323, Zürich, 19. 1. 1940.
– *Meer.* – In: Der kleine Bund (Literarische Beilage des ›Bund‹), 21. Jg., Nr. 8, Bern, 25. 2. 1940.
In: Nächtlicher Weg. Erzählungen. Zürich, 1943.
Vgl. letzten Teil von ›Impressionen aus einem Fischerdorf am Mittelmeer‹ (24. 8. 1930).
– *Vom Schreiben.* – In: Maß und Wert. Zweimonatsschrift für freie deutsche Kultur. Hrsg. v. Thomas Mann und Konrad Falke. Zürich, 3. Jg., Heft 3, März/April 1940, S. 353-360.
VI/15, 14, 26, 27, 31 (Teil), 32 (Teil), 9, –, 34, 13, 3, 4, 2 in: Die Notizen, Zürich, 1944, Frankfurt/M., 1981.
– *Vom Lesen.* – In: Neue Zürcher Zeitung, Nr. 554 (9), 14. 4. 1940.
IV/16, 10, 19 (Teil), 13 in: Die Notizen. Zürich, 1944. Frankfurt/M., 1981.
Dass (IV/19) in: Die Tat, Zürich, 8./9. 1. 1944.
– *Von der Kunst.* – In: Die Weltwoche, 8. Jg., Nr. 336, Zürich, 19. 4. 1940.
V/24, 15 (Teil), 13, 25, 26, 27 in: Die Notizen. Zürich, 1944. Frankfurt/M., 1981.
Dass. in: Die Tat, Zürich, 14./15. 6. 1941.
– *Von der Kunst.* – In: Der kleine Bund (Literarische Beilage des ›Bund‹), 21. Jg., Nr. 22, Bern, 2. 6. 1940.
V/2, 40, 7, 1, 28 in: Die Notizen. Zürich, 1944. Frankfurt/M., 1981.
Dass. in: National-Zeitung, Basel, 12. 10. 1941. Luzerner Neueste Nachrichten, 23. 1. 1943.
– *Unterscheidungen.* – In: Neue Zürcher Zeitung, Nr. 869 (12), 16. 6. 1940.
III/1 (›Wichtige Unterscheidung‹) in: Nuancen und Details. Genf, 1942. Olten und Freiburg (i. Brsg.), 1964. Frankfurt/M., 1975.
Dass. in: Basler Nachrichten, 19. 10. 1941. National-Zeitung, Basel, 8. 11. 1942. (In beiden unter dem Titel ›Wahrheit und Wahrhaftigkeit‹.)
Das ideale Heim, Winterthur, September 1949.
– *Von der Kunst.* – In: Die Weltwoche, 8. Jg., Nr. 347, Zürich, 5. 7. 1940.

V/31, 33, 16, 38, 36, 23, 32 in: Die Notizen. Zürich, 1944. Frankfurt/M., 1981.
Dass. in: National-Zeitung, Basel, 24. 12. 1943.

– *Zum Thema: Künstler und Publikum.* – In: Die Weltwoche, 8. Jg., Nr. 357, Zürich, 13. 9. 1940.
VI/1, IV/20 in: Die Notizen. Zürich, 1944. Frankfurt/M., 1981.

– *Vom Arbeiten.* – In: Die Tat, 5. Jg., Nr. 217, Zürich, 14./15. 9. 1940.
I/36, 45, 47, 48, 51 (Teil) in: Vom Arbeiten. Genf, 1943. Die Notizen. Zürich, 1944. Vom Arbeiten/Bild. Frankfurt/M., 1978. Die Notizen. Frankfurt/M., 1981.
Dass. in: Luzerner Neueste Nachrichten, 7. 11. 1942.

– *Arbeitsfrage.* – In: Neue Zürcher Zeitung, Nr. 1481 (19), 13. 10. 1940.
III/14 in: Nuancen und Details. Genf, 1942. Olten und Freiburg (i. Brsg.), 1964. Frankfurt/M., 1975.
Dass. in: Die Tat, Zürich, 25. 5. 1943.

– *Hunger.* – In: National-Zeitung, 22. Jg., Nr. 225, Basel, 18. 5. 1941.
Fragment aus der Novelle ›Und eine neue Erde ...‹ in: Nächtlicher Weg. Erzählungen. Zürich, 1943.
Vgl.: zusätzlicher Abschnitt und leichte Veränderungen gegenüber der Fassung vom 5. 4. 1938 in der N. Z. Z.

– *Von der Kunst.* – In: Der kleine Bund (Literarische Beilage des ›Bund‹), Bern, Jg. 22, Nr. 30, Bern, 27. 7. 1941.
V/10 (›Mythos und Formen‹), 11 in: Die Notizen. Zürich, 1944. Frankfurt/M., 1981.

– *Letzter Brief an Albin Zollinger.* – In: DU, 2. Jg., Nr. 1, Zürich, Januar 1942, S. 56/7.
In: Nuancen und Details. III. Teil. Mit einem Gedenkwort für Albin Zollinger. Genf, 1942, S. 67-74.
Dass. in: Wirklichkeiten. Auswahl und Nachwort von Heinz Weder. St. Gallen und Stuttgart, 1963. Heinz Weder (Hrsg.), Briefe von Albin Zollinger an Ludwig Hohl. Bern und Stuttgart, 1965, S. 57-63.

– *Vom Plagiat.* – In: Neue Zürcher Zeitung, 163. Jg., Nr. 131 (5), 25. 1. 1942.
VI/30 (Teil) in: Die Notizen. Zürich, 1944. Frankfurt/M., 1981.
Dass. in: Basler Nachrichten, 16. 8. 1942. Tages-Anzeiger, Zürich, 8. 7. 1943.

– *Sprachliche Begabung.* – In: Die Tat, 7. Jg., Nr. 57, Zürich, 7./8. 3. 1942.
VI/39 in: Die Notizen. Zürich, 1944. Frankfurt/M., 1981.

– *Vom Zitieren.* – In: Neue Zürcher Zeitung, Nr. 650, 24. 4. 1942.
VI/31 (Teil; geänderte Anordnung) in: Die Notizen. Zürich, 1944. Frankfurt/M., 1981.
Dass. in: National-Zeitung, Nr. 589, Basel, 19. 12. 1943.

- *Flugzeug und Poesie.* – In: National-Zeitung, 23. Jg., Nr. 190, Basel, 26. 4. 1942.
  VI/43 (›Das Flugzeug‹) in: Die Notizen. Zürich, 1944. Frankfurt/M., 1981.
- *Vom Schreiben und Lesen.* – In: Der kleine Bund (Literarische Beilage des ›Bund‹), 23. Jg., Nr. 17, Bern, 26. 4. 1942.
  IV/30 (Schlußsatz ›Vom Plagiat‹), IV/*12*, VI/*35*, IV/*14*, VI/*33*, 1, IV/20 (›Von einer Dissonanz‹) in: Die Notizen. Zürich, 1944. Frankfurt/M., 1981.
- *Albin Zollinger.* – In: Jahrbuch vom Zürichsee 1942. Hrsg. vom Verband zum Schutze des Landschaftsbildes am Zürichsee. Zürich (Max Niehans Verl.) 1942, S. 125-130.
  Dass. als Separatdruck (Buchdruckerei Stäfa) o. J. [1942], 6 S.
  Dass. gekürzt (›Son orgueil, son humilité‹, Obertitel ›Zollinger, vingt ans après‹, Texte von Max Frisch, Ludwig Hohl, Alfred Berchtold) in: Journal de Genève, 4./5. 11. 1961 (= übersetzt von Walter Weideli).
- *Die Trinkerin.* – In: Der öffentliche Dienst, 35. Jg., Nr. 49, Zürich, 4. 12. 1942.
  In: Nächtlicher Weg. Erzählungen. Zürich, 1943. Frankfurt/M., 1971.
- *Vom Plagiat.* – In: Basler Nachrichten, 99. Jg., Nr. 134. 18. 5. 1943.
  IX/67 (Teil), VI/30 (Teil), IX/73 in: Die Notizen. Zürich, 1944 und 1954. Frankfurt/M., 1980; 1981.
  Dass. in: DU, Zürich, September 1944.
- *Notizen.* – In: Die Weltwoche, 11. Jg., Nr. 502, Zürich, 25. 6. 1943.
  VI/18, 36 (›Große Schreibregel‹; Teil), II/22, 3, 52, 57 in: Die Notizen. Zürich, 1944. Frankfurt/M., 1972; 1981.
- *Notizen.* – In: Die Weltwoche, 11. Jg., Nr. 502, Zürich, 2. 7. 1943.
  VI/37 (leicht verändert) in: Die Notizen. Zürich, 1944. Frankfurt/M., 1981.
- *Der Kunstkritiker.* – In: National-Zeitung, 24. Jg., Nr. 337, Basel, 25. 7. 1943.
  IX/42 in: Die Notizen, Zürich, 1954. Frankfurt/M., 1980; 1981.
  Dass. in: Schweizer Familien-Wochenblatt, Zürich, 18. 1. 1947. Die Nation, Bern, 26. 3. 1947.
- *Notizen.* – In: Die Weltwoche, 11. Jg., Nr. 508, Zürich, 6. 8. 1943.
  V/19, II/23 in: Die Notizen. Zürich, 1944. Frankfurt/M., 1972; 1981.
- *Aus Träumen.* – In: National-Zeitung, 24. Jg., Nr. 367, Basel, 11. 8. 1943.
  X/7 (erweitert), 9 (›Halt in Winterthur‹), 13, 14 in: Die Notizen. Zürich, 1954. Frankfurt/M., 1981.
- *Notizen.* – In: Die Tat, 8. Jg., Nr. 208, Zürich, 4./5. 9. 1943.
  II/95 (Teil), 117, 104 (Teil), 111 in: Die Notizen. Zürich. 1944. Frankfurt/M. 1972; 1981.

– *Sprachliches.* – In: National-Zeitung, 24. Jg., Nr. 409, Basel, 4./5. 9. 1943.
VI/39 (›Sprachliche Begabung‹), *40, 42* (›Witze‹; stark verändert) in: Die Notizen. Zürich, 1944. Frankfurt/M., 1981.
– *Vom Schreiben.* – In: Der Geistesarbeiter, 22. Jg., Heft 9, Zürich, September 1943.
VI/1, 3, 33, 2 (bereits gebracht – jedoch neue Zusammenstellung) in: Die Notizen. Zürich, 1944. Frankfurt/M., 1981.
– *Der Stoff in der Kunst.* – In: Die Tat, 8. Jg., Nr. 232, Zürich, 2./3. 10. 1943.
VI/7, 6 in: Die Notizen. Zürich, 1944. Frankfurt/M., 1981.
– *Über Sprichwörtlein.* – In: National-Zeitung, 24. Jg., Nr. 457, Basel, 2./3. 10. 1943.
VIII/51 (gekürzt, stark verändert) in: Die Notizen. Zürich, 1954. Frankfurt/M., 1981.
Dass. (Weglassung, verändert) in: Basler Nachrichten, 11. 2. 1948.
– *Bemerkung zu Gides Tagebuch.* – In: Basler Nachrichten, (Sonntags-Blatt), 37. Jg., Nr. 41, 10. 10. 1943.
– *Notizen.* – In: Weltwoche-Almanach 1944, Zürich, (November) 1943, S. 109, 110, 112.
VII/79, XII/4, 8, 5, 54 in: Die Notizen, Zürich, 1954. Frankfurt/M., 1977; 1978; 1981.
– *Notizen.* – In: Die Tat, 8. Jg., Nr. 274, Zürich, 20./21. 11. 1943.
II/27, 47, 26 in: Die Notizen. Zürich, 1944. Frankfurt/M., 1972; 1981.
– *Notizen.* – In: Luzerner Neueste Nachrichten, 3. 12. 1943.
II/10 (verändert), 15, VII/47, II/17, XII/10 in: Die Notizen. Zürich, 1944; 1954. Frankfurt/M., 1972; 1977; 1978; 1981.
– *Das Unglück der Feuersbrunst.* – In: National-Zeitung, Basel, 16. 1. 1944.
VIII/16 in: Die Notizen. Zürich, 1954. Frankfurt/M., 1981.
Dass. in: Die Tat, Zürich, 16. 10. 1948.
– *Notizen.* – In: National-Zeitung, Basel, 12. 3. 1944.
II/331, 9, 97 in: Die Notizen. Zürich, 1944. Frankfurt/M., 1972; 1981.
– *Notizen.* – In: National-Zeitung, Basel, 9. 4. 1944.
II/167, 163, 148, 144, 132 in: Die Notizen. Zürich, 1944. Frankfurt/M., 1972; 1981.
– *Hauptsache voraus!* – In: Basler Nachrichten, 18. 4. 1944.
II/217, 218, 220, 246, 221 in: Die Notizen. Zürich, 1944. Frankfurt/M., 1972; 1981.
– *Genau besehen.* – In: Die Tat, Zürich, 6./7. 5. 1944.
II/108, 106, 116, –, –, 128 in: Die Notizen. Zürich, 1944. Frankfurt/M., 1972; 1981.

– *Notizen.* – In: Das ideale Heim, Winterthur, Mai 1944.
II/153, 150 in: Die Notizen. Zürich, 1944. Frankfurt/M., 1972; 1981.
– *Zum Nachdenken.* – In: Luzerner Neueste Nachrichten, 31. 5. 1944.
II/176, 173, 178, 189, 190, 191, 192, 194, 195 in: Die Notizen. Zürich, 1944. Frankfurt/M., 1972; 1981.
– *Notizen.* – In: National-Zeitung, Basel, 11. 6. 1944.
IX/9 (gekürzt), 10 (umgearbeitet), 2, 13, II/102, IX/34, 40 (gekürzt, Teil), 41 in: Die Notizen. Zürich, 1944 und 1954. Frankfurt/M., 1972; 1980; 1981.
IX/41 (›Der bewährte Kritiker‹) in: Vorwärts, Basel, 8. 12. 1945. Der grüne Heinrich, Bern, Dezember 1945. Die Tat, Zürich, 8. 2. 1947. Aktion, Frankfurt/M., Juli 1952. Tages-Anzeiger-Magazin, Nr. 20, 17. 5. 1980.
– *Veränderung des Bewußtseins.* – In: Die Tat, 9. Jg., Nr. 177, Zürich, 8./9. 7. 1944.
II/19, 18, 16, 24 in: Die Notizen. Zürich, 1944. Frankfurt/M., 1972; 1981.
– *Notizen.* – In: Das ideale Heim, Winterthur, Juli 1944.
II/183, 184, 197, 162, 149, 223 in: Die Notizen. Zürich, 1944. Frankfurt/M., 1972; 1981.
– *Notizen.* – In: Die Tat, Zürich, 5./6. 8. 1944.
II/11, 14, 103 (Teil), 51 in: Die Notizen. Zürich, 1944. Frankfurt/M., 1972; 1981.
– *Von menschlicher Tätigkeit.* – In: National-Zeitung, Basel, 10. 9. 1944.
II/2, 122, 115, 126, 127, 65, 66, 77, 133 (Teil), 134 in: Die Notizen. Zürich, 1944. Frankfurt/M., 1972; 1981.
– *Von einem Panzer.* – In: National-Zeitung, Basel, 24. 9. 1944.
II/260 in: Die Notizen. Zürich, 1944. Frankfurt/M., 1972; 1981.
– *Die Technik des Siegens.* – In: Der Bund, Bern, 27. 9. 1944.
II/284 in: Die Notizen. Zürich, 1944. Frankfurt/M., 1972; 1981.
– *Notizen.* – In: Die Tat, Zürich, 7./8. 10. 1944.
II/264 (Teil), 265 in: Die Notizen. Zürich, 1944. Frankfurt/M., 1972; 1981.
– *Mondwald und Igelwald. Oder: Kritik des Ausruhens.* – In: DU, Zürich, November 1944.
VII/20 in: Die Notizen. Zürich, 1954. Frankfurt/M., 1977; 1981.
– *Notizen.* – In: National-Zeitung, Basel, 26. 11. 1944.
XII/3, 6, 7, 11, 24 in: Die Notizen. Zürich, 1954. Frankfurt/M., 1978; 1981.
– *Notizen.* – In: Das ideale Heim, Winterthur, Dezember 1944.
VII/13 (›Königsgeschichtchen‹), 14 (›Attraktionen im Tiergarten‹) in: Die Notizen. Zürich, 1954. Frankfurt/M., 1977; 1981.
VII/14 auch in: Die Nation, Bern, 21. 5. 1947.

– *Notizen.* – In: National-Zeitung, Basel, 14. 1. 1945.
XII/92, 46, 47, 26-30, 42-44 in: Die Notizen. Zürich, 1954. Frankfurt/M., 1978; 1981.
Dass. (Teil) in: Das ideale Heim, Winterthur, Januar 1946. Die Nation, Bern, 5. 2. 1947 (›Vom Sehen‹).
– *Notizen.* – In: Das ideale Heim, 19. Jg., Nr. 1, Winterthur, Januar 1945.
VII/8, 5 in: Die Notizen. Zürich, 1954. Frankfurt/M., 1977; 1981.
– *Bemerkungen zur Literatur.* – In: National-Zeitung, Basel, 11. 2. 1945.
IX/*1* (Teil), *43*, *62*, –, *16*, 34, *25*, *117* in: Die Notizen. Zürich, 1954. Frankfurt/M., 1980; 1981.
– *Notizen.* – In: National-Zeitung, Basel, 15. 4. 1945.
VII/1, 4, 6, 7, 11 (›Kurzgeschichte‹), 12 (›Historiette‹) in: Die Notizen. Zürich, 1954. Frankfurt/M., 1977; 1981.
Dass. (Teile) in: Vorwärts, Zürich, 2. 2. 1946. Die Tat, Zürich, 17. 8. 1946. Die Nation, Bern, 20. 11. 1946. Volksrecht, Zürich, 21. 11. 1946. Luzerner Neueste Nachrichten, 23. 1. 1947. Das ideale Heim, Winterthur, März 1948 und Mai 1948. Der öffentliche Dienst, Zürich, 16. 7. 1948. Aktion, Frankfurt/M., Juli 1952. Das Insel Buch der Bäume. Ausgew. v. Gottfried Honnefelder. Frankfurt/M., 1977, S. 165 (VII/4).
– *Notizen.* – In: Das ideale Heim, Winterthur, April 1945.
VII/39 (›Die mathematische Begabung‹) in: Die Notizen. Zürich, 1954. Frankfurt/M., 1977; 1981.
– *Notizen.* – In: National-Zeitung, Basel, 29. 7. 1945.
VII/*37*, *38*, *16*, *32*, *34*, 47, *49*, *29* (›Erzählung vom Knecht‹) in: Die Notizen. Zürich, 1954. Frankfurt/M., 1977; 1981.
Dass. (Teile) in: Die Tat, Zürich, 1. 1. 1946. Die Nation, Bern, 28. 5. 1947 und 4. 6. 1947. Der Bund, Bern, 28. 3. 1948.
– *Notizen.* – In: National-Zeitung, Basel, 26. 8. 1945.
VIII/113, 128 (›Badesaison‹), VII/120 (›Körpergebrechen‹), 119 in: Die Notizen. Zürich, 1954. Frankfurt/M., 1977; 1981.
›Badesaison‹ auch in: Die Nation, Bern, 13. 8. 1947. Der Bund, Bern, 8. 8. 1948.
– *Schmiedearbeit.* – In: Vorwärts, Genf, 30. 8. 1945.
VIII/98 in: Die Notizen. Zürich, 1954. Frankfurt/M., 1981.
– *Schande und Kultur.* – In: Vorwärts, Genf, 27. 9. 1945.
VIII/117 in: Die Notizen. Zürich, 1954. Frankfurt/M., 1981.
– *Schlaffest.* – In: Der grüne Heinrich, Bern, 1. Jg., Nr. 2, Oktober 1945.
VII/109 in: Die Notizen. Zürich, 1954. Frankfurt/M., 1977; 1981.
Dass. in: Die Tat, Zürich, 1. 1. 1949.
– *[Über Sprachunterricht, Vom Arbeiten, Von der Kunst, Vom Lesen,*

Literatur.] – In: Alexandre Birmelé, Recueil de Textes pour la Traduction de l'allemand en français. (Université de Genève.) Genève (Librairie Prior S. A.) 1945; 141 S.
Erstdruck IX/45, 20, 32. In: Die Notizen. Zürich, 1954. Frankfurt/M., 1980; 1981.

– *Notizen.* – In: National-Zeitung, Basel, 25. 11. 1945.
VIII/115 (Teil), XII/79, 67, VIII/99, 107 (Teil), 109, 129, 126, 130, 131 in: Die Notizen. Zürich, 1954. Frankfurt/M., 1977; 1981.
Dass. (Teil) in: National-Zeitung, Basel, 30. 12. 1945 (!). Luzerner Neueste Nachrichten, 26. 10. 1946. Das ideale Heim, Winterthur, Oktober 1947 und März 1948.

– *Notizen.* – In: Die Tat, Zürich, 29. 12. 1945.
XII/17, 19, 48, 50, 56, 64, 66 (Teil) in: Die Notizen. Zürich, 1954. Frankfurt/M., 1978; 1981.
Dass. (Teil) in: National-Zeitung, Basel, 18. 1. 1948. Die Nation, Bern, 28. 1. 1948.

– *Aphorismen.* [Titel nicht von Hohl.] – In: DU. Zürich, Februar, 1946.
VII/73, 82, XII/82 (Teil), VII/70, XII/82 (Teil), XI/12 (Teil), 13, 44 in: Die Notizen. Zürich, 1954. Frankfurt/M., 1977; 1978; 1981.
Dass. (nur aus Teil XI) in: Die Nation, Bern, 29. 10. 1947.

– *Notizen.* – In: Das ideale Heim, Winterthur, Mai 1946.
VII/*116*, *126*, *71*, *72*, *73*, XII/6, VII/*113* in: Die Notizen. Zürich, 1954. Frankfurt/M., 1977; 1978; 1981.

– *Sprüche.* [Titel nicht von Hohl.] – In: Das ideale Heim, Winterthur, Juni 1946.
VII/*81*, 82 XII/3, 11 in: Die Notizen. Zürich, 1954. Frankfurt/M., 1977; 1978; 1981.

– *Notizen.* – In: Die Tat, Zürich, 29. 6. 1946.
XII/112, 135, 147 in: Die Notizen. Zürich, 1954. Frankfurt/M., 1978; 1981.

– *Kettung durch Briefe.* – In: National-Zeitung, Basel, 24. 9. 1946 (»verstümmelt«).
Dass. in: Luzerner Neueste Nachrichten, 4. 3. 1947. Die Nation, Bern, 29. 12. 1947.

– *Die Spinne oder von der Macht des Reimes.* – In: Die Tat, Zürich, 28. 9. 1946.
Dass. in: Die Nation, Bern, 19. 3. 1947. National-Zeitung, Basel, 7. 12. 1947. Luzerner Tagblatt, 25. 9. 1948. Die Neue Zeitung, München, 25. 7. 1950 (›Spinne am Morgen. Meditation über die Macht des Reimes‹). Die Zeit, Hamburg, 12. 7. 1951. Das ideale Heim, Winterthur, Oktober 1951.

– *Der Wecker.* – In: Die Tat, Zürich, 17. 10. 1946.
Dass. (›Im Warenhaus‹) in: Der Bund, Bern, 4. 5. 1947.

– *Im Vorübergehen.* – In: Die Nation, Bern, 18. 12. 1946.
XII/*103*, 112 in: Die Notizen. Zürich, 1954. Frankfurt/M., 1978; 1981.
– *Notizen.* – In: Das ideale Heim, Winterthur, Dezember 1946.
VII/85, *84*, *83* (Teil) in: Die Notizen. Zürich, 1954. Frankfurt/M., 1977; 1981.
– *Vom Tod.* – In: Der kleine Bund (Literarische Beilage des ›Bund‹), Bern, 5. 1. 1947.
XI/*1* (Teil), *7*, *9*, *11*, *12* (Teil), 44 in: Die Notizen, Zürich, 1954. Frankfurt/M., 1981.
Dass. (Teil) in: Das ideale Heim, Winterthur, September 1947. Die Nation, Bern, 29. 10. 1947.
– *Notizen.* – In: Der Nebelspalter, Rorschach, 16. 1. 1947.
VII/85, 83, *124*, *125* in: Die Notizen. Zürich, 1954. Frankfurt/M., 1977; 1981.
– *Ferne – Reisen – Phantasie.* – In: Atlantis. Zürich, Februar 1947.
XII/11, 24, *2*, 3, 6, *78*, *71*, *88*, *87* (Teil), *80*, 79, *140* (Teil), *139*, *95* (Teil), *111* (Teil) in: Die Notizen. Zürich, 1954. Frankfurt/M., 1978; 1981.
Dass. (Teil) in: Das ideale Heim, Winterthur, Mai 1948 und August 1948.
– *Notizen.* – In: Luzerner Neueste Nachrichten, 13. 3. 1947.
Daraus 3 Sätze in ›Kurze Stücke‹ in: Daß fast alles anders ist. Olten u. Freiburg (i. Brsg.), 1967, S. 83, 106.
[*Erste Veröffentlichung aus Nachnotizen, 1. Band*; geschrieben Januar 1937 bis Juni 1939, 400 Nummern, 332 S.; zum Stoffkreis ›Von den hereinbrechenden Rändern‹ gehörend; hier Nr. 1, 3, 10, 12, 13, 15, 16, 27.]
Dass. (zusätzlich mit Nr. 9) in: Die Nation, Bern, 2. 4. 1947. National-Zeitung, Basel, 13. 6. 1948. Der Bund, Bern, 20. 8. 1950. Das ideale Heim, Winterthur, Juli 1951. Aktion, Frankfurt/M., Februar 1952.
– *Notizen.* – In: Die Tat, Zürich, 15. 3. 1947.
VII/94 (›Bescheidenheit‹), 10 (›Einteilung‹), 97 (›Namen‹) in: Die Notizen. Zürich, 1954. Frankfurt/M., 1977; 1981.
– *Gesicht.* – In: Literarische Blätter. Genf, Mai 1947.
XII/153 in: Die Notizen. Zürich, 1954. Frankfurt/M., 1978; 1981.
Dass. in: Das ideale Heim, Winterthur, Juni 1947.
– *Beobachtungen.* – In: Atlantis. Zürich, Juni 1947.
VII/19 in: Die Notizen. Zürich, 1954. Frankfurt/M., 1977; 1981.
– *Vom Tod.* – In: Das ideale Heim, Winterthur, August 1947.
XI/1 (Teil), *6*, 12 (Teil), 13, *9* in: Die Notizen. Zürich, 1954. Frankfurt/M., 1981.
– *Notizen.* – In: National-Zeitung, Basel, 24. 8. 1947.
XII/81, 140, 139, 95, 111, *145* in: Die Notizen. Zürich, 1954. Frankfurt/M., 1978; 1981.

– *Notizen.* – In: Die Nation, Bern, 1. 10. 1947.
XII/56, 48, *65* in: Die Notizen. Zürich, 1954. Frankfurt/M., 1978; 1981.
– *Notizen.* – In: Die Nation, Bern, 8. 10. 1947.
XII/*66* (Teil), 8 in: Die Notizen. Zürich, 1954. Frankfurt/M., 1978; 1981.
XII/8 (›Das Alter‹) auch in: Das ideale Heim, Winterthur, November 1950.
– *Gang zu Katherine Mansfields Grab.* – In: DU. Zürich, Dezember 1947.
Unter dem Titel ›Abendlicher Gang‹ in: Daß fast alles anders ist. Olten u. Freiburg (i. Brsg.), 1967, S. 11-20. [Nachnotizen, 1. Band, Nr. 100; April 1937.]
Dass. in: Aktion, Frankfurt/M., 2. Jg., Nr. 11, Januar 1952. Internationale Bodensee-Zeitschrift, Amriswil, 4. Jg., Nr. 4, März 1955. Das Wort (Literarische Beilage zur Monatsschrift ›DU‹), Zürich, 8. Jg., Nr. 6, Juni 1967.
– *Notizen.* – In: Die Nation, Bern, 17. 12. 1947.
VIII/6 in: Die Notizen. Zürich, 1954. Frankfurt/M., 1981.
– *Von der Macht des Bildes.* – In: Figur. Genf, Dezember 1947.
XII/2, 3, 135, 112, 6, *127*, 139, 24, 7, 11, *1*, *143*, 147, 153 in: Die Notizen, Zürich, 1954. Frankfurt/M., 1978; 1981.
– *Bemerkungen zur Literatur.* – In: Die Tat, Zürich, 7. 1. 1948. [Nachnotizen, 1. Band, Nr. 24, 18, 42, 36, 49.]
Dass. in: National-Zeitung, Basel, 24. 1. 1954 (»gesandt im April 1948!«).
– *Notizen.* – In: Die Nation, Bern, 14. 1. 1948 und 21. 1. 1948.
VII/*123*, 85, VIII/4, *5*, *27* in: Die Notizen. Zürich, 1954. Frankfurt/M., 1977; 1981.
Dass. in: Der öffentliche Dienst, Zürich, 25. 6. 1948.
– *Notizen.* – In: Die Tat, Zürich, 1. 5. 1948.
›Beobachtung‹, ›Beispiele‹, ›Abhängigkeit‹, ›Die Sensation‹. [Nachnotizen, 1. Band, Nr. 89, 173, 351, 367.]
Dass. (Teil) in: Die Nation, Bern, 8. 9. 1948 und 29. 9. 1948. National-Zeitung, Basel, 8. 1. 1950.
– *Notizen.* – In: Die Tat, Zürich, 26. 6. 1948.
Die letzten vier Sätze in ›Kleine Stücke‹ in: Daß fast alles anders ist. Olten u. Freiburg (i. Brsg.), 1967, S. 83. [Nachnotizen, 1. Band, Nr. 78, 64, 241 (Teil), 334, 69, 151, 165, 184, 129, 292, 240.]
Dass. (Teil) in: National-Zeitung, Basel, 27. 2. 1949. Der kleine Bund, Bern, 20. 5. 1949. Aktion, Frankfurt/M., Dezember 1951 und Februar 1952.
– *Notizen.* – In: Der öffentliche Dienst, Zürich, 2. 7. 1948.
VIII/*3*, 6 in: Die Notizen. Zürich, 1954. Frankfurt/M., 1981.

– *Notizen.* – In: National-Zeitung, Basel, 11. 7. 1948.
VII/94, 10, 97 in: Die Notizen. Zürich, 1954. Frankfurt/M., 1977; 1981. [+ Nachnotizen, 1. Band, Nr. *52*.]
– *Aus Träumen.* – In: National-Zeitung, Basel, 1. 8. 1948.
X/24, 26, 23, 33, 34 in: Die Notizen. Zürich, 1954. Frankfurt/M., 1981.
– *Notizen.* – In: Die Tat, Zürich, 17. 8. 1948.
VIII/46, 77, 132 in: Die Notizen. Zürich, 1954. Frankfurt/M., 1981
– *Notizen.* – In: Das ideale Heim, Winterthur, Oktober 1948.
[Nachnotizen, 1. Band, Nr. *47*, 52.]
– *Notizen.* – In: DU. Zürich, Dezember 1948.
VII/*89*, XII/*73*, *39* (umgearbeitet), 28, 30, *113* (Teil) in: Die Notizen. Zürich, 1954. Frankfurt/M., 1977; 1978; 1981.
– *Notizen.* – In: Die Tat, Zürich, 14. 2. 1949.
[Nachnotizen, 1. Band, Nr. 262, 327, 312.]
Dass. in: National-Zeitung, Basel, 29. 5. 1949 (+ Nn., Nr. 377). Luzerner Neueste Nachrichten, 2. 9. 1949. Der Kirchenbote, Schaffhausen, 48. Jg., Nr. 3, März 1954.
– *Notizen.* – In: Das ideale Heim, Winterthur, Juni 1949.
›Noch eine Skizze der Welt‹, ›Zeitungslektüre‹. Das erste Stück als ›Perspektiven oder noch eine Skizze der Welt‹ in: Daß fast alles anders ist. Olten u. Freiburg (i. Brsg.), 1967, S. 101/2. [Nachnotizen, 1. Band, Nr. 263, 275.]
Dass. in: Wirklichkeiten. St. Gallen und Stuttgart, 1963. DU, Zürich, September 1963.
– *Gide und die Geduld. Bemerkungen zum Tagebuch von André Gide.* – In: Die Tat, Zürich, 19. 11. 1949.
Dass. in: Die Neue Zeitung, München, 5. 9. 1950. Der öffentliche Dienst, Zürich, 2. 3. 1951. Der Kirchenbote, Schaffhausen, Januar 1952.
– *Notizen.* – In: National-Zeitung, Basel, 8. 1. 1950.
[Aus Nachnotizen, 1. Band, wie ›Die Tat‹, Zürich, 1. 5. 1948.]
XII/8 (›Das Alter‹), *25* (›Sehen‹), *23* (›Unsere Kenntnisse‹), 4 (›Die Widersprüche in der Philosophie‹) in: Die Notizen. Zürich, 1954. Frankfurt/M., 1978; 1981.
Die letzten drei Stücke auch in: Das ideale Heim, Winterthur, Juni 1950 und Januar 1951.
– *Notizen.* – In: National-Zeitung, Basel, 6. 8. 1950.
›Distanz des Sehens‹, ›Die wahren Schriften‹, ›Der Mensch‹.
[*Erste Veröffentlichung aus Nachnotizen, 2. Band*; geschrieben Oktober 1939 bis Ende 1950; Nr. 401-586, 147 S.; zum Stoffkreis ›Von den hereinbrechenden Rändern‹ gehörend; hier Nr. 422, 424, 427.]
›Distanz des Sehens‹ in: Daß fast alles anders ist. Olten und Freiburg (i. Brsg.), 1967, S. 103-105.

– *Notizen.* – In: Die Nation, Bern, 6. 9. 1950.
VIII/43, 53, 61 in: Die Notizen, Zürich, 1954. Frankfurt/M., 1981.
– *Notizen.* – In: Die Tat, Zürich, 16. 9. 1950.
›Kunst‹, ›Phantasie‹, ›Kunst. Variante des Hauptsächlichen über Kunst‹. ›Größtes Wort‹, ›Das große Gesetz der Vergeudung‹. [Nachnotizen, 2. Band, Nr. 406, 404, 405, 407, 420.]
Letztes Stück in: Daß fast alles anders ist. Olten und Freiburg (i. Brsg.), 1967, S. 78-80.
Dass. in: Internationale Bodensee-Zeitschrift, Amriswil, 4. Jg., Nr. 4, März 1955.
– *Die hereinbrechenden Ränder.* – In: Die Neue Zeitung, München, 25. 9. 1950.
Unter dem Titel ›Von den hereinbrechenden Rändern‹ in: Daß fast alles anders ist. Olten u. Freiburg (i. Brsg.), 1967, S. 74-77. [Nachnotizen, 1. Band, Nr. 141; geschrieben Juni 1937.]
Dass. in: Horizonte, Laupen-Bern, April 1952. Schweizer Radio-Zeitung, Bern, 24.-30. 3. 1957. Der goldene Griffel. Dichtungen sanktgallischer und appenzellischer Autoren von der Frühzeit bis zur Gegenwart. Band III. St. Gallen, 1957.
– *Der Untersuchungsgefangene.* – In: Die Tat, Zürich, 21. 10. 1950.
In: Daß fast alles anders ist, Olten u. Freiburg (i. Brsg.), 1967, S. 8/9. [Nachnotizen, 2. Band, Nr. 514.]
Dass. in: Wirklichkeiten. St. Gallen u. Stuttgart, 1963. DU, Zürich, September 1963.
Dass. (›Détention préventive‹) in: Journal de Genève, 1./2. 5. 1971. (= übersetzt v. Walter Weideli.)
– *Lob der Natur.* – In: National-Zeitung, Basel, 5. 11. 1950.
In: Daß fast alles anders ist. Olten u. Freiburg (i. Brsg.), 1967, S. 85-90. [Nachnotizen, 2. Band, Nr. 428.]
Leicht verändert (›Die mißverstandene Natur‹) in: Die Neue Zeitung, München, 15. 2. 1951.
– *Vom Aufzeichnen der Träume.* – In: Die Neue Zeitung, München, 4. 12. 1950.
In: Daß fast alles anders ist. Olten u. Freiburg (i. Brsg.), 1967, S. 22-24. [Nachnotizen, 2. Band, Nr. 426.]
Dass. in: Internationale Bodensee-Zeitschrift, Amriswil, 4. Jg., Nr. 4, März 1955. Wirklichkeiten. St. Gallen und Stuttgart, 1963. DU, Zürich, September 1963.
– *Sprichwörterweisheit.* – In: Die Nation, Bern, 6. 12. 1950.
[Nachnotizen, 2. Band, Nr. 489.]
– *Von der Liebe.* – In: Die Tat, Zürich, 30. 12. 1950.
In: Daß fast alles anders ist. Olten u. Freiburg (i. Brsg.), 1967, S. 114/5. [Nachnotizen, 2. Band, Nr. 445.]
Dass. in: Das ideale Heim, Winterthur, November 1951.

- *Gide und die Aufrichtigkeit.* – In: DU, Zürich, Juli 1951. [Gides Todestag 19. 2. 1951.]
- *Vom Aufzeichnen der Träume. Schafe in der Nacht. Dem Käuzlein zu Ehren. Die Katze.* – In: Atlantis. Zürich, August 1951. In: Daß fast alles anders ist. Olten u. Freiburg (i. Brsg.), 1967, S. 22-24, 25/6, 41/2, 39/40 (›Eintracht‹). [Nachnotizen, 2. Band, Nr. 426, *425*, *509*, *458*.] ›Schafe in der Nacht‹ auch in: Der Alleingang, Nichtkommerzielle Zeitschrift (Red. Michael Guttenbrunner, Paul Schick), Wien, 3. Jg., Nr. 7, März 1966. Martin Kiessig (Hrsg.), Dichter erzählen ihre Träume. Stuttgart, 1976.
- *Notizen.* – In: Die Neue Zeitung. München, 8. 1. 1952. VII/2, 32, –, 39 in: Die Notizen. Zürich, 1954. Frankfurt/M., 1977; 1981.
- *Notizen.* – In: DU. Zürich, Januar 1952. Zwei Sätze in ›Kleine Stücke‹ in: Daß fast alles anders ist. Olten u. Freiburg (i. Brsg.), 1967, S. 83, 107. [Nachnotizen, 1. und 2. Band, 151, 165, 129, *440*, *446*.]
- *Vom Tod.* – In: Aktion. Frankfurt/M., 2. Jg., Nr. 13, März 1952. XI/1 (Teil), 6, 12 (Teil), 13, 7, 9, 11, 12 (Teil), *39*, *14* in: Die Notizen. Zürich, 1954. Frankfurt/M., 1981.
- *Notizen.* – In: Aktion. Frankfurt/M., 2. Jg., Nr. 20, Oktober 1952. ›Die zwei Arten von Not‹, ›Theologie, Diskutieren, zwei Zitate‹. Erstes Stück in: Daß fast alles anders ist. Olten u. Freiburg (i. Brsg.), 1967, S. 108-110. [Nachnotizen, 1. Band, Nr. 122, 123.]
- *Von den hereinbrechenden Rändern.* – In: Die Tat, 18. Jg., Nr. 262, Zürich, 26. 9. 1953. ›Von den hereinbrechenden Rändern‹, ›Die geheime Pforte‹, ›Vergeudung‹, ›Menschliche Entwicklung‹. Die ersten beiden Stücke und ein Satz aus ›Vergeudung‹ in: Daß fast alles anders ist. Olten und Freiburg (i. Brsg.), 1967, S. 74-77, 91, 107. [Nachnotizen, 1. und 2. Band, Nr. 141, (*165*), 446, *548*, *482*, *389*, *457* (Teil), *519*, *204* + *473* (= Kant-Zitat).]
- *Polykrates.* – In: National-Zeitung, Nr. 468, Basel, 11. 10. 1953. In: Daß fast alles anders ist. Olten u. Freiburg (i. Brsg.), 1967, S. 64-73. [Nachnotizen, 2. Band, Nr. 556 + 475 (= Camus-Zitat).] Dass. in: Gegenwart und Erinnerung. Eine Sammlung deutschweizerischer Prosa. Auswahl und Zusammenstellung Heinz Weder. Bern und Stuttgart, 1961.
- *Vernunft und Güte.* – In: National-Zeitung, Nr. 232 und 242, Basel, 23. 5. 1954 und 30. 5. 1954. In: Daß fast alles anders ist. Olten und Freiburg (i. Brsg.), 1967, S. 46-63. [Nachnotizen, 2. Band, Nr. 555.] Dass. (›Reason and kindness‹) in: ADAM. International Revue. Lon-

don, Year XXVII, No. 275, 1959 (= übersetzt v. Berenice Mortimer). Dass. (›Raisonnable et Bon‹) in: Journal de Genève, No. 216, 16./17. 9. 1967. ›F‹. Revue trimestrielle. Paris, No. 1, 1971. (= übersetzt v. Walter Weideli.)

– *Aus Träumen.* – In: National-Zeitung, Basel, 29. 8. 1954.
›Eine Ertappung‹, ›Analoges Beispiel‹, ›Eisgrau‹, ›Hochgestellte Fahnen‹ in: Daß fast alles anders ist. Olten und Freiburg (i. Brsg.), 1967, S. 28, 29/30, 27, 37/8. [Nachnotizen, 1. und 2. Band, Nr. 252, 147, 430, 187.]
›Eine Ertappung‹ in: Wirklichkeiten. St. Gallen und Stuttgart, 1963. DU, Zürich, September 1963. Radio und Fernsehen, Bern, 16. bis 22. 8. 1964.
Dass. (›Pris sur le fait‹) in: La Revue de Belles-Lettres, 94. Jg., No. 3, 1969 (= übersetzt v. Rainer Michael Mason).
›Eisgrau‹ in: Der Alleingang, 3. Jg., Nr. 7, Wien, März 1966. Martin Kiessig (Hrsg.), Dichter erzählen ihre Träume. Stuttgart, 1976 (ebenfalls ›Hochgestellte Fahnen‹).

– *Mein Weg. Zum Werk des Schreibens.* Von den hereinbrechenden Rändern. Abendlicher Gang. Vom Aufzeichnen der Träume. Das große Gesetz der Vergeudung oder: »Zu der Zweckmäßigkeit in der Natur«. – In: Internationale Bodensee-Zeitschrift. Amriswill, 4. Jg., Nr. 4, März 1955.
›Mein Weg‹ erscheint hier zum erstenmal, ebenso Teile von ›Zum Werk des Schreibens‹. [Letzteres aus Nachnotizen, 1. und 2. Band, Nr. *241*, 406, 405, *171*, 404, *384*, *124*, *531* (Teil), 151.]

– *Aus Träumen.* – In: Hortulus. Vierteljahresschrift für neue Dichtung. Hrsg. von Hans Rudolf Hilty. St. Gallen, 5. Jg., 4. Heft, Dezember 1955, S. 113-116.
›An abgelegener Stelle‹, ›Mit der Großmutter‹, ›»Aus diesem Nesselbusch Gefahr«‹, ›Von einer Löwin‹ in: Daß fast alles anders ist. Olten und Freiburg (i. Brsg.), 1967, S. 33/4, 35/6, 21, 43-45. [Die ersten drei Stücke aus Nachnotizen, 1. und 2. Band, Nr. 267, 435, 121.]
›Von einer Löwin‹ auch in: Wirklichkeiten. St. Gallen und Stuttgart, 1963 (ebenfalls ›»Aus diesem Nesselbusch Gefahr«‹). DU, Zürich, September 1963. literarium 15, Olten und Freiburg (i. Brsg.), o. J. [1967], S. 10. Dieter Fringeli (Hrsg.), Gut zum Druck. Literatur der deutschen Schweiz seit 1964. Zürich und München, 1972. Basler Zeitung, Nr. 102, 15. 4. 1978.

– *Notizen.* – In: Neue Zürcher Zeitung, Nr. 332 (8), 5. 2. 1956.
›Distanz des Sehens‹, ›Grade des Bewußtseins‹ und ein unbetiteltes Stück in: Daß fast alles anders ist. Olten und Freiburg (i. Brsg.), 1967, S. 103-5, 94/5, 83. [Nachnotizen, 1. und 2. Band, Nr. 422, *515*, 1.]

– *Von den hereinbrechenden Rändern. Fragmente.* – In: Neue Zürcher Zeitung, Nr. 1291 (34), 4. 5. 1958.

›Eine gefährliche Mosaikwirkung‹, ›Daß fast alles anders ist . . .‹ (erster Teil, leicht verändert) in: Daß fast alles anders ist. Olten und Freiburg (i. Brsg.), 1967, S. 124-127, 128-137.
Dass. (›Von einer gefährlichen Mosaikwirkung‹) in: Wirklichkeiten. St. Gallen und Stuttgart, 1963. Das Wort (Literarische Beilage zur Monatsschrift ›DU‹), Zürich, 8. Jg., Nr. 6, Juni 1967.

– *Von den hereinbrechenden Rändern.* – In: National-Zeitung, Nr. 186, Basel, 24. 4. 1960.
›Von den hereinbrechenden Rändern‹, [›Auskunft‹], ›Leistung, Mut‹, ›Vergeudung‹, ›Vergeudung – Jean Barois‹ [›Das Leben‹], ›»Mische dich nicht in anderer Leute Sachen«‹, ›Von der Liebe‹, ›Vom Neid‹, ›Die zwei Arten von Not‹ und zehn unbetitelte Stücke/Sätze. In (außer ›Vergeudung –Jean Barois‹ und den unbetitelten Stücken): Daß fast alles anders ist. Olten und Freiburg (i. Brsg.) 1967, S. 74-77, 111, 112, 113, 116/7, 114/5, 118-20, 108-10. [Nachnotizen, 1. und 2. Band, Nr. 141, *442*, 482, *550*, *506*, 389, 457 (Teil), *537*, *410*, 327, 548, *557*, *536*, 427, *520*, 519, 445, *554*, 122.]
›Leistung, Mut‹ (›Courage‹) und ›Vergeudung‹ (›Gaspillage‹) auch in: La Revue de Belles-Lettres, Genève, 94. Jg., No. 3, 1969 (= übersetzt v. Rainer Michael Mason).

– *Fragmente aus ›Bergfahrt‹.* – In: Das Wort (Literarische Beilage zur Monatsschrift ›DU‹). Zürich, 8. Jg., Nr. 8, August 1967, S. 655.
›Ein ungeheures Schiff‹, ›Der Melancholie-Hang‹, ›Ein qualmender Kessel‹ (verändert) in: Bergfahrt. Frankfurt/M., 1975. [Teile aus Kapitel 1, 5, 6.]

– [*›Der Autor und sein Engagement‹ – Antwort auf eine Umfrage.*] – In: Der Schriftsteller in unserer Zeit. Schweizer Autoren bestimmen ihre Rolle in der Gesellschaft. Eine Dokumentation zu Sprache und Literatur der Gegenwart. Hrsg. von Peter André Bloch und Edwin Hubacher. Bern, 1972, S. 61.

– *Bergfahrt.* – In: Taschenbuch der Gruppe Olten. Hrsg. von Dieter Fringeli, Paul Nizon und Erica Pedretti. Zürich/Köln, 1974, S. 9-17.
›Erster Anstieg‹, ›In der Alphütte‹, ›Letztes Kapitel‹ (= ›Der wilde Bach‹) in: Bergfahrt. Frankfurt/M., 1975. [Kapitel 2, 3, 20.]
Dass. in: Schweiz heute. Ein Lesebuch. Hrsg. von Roland Links, Ingeborg Quaas, Dietrich Simon, Jean Villain. Berlin[-Ost], 1977, S. 250-257.
Dass. (›Première étape‹, ›Dans le chalet‹, ›Chapitre final‹) in: Almanach 1974 du Groupe d'Olten. Lausanne, 1974, S. 97-103 (= übersetzt von Walter Weideli).
Teil in: Basler Nachrichten, Nr.243, 18. 10. 1975. Kultur und Leben, Baden-Baden, Nr. 7, Juli 1976.

4. *Wiederabdrucke* (Auswahl)

- *Nuancen und Details.* [II/27-29, 34, 35, 44, 47 (Teil).] – In: Die Weltwoche, Zürich, 5. 5. 1939.
- *Über Prophezeiungen.* [Nuancen und Details, II/20.] – In: Neue Zürcher Zeitung, 15. 5. 1939.
- *Über das Revolutionäre.* [Nuancen und Details, III/3.] – In: Die Nation, Bern, 2. 6. 1948.
- *Weiße Affen.* [Nuancen und Details, II/19.] – In: Aktion. Frankfurt/M., 1. Jg., Nr. 2, 1951.
- *Aus dem neuen Band von Ludwig Hohls ›Notizen‹.* [VII/79, 77, 85, IX/2, 60, 44, XII/122, 93.] – In: National-Zeitung, Basel, 26. 9. 1954.
- *Notices.* [Zus.stellung aus den ›Notizen‹, Teil IX – über D. H. Lawrence; Rilke; Montaigne, Lichtenberg, Spinoza.] – In: Témoins. Zürich, IIIe Année, No. 9, Été 1955 (= übersetzt von Jean-Paul Samson).
- *Nuances et détails.* [III/3 ›Sur le mot »révolutionnaire«‹, III/12 ›Comptes d'apothicaire‹, III/13 ›L'art: inspiration ou travail?‹.] – In: Journal de Genève, No. 15, 18./19. 1. 1964 (= übersetzt von Walter Weideli).
- *Sicheres Rezept, ein großer Schriftsteller zu werden, oder: Von der förderlichen Vorbereitung.* [Notizen, VI/44, 45.] *Notizen.* [Aus Teil IX, XI, XII.] – In: Bestand und Versuch. Schweizer Schrifttum der Gegenwart. Hrsg. v. Bruno Mariacher und Friedrich Witz. Zürich, 1964, S. 376-382.
- *Travail d'écrire.* [Nuancen und Details, II/15 ›A propos des dépressions‹, II/50 ›Du travail d'écrire‹, II/51 ›Du travail en général, II/47 ›De l'atteignable et de l'inatteignable‹.] – In: Journal de Genève, No. 18, 23./24. 1. 1965 (= übersetzt von Walter Weideli).
- *Schafe in der Nacht. Eisgrau.* [In ›Daß fast alles anders ist‹.] *Aus: ›Die Notizen oder von der unvoreiligen Versöhnung‹.* [VI/25, 30 (Teil).] – In: Der Alleingang. Nichtkommerzielle Zeitschrift. Red. Michael Guttenbrunner – Paul Schick. 3. Jg., Nr. 7, Wien, März 1966.
- *Fête d'atelier.* [›Atelierfest‹ in ›Daß fast alles anders ist‹.] – In: La Revue de Belles-Lettres. Genève, 92. Jg., No. 2, 1967 (= übersetzt von Rainer Michael Mason).
  Dass. in: La Revue de Belles-Lettres. Genève, 94. Jg., No. 3, 1969. Journal de Genève, 25./26. 10. 1969. Construire, Zürich, 29. 9. 1971.
- *Vom Altern. Zwei unbetitelte Stücke.* [Notizen, II/103, 104, 105.] – In: Das Ziegeneuter. Hrsg. v. Michael Guttenbrunner. Wien, 2. Jg., Nr. 5, Juni 1967.
- *Quatre fragments.* [Aus den ›Notizen‹ – über Hölderlin.] – In: La Revue de Belles-Lettres. Genève, 93. Jg., No. 2, 1968 (= übersetzt v. Rainer Michael Mason).
- *Poignant Effort.* [›Mühsal‹ aus ›Daß fast alles anders ist‹.] – In: La

Revue de Belles-Lettres. Genève, 93. Jg., No. 4, 1968 (= übersetzt von Rainer Michael Mason).

– *Aus den ›Notizen‹.* [VII/42, 51, XII/151, VII/79, XII/31, VIII/1.] – In: Das Ziegeneuter. Hrsg. v. Michael Guttenbrunner. Wien, 3. Jg., Nr. 7, April 1969.

– *Douze textes.* [Neben dem unter den Erstdrucken Aufgeführten, aus den ›Notizen‹, I/1, VII/123, 132, IX/25, XI/20, XII/151.] – In: La Revue de Belles-Lettres. Genève, 94. Jg., No. 3, 1969 (= übersetzt von Armand Jacoubovitch, Hélène Calvet).
Dass. in: La Gazette de Lausanne, 25./26. 10. 1969.

– *Verhältnis zu den andern.* [Nuancen und Details, III/11.] – In: Das Ziegeneuter. Wien, 4. Jg., Nr. 10, Januar 1970.

– *Von den verschwendenden Armen oder An eine Richterin.* [Nuancen und Details, II/24.] – In: »Dieses Buch ist gratis«. Hrsg. v. Theo Ruff, Peter K. Wehrli. Zürich, 1971, S. 79/80.

– *Von einer Löwin. Bild und Wirklichkeit.* [Aus ›Daß fast alles anders ist‹.] – In: Dieter Fringeli (Hrsg.), Gut zum Druck. Literatur der deutschen Schweiz seit 1964. Zürich und München, 1972, S. 159-161.

– *Bergfahrt. Gedanken. Traum vom Mond. Arbeiten und Gebirge.* / Bilder von Sven Knebel. – Wädenswil (Brunnenturm-Presse) 1973; 23 lose Bl. [Privatdruck.]

– *»Le vrai travail serait comparable à la mélodie d'un orgue . . .«.* [Aus ›Vom Arbeiten‹, ›Die Notizen‹, Teil I.] – In: Journal de Genève/ Gazette de Lausanne, 6. 4. 1974 (= übersetzt von M. Constançon und Ch. Hersperger).

– *Ludwig Hohl-Kostproben.* [Zus.stellg. aus ›Nuancen und Details‹ und ›Die Notizen‹.] – In: VPOD. Der öffentliche Dienst. Zürich, 67. Jg., Nr. 19, 10. 5. 1974.

– *Vom Erreichbaren und vom Unerreichbaren. Aus ›Bergfahrt‹: Ein ungeheures Schiff, Erster Anstieg. Vom Schreib-Arbeiten. Novelle.* / Bilder von Sven Knebel. – In: Spektrum. Internationale Vierteljahresschrift für Dichtung und Originalgrafik. Zürich, 16. Jg., Nr. 63, Juni 1974.
›Novelle‹ [Nuancen und Details, II/52] auch in: Hans Krömler (Hrsg.), Horizonte des Lebens. Ein Arbeits- und Lesebuch. Zürich/Einsiedeln/ Köln, 1976, S. 68-70.

– *Notizen.* [VIII/67, 68, 70, 71, 74, IX/10, 11.] – In: CH. Ein Lesebuch. Herausgegeben vom Schweizerischen Bundesrat. Bern, 1975, S. 219/ 220, 223, 275-277.

– *Pötzlich eingetretene Veränderungen. Eisgrau. Hochgestellte Fahnen. Schafe in der Nacht. In trüber Zeit . . .* [Aus ‹Daß fast alles anders ist‹; ›Die Notizen‹, X/32.] – In: Martin Kiessig (Hrsg.), Dichter erzählen ihre Träume. Selbstzeugnisse deutscher Dichter aus zwei Jahrhunderten. Stuttgart, 1976, S. 284-289.

– *Die lange Nacht.* [Aus ›Bergfahrt‹, Kapitel 18.] – In: Dieter Bachmann (Hrsg.), Fortschreiben. 98 Autoren der deutschen Schweiz. Zürich und München, 1977, S. 206-209.
Dass. franz. in: Journal de Genève, 6. 5. 1978 (= übersetzt von Madeleine Constançon).
– *Aus den ›Notizen‹.* [Zus.stellg. über Robert Walser aus Teil IX.] – In: Katharina Kerr (Hrsg.), Über Robert Walser. Erster Band. Frankfurt/M., 1978, S. 160/1.
– *›Die Notizen‹ von Ludwig Hohl.* Ausschnitt aus einem Ausschnitt aus einem der großen Bücher unserer Zeit. [Aus Teil IX.] – In: Tagesanzeiger-Magazin, Nr. 20, Zürich, 17. 5. 1980.

5. Radiosendungen

– Radio Beromünster (Studio Bern): ... über André Gide. [Zitierung aus Hohls Text ›Gide und die Geduld‹.]
Sendung 23. 11. 1949.
– Radio Beromünster (Studio Bern): Das Pferdchen. [Lesung, gekürzt.]
Sendung 4. 1. 1950.
– Radio DRS (Deutsche und rätoromanische Schweiz), 1. Programm: Ludwig Hohl: Laurisa, die Glänzende. Es liest Günter Gube.
Sendung 6. 2. 1968 (16.05-16.30 Uhr).
– Radio DRS (Studio Bern), 1. Programm: Ludwig Hohl liest eigene Texte. Einführung in sein Werk: Eduard Klopfenstein.
Sendung 13. 4. 1969 (11.25-12.10).
– Radio Suisse-romande (Genève), 2. Programm (UKW): Visa pour mon pays: Ludwig Hohl. ›Polycrate‹ et ›D'une lionne‹. Traduction française de Walter Weideli.
Sendung 27. 4. 1972 (20.30-21.15).
– Westdeutscher Rundfunk (Köln/Kulturelles Wort), 3. Programm: Vorgestellt – vorgelesen. ›Nächtlicher Weg‹ (›Die Trinkerin‹) von Ludwig Hohl. Einleitung: Werner Koch.
Sendung 6. 3. 1973 (16.00-16.30).
– Radio DRS (Studio Bern), 2. Programm: Ludwig Hohl liest aus ›Bergfahrt‹. [Drei Kapitel; aus der Lesung in Burgdorf am 22. 10. 1973.]
Sendung 24. 3. 1974 (11.30-12.05).
– Radio DRS, 2. Programm: Ludwig Hohl: ›Bergfahrt‹.
Sendung 7. 3. 1976 (18.10).

(Vgl. Sendungen über Ludwig Hohl unter II.2 in der Bibliographie der Sekundärliteratur.)

II. Sekundärliteratur

1. *Briefband, Hommage, Dissertationen*

- Heinz Weder (Hrsg): Briefe von Albin Zollinger an Ludwig Hohl. – Bern und Stuttgart (Verlag Hans Huber) 1965; 66 S.
  [Vorwort von Heinz Weder, S. 7-11; ›Letzter Brief an Albin Zollinger‹ von Ludwig Hohl, S. 57-63.]
  [Vorabdruck ›... Von Einsamkeit zu Einsamkeit. Albin Zollingers Briefe an Ludwig Hohl‹ in: Das Wort (Literarische Beilage zur Monatsschrift ›DU‹), 2. Jg., Nr. 11, November 1961, S. 65-66.]

- Ludwig Hohl. – La Revue de Belles-Lettres. Genève. 94. Jg., Nr. 3, 1969; 93 S.
  [Für die einzelnen Beiträge siehe Bibliographie der Zeitungs- und Zeitschriftenartikel; Zeichnungen von Hanny Fries, Anouchka von Heuer, Roger Montandon; Photographien von Gad Borel-Boissonnas, Jean Mohr, Horst Tappe, Daniel Vittet.]

- Xaver Kronig: Ludwig Hohl. Seine Erzählprosa mit einer Einführung in das Gesamtwerk. – Bern (Herbert Lang) / Frankfurt/M. (Peter Lang) 1972; 184 S.
  [Europäische Hochschulschriften. Reihe I. Deutsche Literatur und Germanistik. Bd. 73.]
  [Phil. Diss. Juni 1969, Freiburg i. Ue.]
- Adrian Ewald Bänninger: Fragment und Weltbild in Ludwig Hohls ›Notizen‹. Einführung und Deutung eines Werks am Rande der schweizerischen Gegenwartsliteratur. – Zürich (Juris Druck + Verlag) 1973; 169 S.
  [Abhandlung zur Erlangung der Doktorwürde der Philosophischen Fakultät der Universität Zürich / Angenommen auf Antrag von Herrn Prof. Emil Staiger.]
- Gert Scobel: Einführung in die philosophische Prosa Ludwig Hohls. – Philosophische Freiarbeit bei Prof. Dr. Jörg Splett, Hochschule Sankt Georgen (Aachen), eingereicht am 4. 5. 1979.
- Werner Fuchs: Möglichkeitswelt. Zu Ludwigs Hohls Dichtung und Denkformen. – Bern, Frankfurt/M. (Peter Lang) 1980; 155 S.
  [Europäische Hochschulschriften. Reihe I. Deutsche Sprache und Literatur. Bd. 386].

2. *Aufsätze, Essays, Berichte, ausgewählte Rezensionen in Zeitungen und Zeitschriften; Erinnerungen, Reden, Ehrungen; Radiosendungen*

- a.: Ludwig Hohl, Die Notizen oder von der unvoreiligen Versöhnung. Zweiter Band. – In: Der öffentliche Dienst, Zürich, 8. 10. 1954.
- Achermann, Hans Beat: Fragmente – mehr als das sogenannte Ganze. Der Schweizer Schriftsteller Ludwig Hohl wird 70 Jahre alt. – In: Luzerner Neueste Nachrichten, 9. 4. 1974.
- Appenzeller, Heinz: »Von den hereinbrechenden Rändern«. Zum Werk des Denkers Ludwig Hohl. – In: Schweizer Rundschau. Solothurn, 67. Jg., Heft 6, Juni 1968, S. 377-379.
  Dass. in: National-Zeitung, Basel, 4. 8. 1968. Schweizer Rundschau, Solothurn, 73. Jg., Heft 2, 1974, S. 126-128 (›. . . Ludwig Hohl 70 Jahre alt.‹). Thurgauer Zeitung, 5. 4. 1974. Basellandschaftliche Zeitung, 6. 4. 1974. Glarner Nachrichten, 9. 4. 1974.
- Bachmann, Dieter: Zwei Tode. Überraschend erschienen: Ludwig Hohls ›Bergfahrt‹. – In: Die Weltwoche, Zürich, 15. 10. 1975.
- Bachmann, Dieter: Gehärtete Wörter. Zum Tod des Schweizer Schriftstellers Ludwig Hohl. – In: Frankfurter Allgemeine, 5. 11. 1980.
- Bänninger, Konrad: Rechtfertigung des Künstlers. Zu Ludwig Hohls ›Nuancen und Details‹. – In: Neue Zürcher Zeitung, 160. Jg., Nr. 1550, 27. 8. 1939.
- [Basler, Otto] O.B.: Ludwig Hohl: Die ›Notizen‹, oder von der unvoreiligen Versöhnung. – In: Neue Schweizer Rundschau. Zürich, 22. Jg., Heft 7, November 1954, S. 446-448.
- Basler, Otto: »Von den hereinbrechenden Rändern«. Vom Schaffen des Schweizer Schriftstellers Ludwig Hohl. (1. Würdigung von O. B., 2. Der Autor liest aus seinem neuesten Buch.) – Radio Beromünster, 27. 3. 1957 (22.20-22.55 Uhr).
- Basler, Otto: Ein in Verzweiflung Lachender. Zur Verleihung des Robert-Walser-Preises an Ludwig Hohl. – In: Luzerner Tagblatt, 15. 4. 1978 (U. a. Lokalzeitungen.)
  Ders.: Das Lachen in der Verzweiflung. Zum Tod des Schriftstellers Ludwig Hohl. – In: Solothurner Zeitung, 5. 11. 1980. Der Landbote, Winterthur, 6. 11. 1980. (U. a. Lokalzeitungen.)
- Becker, Marguerite: Ludwig Hohl, à soixante-dix ans, est presque un inconnu. C'est aussi un grand écrivain. – In: Journal de Genève / Gazette de Lausanne, 6. 4. 1974.
- Beringer, Johannes: »Die richtige Arbeit ist das Erkennen«. Zum Werk von Ludwig Hohl. – Süddeutscher Rundfunk, Stuttgart, 2. Programm (Studio für neue Literatur / Heißenbüttel); 1. Teil 25. 7. 1980 (Ludwig Hohl liest ›Von einer Löwin‹, ›Die Elfen‹), 2. Teil 1. 8. 1980.

- Beringer, Johannes: Hinweis auf das Werk von Ludwig Hohl. – In: Filmkritik, 24. Jg., 9. Heft, München, September 1980, S. 420-425.
- Bezzel, Chris: Einzelheiten, alt und neu. Ludwig Hohl: Daß fast alles anders ist. – In: Süddeutsche Zeitung, 23. Jg., Nr. 243, München, 11. 10. 1967.
- Bichsel, Peter: Der große Untalentierte. – In: Zürcher-Woche / Sonntags-Journal, 21. Jg., Nr. 18, Zürich, 3./4. 5. 1969.
  Dass. (›Le grand écrivain sans talent‹) in: La Revue de Belles-Lettres, 94. Jg., No. 3, Genève, 1969, S. 74-76 (= übersetzt von John Jackson). Journal de Genève, No. 249, 25./26. 10. 1969.
- Blum, Rudolf: Beklemmende Strenge. Ludwig Hohl: ›Bergfahrt‹. – In: tv + radio Zeitung, Nr. 9, Zofingen, 1.-7. 3. 1976.
- Bondy, François: Hohl ou la quête marginale. – In: La Revue de Belles-Lettres, 94. Jg., No. 3, Genève, 1969, S. 43/44.
  Dass. in: Journal de Genève, No. 249, 25./26. 10. 1969.
- Bondy, François: Ludwig Hohl. – In: Die Weltwoche, Nr. 46, Zürich, 12. 11. 1980.
- Born, Nicolas: Bergfahrt. Eine Erzählung von Ludwig Hohl. – Sender Freies Berlin, 1. Programm, 31. 1. 1976 (16.05-16.30 Uhr).
  Dass.: Norddeutscher Rundfunk, Hamburg, 8. 2. 1976 (18.30-19.00).
- Born, Nicolas: Ludwig Hohl: Nuancen und Details. – Saarländischer Rundfunk, Saarbrücken, 28. 3. 1976 (›Bücher-Lese. Ein Magazin für Leser‹.).
- Born, Nicolas: Vom Nächtlichen Weg zur Bergfahrt. Der Schweizer Schriftsteller Ludwig Hohl. – In: Süddeutsche Zeitung, Nr. 82, München, 7. 4. 1976.
  Dass. in: (Nicolas Born) Die Welt der Maschine. Aufsätze und Reden. Hrsg. von Rolf Haufs. Reinbek b. Hamburg, 1980, S. 156-161.
- Bott, François: Les rêveries de Ludwig Hohl. [Zur Neuherausgabe von ›Tous les hommes presque toujours s'imaginent‹.] – In: Le Monde (Le Monde des Livres), Paris, 24. 7. 1981.
- Boujut, Michel: Ludwig Hohl: Une lettre aux hommes. – In: Radio TV. Je vois tous. Lausanne, 23. 4. 1971.
  Dass. in: Construire, Zürich, 29. 9. 1971.
  TV Suisse-romande, Genève: gleichnamiger Film von Krasimira Rad und Michel Boujut, 23. 4. 1971 (21.50 Uhr).
- Bratschi, Georges: Notices sur Ludwig Hohl, sa légende et la musique. [Über die Hohl-Nummer der Revue de Belles-Lettres.] – In: La Tribune de Genève, No. 11, 14. 1. 1970.
- Brock-Sulzer, Elisabeth: Nachwort zu ›Drei alte Weiber in einem Bergdorf‹. Bern (Kandelaber Verlag) 1970, S. 31-34.
- Bruggmann, Alexandre: Mort de l'écrivain Ludwig Hohl. – In: La Tribune de Genève, 5. 11. 1980.
- Bucher, Werner: Ludwig Hohl. Der immer wieder entdeckte. – In:

Annabelle, Nr. 9, Zürich, 2. 5. 1973, S. 193.
- Buhrer, Jean-Claude: La mort de Ludwig Hohl. – In: Le Monde, Paris, 6. 11. 1980.
- Burger, Hermann: Der alte Mann und das Gebirge. – In: Aargauer Tagblatt, Aarau, 28. 2. 1976.
- Burger, Hermann: Bergsteiger-Arbeit des Erkennens. Zum Tod des Schriftstellers Ludwig Hohl. – In: Aargauer Tagblatt, Aarau, 15. 11. 1980.
- Caraco, Albert: Vues sur Ludwig Hohl. – In: La Revue de Belles-Lettres, 94. Jg., No. 3, Genève, 1969, S. 33-35.
- Chalier, André: Ludwig Hohl et la condition de l'écrivain. – In: La Tribune de Genève, 5. 3. 1955.
- Daiber, Hans: Späte Frühwerke von Ludwig Hohl: Arbeiten und Gebirge. Der Schweizer Autor, lange ein Geheimtip, findet erstmals Leser. [Rezension von ›Bergfahrt‹ und ›Nuancen und Details‹.] – In: Die Zeit, Nr. 53/1, Hamburg, 26. 12. 1975, S. 31.
- Dubach, A.: Nächtlicher Weg. – In: Das Goetheanum, Dornach, 5. 3. 1944.
- Du Bois, Pierre: Ludwig Hohl. Un grand écrivain sans talent. [U. a. Hinweis auf ›Vom Erreichbaren und vom Unerreichbaren‹.] – In: La Gazette de Lausanne (La Gazette Littéraire), 26. 11. 1972.
- Dürrenmatt, Friedrich: Face à Ludwig Hohl. – In: La Revue de Belles-Lettres, 94. Jg., No. 3, Genève, 1969, S. 6 (= übersetzt v. Gérard Renaud und R. M. Mason). Journal de Genève, No. 249, 25./26. 10. 1969.
  Dass. (›Über Ludwig Hohl‹) in: Das Ziegeneuter, Hrsg. Michael Guttenbrunner, 4. Jg., Nr. 10, Wien, Januar 1970, S. 3.
- em.: Ludwig Hohl: Die Notizen oder von der unvoreiligen Versöhnung. Band II. – In: Freie Volkszeitung, St. Gallen, 17. 6. 1955.
- F.: Ludwig Hohl: Nuancen und Details, III. Teil. – In: National-Zeitung, Basel, 13. 9. 1942.
- fra.: Nuancen und Details. – In: National-Zeitung, Basel, 9. 7. 1939.
- [Fankhauser, Alfred] -kh- : Ludwig Hohl: Nuancen und Details. – In: Berner Tagwacht, 3. 7. 1939.
- [Fankhauser, Alfred] -kh- : Ludwig Hohl: Nuancen und Details III. – In: Berner Tagwacht, 24. 12. 1942.
- Federspiel, Jürg F.: Fragment und Genie à bâtons rompus. Eine Begegnung mit Ludwig Hohl. – In: Die Weltwoche, 26. Jg., Nr. 1295, Zürich, 5. 9. 1958.
  Dass. in: (Jürg Federspiel) Träume aus Plastic. Aufsätze zu Literatur, Kunst und Film. Zürich/Köln (Benziger) 1973, S. 49-59.
- Friedrich, Eva: Daß fast alles anders ist. Träume, Erzählungen, Reflexionen. – In: St. Galler Tagblatt, 8. 12. 1967.
- Fringeli, Dieter: »Noch kann ich da nur Leiden sehen.« Ludwig Hohl –

genialer Aphoristiker oder unterschätzter Erzähler? – In: Die Weltwoche, Nr. 15, Zürich, 16. 4. 1971.
Dass. (erweitert, unter dem Titel ›Ludwig Hohl – das bekannte verkannte Genie‹) in: (Dieter Fringeli) Dichter im Abseits. Schweizer Autoren von Glauser bis Hohl. Zürich und München (Artemis) 1974, S. 89-99.

- Fringeli, Dieter: Die Schweizer Literatur hat den Doyen verloren: Ludwig Hohl ist tot. – In: Basler Zeitung, 5. 11. 1980.
- Frisch, Max: Vom Arbeiten. – In: Neue Schweizer Rundschau, Zürich, September 1943, S. 324-328.
  Dass. in: (Max Frisch) Gesammelte Werke in zeitlicher Folge. Band I.1. 1931-1944. Frankfurt/M., 1976, S. 214-219.
- Frisch, Max: ... über Ludwig Hohl. [Aus einem Brief an den Walter-Verlag.] – In: literarium 12. Hauszeitschrift des Walter-Verlags, Olten und Freiburg im Breisgau, o. J. [1964], 3. Umschlagseite.
  Dass. in: Neue Zürcher Zeitung, Nr. 703(22), 19. 2. 1967 (gekürzt). Der Bund, Nr. 220, Bern, 21. 9. 1969.
  Dass. (›Sur Ludwig Hohl‹) in: La Revue de Belles-Lettres, 94. Jg., No. 3, Genève 1969, S. 9 (= übersetzt v. Gérard Renaud und R. M. Mason). La Gazette de Lausanne, 25./26. 10. 1969 (›Sa présence est réelle‹).
- Fröhlich, Hans J.: Lese-Arbeit. Ludwig Hohls Essays zur Literatur. [Rezension von ›Das Wort faßt nicht jeden. Über Literatur.‹] – In: Frankfurter Allgemeine, 16. 8. 1980.
- Gafner, Fritz: Die Bergfahrt als Bild einer Existenz. Ludwig Hohl las bei der Literarischen Vereinigung Winterthur. – In: Der Landbote, Winterthur, 7. 5. 1974.
- Garzarolli, Richard: Chez Ludwig Hohl. – In: La Revue de Belles-Lettres, 94. Jg., No. 3, Genève, 1969, S. 89/90. Eléments. Revue Universitaire Romande. No. 4, Genève, Oktober 1969.
- Garzarolli, Richard: L'œuvre exigeante de Ludwig Hohl. – In: Le Monde, Paris, 10. 10. 1980, S. 21.
- [Gasser, Manuel:] Nuancen und Details. [Nachschrift der Redaktion nach Abdruck einiger Stücke aus dem Buch.] – In: Die Weltwoche, Zürich, 5. 5. 1939.
- [Gasser, Manuel] M. G.: Stoff, Gehalt, Form. [Replik auf Hohls ›Bemerkungen‹ in der Weltwoche vom 1. 12. 1939.] – In: Die Weltwoche, 8. Jg., Nr. 321, Zürich, 5. 1. 1940.
- Geiser, Christoph: »... und das einzelne wurde gewaltig«. Begegnung mit Ludwig Hohl. – In: Neue Zürcher Zeitung, Nr. 73, 31. 3. 1978, S. 37/38.
- [Graf, Hans] xy.: Zum Tagesgeschehen. [Glosse über Besuch bei Ludwig Hohl.] – In: Neue Bündner Zeitung, Chur, 28. 2. 1964.
- [Graf, Hans] hg.: Zum Tagesgeschehen. Beim Genie zu Gaste. – In: Neue Bündner Zeitung, Chur, 7. 1. 1970.

– Graf, Hans: Der Tod des Einsamen. – In: Badener Tagblatt, Baden, 8. 11. 1980.
– Graf, Hansjörg: Von den hereinbrechenden Rändern. Neue Prosa aus Österreich und der Schweiz. – Deutschlandfunk, Abt. Literatur und Kunst, 17. 11. 1975 (10.05-10.30 Uhr / S. 5-7 über Hohl).
– Graf, Hansjörg: Gegenwart des Einzelgängers. Eine Erzählung von Ludwig Hohl. [›Bergfahrt‹.] – In: Frankfurter Allgemeine Zeitung, 7. 2. 1976.
– Graf, Hansjörg: Er liebt die Stufen statt des Gipfels. Ludwig Hohl und seine Sammlung ›Varia‹. – In: Frankfurter Allgemeine Zeitung, 14. 4. 1978.
– Grindea, Miron: Editorial Diary. [U. a. Besuch bei Ludwig Hohl.] – In: ADAM. International Review. A literary monthly in english and french. 27. Jg., No. 275, London, 1959, S. 4-10.
– Gsteiger, Manfred: Remarque sur Ludwig Hohl. – In: La Revue de Belles-Lettres, 94. Jg., No. 3, Genève, 1969, S. 45/46. Eléments. Revue Universitaire Romande. No. 4, Genève, Oktober 1969.
– Günther, Joachim: Späte Entdeckung. Ludwig Hohl, Erzähler und Denker. [Zu ›Nächtlicher Weg‹ und ›Vom Erreichbaren und vom Unerreichbaren‹.] – In: Der Tagesspiegel, Nr. 8473, Berlin[-West], 29. 7. 1973.
Dass. in: Neue Deutsche Hefte, 20. Jg., Heft 3, Berlin [-West] 1973, S. 138-141.
– [Guttenbrunner, Michael] M. G.: Briefe von Albin Zollinger an Ludwig Hohl. – In: Das Ziegeneuter, 2. Jg., Nr. 3, Wien, Februar 1967, S. 12.
– Guttenbrunner, Michael: Ludwig Hohl zum 9. April. – In: Das Ziegeneuter, 3. Jg., Nr. 7, Wien, April 1969, S. 3-5.
Dass. in: La Revue de Belles-Lettres, 94. Jg., No. 3, Genève, 1969, S. 7 (= übersetzt von Armand Jacoubovitch).
– Guttenbrunner, Michael: Neue Ausgabe von Hohls ›Notizen‹. – In: Wiener Zeitung, Nr. 125, Wien, 30. 5. 1974.
– Guyot, Charly: ›Tous les hommes presque toujours s'imaginent‹. – In: Coopération, No. 40, Basel, 4. 10. 1973.
– Hamm, Peter: Kreuz- und Querdenker. Der Schweizer Schriftsteller Ludwig Hohl. [Obertitel:] ›Weil [!] fast alles anders ist‹. Hinweis auf einen noch zu wenig bekannten Autor. – In: Die Zeit, Nr. 15, Hamburg, 7. 4. 1978, S. 46.
– Handke, Peter: [Rede zur Verleihung des Petrarca Preises an Ludwig Hohl, Florenz, 12. 5. 1980, Typoskript, 3 S.].
– Hartmann, Horst: Ludwig Hohl: Ein Werk in Fragmenten. ›Die Notizen‹. – In: Der Jungbuchhandel, Rundbriefe zur Berufsförderung, 10. Jg., Nr. 4, Köln, 1956, S. 109-110.
– Hartmann, Horst: Ohne heroische Verfälschung. Ludwig Hohls

Erzählung ›Bergfahrt‹. – In: Neue Zürcher Zeitung, Nr. 286, 9. 12. 1975.
– Heißenbüttel, Helmut: Zu Ludwig Hohls ›Nuancen und Details‹. – In: Neue Zürcher Zeitung, Nr. 3581 (93), 30. 8. 1964, Blatt 5.
Dass.: Nachwort zu ›Nuancen und Details‹ von Ludwig Hohl. [März/April 1964.] Olten und Freiburg (i.Brsg.), 1964, S. 111-117.
– Helwig, Werner: Notizen über den Meister der Notiz. – In: Frankfurter Allgemeine Zeitung, Nr. 119, 21. 5. 1960.
– Helwig, Werner: Versuch über Ludwig Hohl. – In: Die (literarische) Tat, Zürich, 12. 4. 1968.
Dass. in: Spektrum, 16. Jg., Nr. 63, Zürich, Juni 1974.
– Helwig, Werner: Der unbekannte schweizer Dichter Ludwig Hohl. Daß fast alles anders sei ... – In: Die Woche, Nr. 42, Olten/Zürich, 16. 10. 1968.
– Helwig, Werner: Endgültige Entdeckung eines Mannes namens Ludwig Hohl. – In: Die Tat, Zürich, 6. 11. 1971.
Dass. (etwas ausführlicher): Im Labyrinth der stündlichen Mühsal. Das Gesamtwerk Ludwig Hohls bei Suhrkamp. – In: St. Galler Tagblatt, 20. 12. 1971.
– Helwig, Werner: Kaum bekannt und doch berühmt (Bücher-Tagebuch: Unter uns Lesern. 406). [Zu ›Nächtlicher Weg‹ und ›Vom Erreichbaren und vom Unerreichbaren‹.] – In: Darmstädter Echo, 25. 2. 1974.
Dass. (›Ludwig Hohl zum 70. Geburtstag‹) in: Berner Tagblatt, 6./7. 4. 1974. St. Galler Tagblatt, 7. 4. 1974. Solothurner Zeitung, 9. 4. 1974.
Dass. (›Der Mittelweg führt selten nach Rom. Fünf Sätze über den Schweizer Schriftsteller Ludwig Hohl‹) in: Die Welt, Nr. 177, Hamburg, 2. 8. 1974.
– Helwig, Werner: Ludwig Hohl und sein Werk. – In: Neue Rundschau, 86. Jg., Heft 1, Frankfurt/M., 1975, S. 166-169.
– Helwig, Werner: Die Nuancen und Details des Ludwig Hohl. – In: Berner Tagblatt, 30./31. 8. 1975. Darmstädter Echo, 15. 9. 1975. Rheinischer Merkur, Koblenz, 3. 10. 1975. Rhein-Neckar-Zeitung, Heidelberg, 18./19. 10. 1975.
– Helwig, Werner: Die Bergfahrt Ludwig Hohls. – In: Die Tat, Zürich, 31. 10. 1975. Darmstädter Echo, 24. 11. 1975. Frankfurter Hefte, Heft 8, August 1976.
– Helwig, Werner: Vom Pech verfolgt. Notizen über Ludwig Hohl. – In: Merkur, 31. Jg., Heft 352, Stuttgart, 1977, S. 907-914.
– Henscheid, Eckhard: Eine elende Enttäuschung. Wie Ludwig Hohl zu intellektueller Würde aufgepäpelt werden soll. – In: Frankfurter Rundschau, 20. 6. 1973.
– Heuer, Anouchka von: La permanence d'un monologue. – In: La

Revue de Belles-Lettres, 94. Jg., No. 3, Genève, 1969, S. 67-69.
– Hilsbecher, Walter: Das Leben bedeutender. Ludwig Hohl: Nuancen und Details. – In: Frankfurter Hefte, 20. Jg., Heft 10, Frankfurt/M., Oktober 1965, 725-727.
– Hilty, Hans Rudolf: In Genf starb der Schriftsteller Ludwig Hohl. Dissident der literarischen Schweiz. – In: Luzerner Neueste Nachrichten, 5. 11. 1980.
– [Hindermann, Fritz] fhn.: Ludwig Hohl: Die Notizen oder von der unvoreiligen Versöhnung. I. Teil. Vom Arbeiten. – In: National-Zeitung, Basel, 4. 5. 1943.
– [Hindermann, Fritz] fhn.: Ludwig Hohl: Nächtlicher Weg. – In: National-Zeitung, Basel, 27./28. 11. 1943.
– Hüttenegger, Bernhard: Ein Tänzer im Kristall. Die Geschichte von Ludwig Hohl. – In: manuskripte. Zeitschrift für Literatur. 18. Jg., Heft 60, Graz (Forum Stadtpark), 1978, S. 32-33.
– Humm, R. J.: Bei uns im Rabenhaus. Literaten, Leute und Literatur im Zürich der Dreißigerjahre. Zürich (Fretz & Wasmuth) 1963; (Ex Libris) 1976, S. 47-51.
– Humm, R.J.: Betrachtungen über ein existentielles Vorhandensein. – In: Unsere Meinung (Hrsg. u. verlegt v. R. J. Humm), Nummer XII/4, Zürich, April 1965.
– -ie-: Ludwig Hohl. Nächtlicher Weg. – In: Basler Nachrichten, 14. 4. 1944.
– Jacques, William: Dans l'amitié de Hohl. – In: La Revue de Belles-Lettres, 94. Jg., No. 3, Genève, 1969, S. 81.
– Jäger, Hans-Peter: Lehrstück in Sachen Dialektik und mehr: Ludwig Hohl, Bergfahrt. – In: Poesie, 6. Jg., Heft 3, Basel, 1978, S. 43-46.
– Jakubczik, Helga: Physiognomie alter Weiber. Eine späte Wiederentdeckung: Erzählungen des Schweizers Ludwig Hohl. [Zu ›Nächtlicher Weg‹.] – In: Stuttgarter Zeitung, Nr. 104, 6. 5. 1972.
– jok.: »Mißtraue den seit langer Zeit Geretteten«. Zum Werk des kürzlich verstorbenen Schriftstellers Ludwig Hohl. – In: Berner Zeitung, 8. 11. 1980.
– Jost, Dominik: Ludwig Hohl. Zum 70. Geburtstag. – In: Neue Zürcher Zeitung, Nr. 166, 9. 4. 1974.
– Jost, Dominik: Reflexion und Exempel. Ludwig Hohl in der ›Bibliothek Suhrkamp‹. – In: St. Galler Tagblatt, 22. 7. 1975.
Dass. [Über Ludwig Hohl] in: Walter Züst und Oskar Kleger, Grub. Hrsg. v.: Einwohnergemeinde Grub AR. 1975, S. 154-156.
– Jost, Dominik: Leben in Sprache umgesetzt. Zum Werk von Ludwig Hohl. – In: St. Galler Tagblatt, 12. 11. 1980.
– Keckeis, Johann: Ludwig Hohl: Nuancen und Details. – In: Das neue Buch, 26. Jg., Nr. 5, Luzern, April 1965. S. 119.
– Kehrli, Bruno: Hans Albrecht Moser und Ludwig Hohl. (Zeitgenössi-

sche deutschschweizer Literatur.) – Radio Beromünster, 12. 5. 1960 (11.45-12.00).
– Knecht, Susanne: Gespräch mit Ludwig Hohl: Hell-Dunkel-Mensch. – In: Wir Brückenbauer, 36. Jg., Nr. 44, Zürich, 4. 11. 1977.
– Krättli, Anton: Ludwig Hohl, Bergfahrt. – Radio Zürich / SRG, 2. Programm, Forum der Kritik, 6. 2. 1976 (20.00-20.50 Uhr; 2 Seiten).
– Kraft, Martin: ›Bergfahrt‹. Zur Erzählung von Ludwig Hohl. – In: Der Landbote, Winterthur, 21. 10. 1975.
Dass. (etwas ausführlicher, ›Der Blick aufs Ganze‹) in: domino (Schweizer Bücherzeitung), Zürich, November 1975.
– Kramberg, K. H.: Heile Geschichten für eine unheile Welt. Ludwig Hohl: Nächtlicher Weg. Erzählungen. – In: Süddeutsche Zeitung, München, 13. 10. 1971.
– Kramberg, K. H.: Ludwig Hohl, Bergfahrt. – Bayerischer Rundfunk (Kulturkritik), München, 19. 5. 1976 (ca. 2 Seiten).
– Krolow, Karl: Daß fast alles anders ist. – In: Bücherkommentare, Nr. 2, Freiburg (i. Brsg.), 2. 6. 1967.
Dass. in: Der Bund, Nr. 227, Bern, 18. 8. 1967.
– Kronig, Xaver: Ludwig Hohl narrateur. – In: La Revue de Belles-Lettres, 94. Jg., No. 3, Genève, 1969, S. 37-39 (= übersetzt v. Ruth Silbermann).
– Lang, Jean-Bernard: A la Société genevoise d'études allemandes. L'écrivain Ludwig Hohl. – In: Journal de Genève, No. 37, 14./15. 2. 1970.
– Leber, Hugo: Zur Situation der Literatur in der Schweiz. [Vortrag im Rahmen der Steirischen Akademie Herbst 1966 in Graz.] Zürich und Winterthur (Genossenschaftsbuchhandlung) 1967, S. 11-13, 18, 27.
– Lennartz, Franz: Deutsche Schriftsteller der Gegenwart. Einzeldarstellungen zur schönen Literatur in deutscher Sprache. Stuttgart (Kröner) 1978 [11. erw. Aufl.], S. 348-351.
– Leutenegger, Béatrice: Ludwig Hohl: Nuancen und Details. – Radio DRS (Studio Bern), 18. 6. 1975 (2 Seiten).
– Loepfe, Eugène W.: Unwahrscheinliches Ereignis: Ludwig Hohl kommt nach Burgdorf. Was hinter der Schminke der grell erleuchteten Dinge ist. – In: Burgdorfer Tagblatt (Kanton Bern), 19./20. 10. 1973.
Dass. in: Luzerner Neueste Nachrichten, Nr. 244, 20. 10. 1973 (›Ludwig Hohl, der große (immer noch) Unbekannte‹). Basler Nachrichten Nr. 16, 19. 1. 1974 (›Hohl-Profil‹).
– Loetscher, Hugo: Ludwig Hohl: Notizen. – In: Die Tat, 19. Jg., Nr. 353, Zürich, 25. 12. 1954.
– Loetscher, Hugo: Bemerkungen zu ›Notizen‹. – In: St. Galler Tagblatt, 15. 3. 1955.
– Mächler, Robert: Zu einigen Gedanken Ludwig Hohls. – In: Badener Tagblatt, Baden (CH), 9. 4. 1977.

– Mächler, Robert: Drei Kritiker der Liebespredigt. [Gottfried Keller / Th. W. Adorno / Ludwig Hohl.] – In: Badener Tagblatt, Baden (CH), 5. 11. 1977.
– Marti, Kurt: Die Schweiz und ihre Schriftsteller – die Schriftsteller und ihre Schweiz. Zürich (EVZ-Verlag) 1966, S. 17, 18.
– Marti, Kurt: Notizen und Details. Ludwig Hohl – Ludwig Hohl und die helvetische Ideologie – Entmythologisierung der ›Mitte‹. – In: Reformatio, 16. Jg., Bern, November-Dezember 1967, S. 779-783.
Dass. (›Contre le règne du compromis‹) in: La Revue de Belles-Lettres, 94. Jg., No. 3, Genève, 1969, S. 28-32 (= übersetzt v. Eugène Badoux). Gazette de Lausanne (La Gazette littéraire), 25. /26. 10. 1969. Le Protestant, Genève, 15. 6. 1974.
– Mason, Rainer Michael: L'approche difficile. – In: La Revue de Belles-Lettres, 94. Jg., No. 3, Genève, 1969, S. 63-66.
– Mason, Rainer Michael: Deux Einzelgänger: Ludwig Hohl et Bram van Velde. – In: La Revue de Belles-Lettres, 97. Jg., No. 3/4, Genève, 1973, S. 130-135.
– Mason, Rainer Michael: Un grand écrivain alémanique qui vit à Genève. Ludwig Hohl septuagénaire: le monde reste à découvrir. – In: La Tribune de Genève, 9. 4. 1974.
Dass. in: L'Impartial, La Chaux-de-Fonds, 9. 4. 1974.
– Matarese, Trudi: Ludwig Hohl: ›Das Wort faßt nicht jeden‹. – In: Thurgauer Zeitung, Frauenfeld, 8. 11. 1980.
– Matter, Mani: Sudelhefte. [Tagebuch I-IV, 1958-1961; 1962; 1963 bis 1965; 1969-1971.] Zürich, Köln (Benziger) 1974; Zürich (Ex Libris) 1978.
– [Meister, Ulrich] U. M.: Ludwig Hohl. (›»Schreiben mit der hohlen Hand«. Wie leben die Schweizer Schriftsteller?‹ Ein Report v. Dieter Bachmann, Ulrich Meister u. Isolde Schaad.) – In: Die Weltwoche, Nr. 30, Zürich, 30. 7. 1971.
– Meister, Ulrich: Inopportune Wege. Vorschau auf das Gesamtwerk von Ludwig Hohl. – In: Zürichsee-Zeitung, Stäfa, 17. 12. 1971.
Dass.: Frankfurter Rundschau, 24. 3. 1972.
– Mertens, Pierre: Ludwig Hohl: ›Une ascencion‹. Une étincelante miniature. – In: Le Soir, Bruxelles, 24. 9. 1980.
– (Mitg.): Ludwig Hohl – der immer wieder Entdeckte . . . – In: Glarner Nachrichten, Glarus, 9. 10. 1973.
– Mohler, Armin: Die Notizen oder Von der unvoreiligen Versöhnung. Von Ludwig Hohl. – In: Basler Studentenschaft, 26. Jg., Nr. 5, Basel, Juni 1945, S. 118-119.
– Montandon, Roger: Comme s'appellent les souvenirs . . . – In: La Revue de Belles-Lettres, 94. Jg., No. 3, Genève, 1969, S. 82-84.
– Müller, Kurt: L'alpiniste. – In: La Revue de Belles-Lettres, 94. Jg., No. 3, Genève, 1969, S. 80 (= übersetzt v. Ruth Silbermann).

– Müller, Roland: Eine streng aufgebaute Komposition. Zum Erscheinen eines Teilstücks der ›Notizen‹ von Ludwig Hohl. [Zu ›Vom Erreichbaren und vom Unerreichbaren‹.] – In: Tages-Anzeiger, Zürich, 22. 1. 1973.
– Müller, Roland: Gerühmt und immer wieder vergessen: Ludwig Hohl. Zu seinem Geburtstag am 9. April. – In: Zürichsee-Zeitung, Nr. 80, Stäfa, 5. 4. 1974.
Dass. in: Der Landbote, Winterthur, 10. 4. 1974.
– Müller, Roland: Die Bergfahrt des Ludwig Hohl. Zu seinem Geburtstag am 9. April. – In: Die (literarische) Tat, Zürich, 6. 4. 1974.
Dass. in: Vaterland, Luzern, 6. 4. 1974.
– Müller, Roland: Ludwig Hohl: Kontraste. Zum 70. Geburtstag des Dichters am 9. April. – In: Der Bund, Nr. 81, Bern, 7. 4. 1974.
Dass. in: Die Ostschweiz, St. Gallen, 10. 4. 1974. Aargauer Tagblatt, Aarau, 13. 4. 1974. Spektrum, 16. Jg., Nr. 63, Zürich, Juni 1974.
– Muschg, Adolf: Sätze, die Kerker spalten. Über Ludwig Hohl. – In: Die Weltwoche, Nr. 14, Zürich, 3. 4. 1974.
Dass. (›Ludwig Hohl: Schreiben als Forschung‹) in: (Adolf Muschg) Besprechungen 1961-1979. Basel, Boston, Stuttgart (Birkhäuser) 1980, S. 78-81. [poly 10. Schriftenreihe der ETH.]
– Muschg, Adolf: Laudatio auf Ludwig Hohl. Schauspielhaus Zürich, 15. 4. 1978. [Rede anläßlich der Verleihung des Robert-Walser-Zentenar-Preises.] – In: Zürichsee-Zeitung, Stäfa, 28. 4. 1978. Grenzpost am Zürichsee, Richterswil, 3. 5. 1978.
Dass. in: Journal de Genève, 6. 5. 1978 (= übersetzt von Rainer Michael Mason).
– Muschg, Adolf: Abschied von Ludwig Hohl. [Rede am Tag der Beerdigung. Genf, 7. 11. 1980. Ungedr. Typoskript, 5 S.]
– N., H.: Die ›Notizen‹ Ludwig Hohls. – In: Der Bund, Nr. 11, Bern, 7. 1. 1955.
– Nef, Ernst: Ludwig Hohl gestorben. – In: Neue Zürcher Zeitung, Nr. 258, 5. 11. 1980.
– Nef, Ernst: »Arbeiten« und Erzählen. Zum Werk Ludwig Hohls. – In: Schweizer Monatshefte, 61. Jahr, Heft 7/8, Zürich, Juli/August 1981, S. 629-640.
– Neuenschwander, René: Ludwig Hohl – ein wacher Zeitgenosse. Der Denker und Dichter ist am 9. April 70 Jahre alt geworden. – In: Berner Zeitung, Nr. 91, Langnau, 20. 4. 1974.
– Nölle, Marie Theres: Bergfahrt. Zu einer Erzählung von Ludwig Hohl. – In: Zürichsee-Zeitung, Nr. 22, Stäfa, 27. 1. 1978 (zus. mit Allg. Anzeiger – und Grenzpost vom Zürichsee).
– Nölle, Marie Theres: Das Wort faßt nicht jeden. Ludwig Hohl über Literatur. – In: Allgemeiner Anzeiger vom Zürichsee, Wädenswil, 29. 8. 1980.

- Noverraz, Henri: Un délire spatial vertiginieux. Dans la cave de Ludwig Hohl. – In: La Tribune de Genève, 26. 3. 1969.
- Oberhänsli, Heinz: En passant ... [Hinweis auf Finanzlage, beschämende Förderung.] – In: Liberale Zeitung, Nr. 10, Zürich, 10. 5. 1967.
- Oehlenschläger, Eckart: Ludwig Hohl, Bergfahrt. – Hessischer Rundfunk (Kulturelles Wort), Frankfurt/M., Sendung ›Neue Bücher‹, 4. 3. 1976. 4 S.
- Oliass, Günter: ›Nächtlicher Weg‹ von Ludwig Hohl. – Süddeutscher Rundfunk (Radio-Essay), Stuttgart, Sendung v. 3. 3. 1972, 6 S.
- Pagnard, Rose-Marie: Hommage à Ludwig Hohl. – In: Coopération, 77. Jg., No. 47, Basel, 20. 11. 1980.
- Paire, Alain: ›Chemin de nuit‹ de Ludwig Hohl. – In: Solaire (Revue de poésie), Pont-Saint-Esprit (Frankreich), No. 25/26, 1979.
- Pfeifer, Tadeus: Ludwig Hohl las in Burgdorf. – In: National-Zeitung, Basel, 30. 10. 1973.
- Piontek, Heinz: Ein Schweizer Querkopf – Ludwig Hohl. Gipfel gestürmt. [Rezension ›Bergfahrt‹.] – In: Die Welt, Nr. 74, Hamburg / Berlin, 27. 3. 1976.
- Pulver, Elsbeth: Helvetische Kurzprosa. Zu Publikationen von Ludwig Hohl, Gerhart Meier, Erica Pedretti, Gertrud Wilker, Hermann Burger. [Zu ›Drei alte Weiber in einem Bergdorf‹.] – In: Reformatio, 20. Jg., Heft 9, Bern, 1971, S. 477/8.
- Pulver, Elisabeth: Wie ein feiner Riß im Bewußtsein. Zur zeitgenössischen Literatur in der Schweiz. – In: Basler Nachrichten, Nr. 353, 18. 11. 1972.
- Pulver, Elsbeth: Die deutschsprachige Literatur der Schweiz seit 1945. (Teil II.) – In: Kindlers Literaturgeschichte der Gegenwart. Autoren-Werke-Themen-Tendenzen seit 1945. (4.) Die zeitgenössischen Literaturen der Schweiz. Hrsg. v. Manfred Gsteiger. Zürich und München, 1974, S. 235-238 (über Ludwig Hohl).
  Dass. (leicht verändert): Frankfurt/M. (Fischer Taschenbuch) 1980, Bd. 7, S. 250-253.
- R., H.: Briefe von Albin Zollinger an Ludwig Hohl. – In: Die Tat, 31. Jg., Nr. 83, Zürich, 7. 4. 1966.
- R., H.: Ludwig Hohl: ›Daß fast alles anders ist‹. – In: Die Tat, Zürich, 9. 12. 1967.
- Rohde, Hedwig: Die eisige Bergwelt des Ludwig Hohl. Person und Werk des Schweizer Autors – aus Anlaß einer neuen Erzählung. – In: Der Tagesspiegel, Berlin[-West], 22. 2. 1976.
  Dass. in: Rhein-Neckar-Zeitung, Heidelberg, 9. 4. 1976. Bücherkommentare, Freiburg (i. Brsg.), April 1976.
- Rosengarten, Walter: Ludwig Hohl, ein Meister der Aphoristik. – Südwestfunk, Baden-Baden, Sendung 24. 8. 1951 (23.00-23.15).

- Rüedi, Peter: Verdichtungen. Eine Erzählung Ludwig Hohls in der ›Werkreihe‹ des Kandelaber-Verlags. [Zu ›Drei alte Weiber in einem Bergdorf‹.] – In: Zürcher-Woche/Sonntags-Journal, Nr. 8, Zürich, 20./21. 2. 1971.
- Ruszka, Péter: Travail, liberté et raison. – In: La Revue de Belles-Lettres, 94. Jg., No. 3, Genève, 1969, S. 52-56.
- Salzinger, Helmut: Zur Untermiete im Haus der Sprache. Ludwig Hohls Notizbuch ›Daß fast alles anders ist‹. – In: Stuttgarter Zeitung, 29. 7. 1967. Der Tagesspiegel, 23. Jg., Nr. 6683, Berlin[-W.], 3. 9. 1967.
- Saner, Hans: Berggang als Chiffre menschlicher Existenz. Ludwig Hohls Erzählung ›Bergfahrt‹: Prosa von unerhörter Bildkraft. – In: National-Zeitung, Basel, 20. 12. 1975.
- Saner, Hans: [Rede am Tag der Beerdigung von Ludwig Hohl. Genf, 7. 11. 1980. Typoskript, 4 S.]
- Santschi, Madeleine: L'ascension. – In: Coopération, 77. Jg., No. 47, Basel, 20. 11. 1980.
- Schaer, Eric: L'incommunicable transmis. – In: La Revue de Belles-Lettres, 94. Jg., No. 3, Genève, 1969, S. 50.
- Schärer, Bruno: Der Begriff Tradition. (am rand notiert.) – In: Die Weltwoche, Nr. 1748, Zürich, 12. 5. 1967.
- Schärer, Bruno: Ludwig Hohl. (am rand notiert.) [Zu: ›Daß fast alles anders ist‹.] – In: Die Weltwoche, Nr. 1755, Zürich, 30. 6. 1967.
- Schaub, Martin: Besuch bei Ludwig Hohl. – In: Magnum. Zeitschrift für das moderne Leben. Heft 51, Köln, Dezember 1963, S. 39/40.
- Schaub, Martin: Noch immer nicht entdeckt: Ludwig Hohl. Hinweis auf das Bändchen ›Wirklichkeiten‹. – In: Tages-Anzeiger, Zürich, 14. 12. 1963.
  Dass. (›Lettre de Zurich. Ludwig Hohl, avant qu'il ne soit trop tard‹) in: Journal de Genève, No. 15, 18./19. 1. 1964.
- Schaub, Martin: Ein Gedankengang mit dem Leben und mit dem Tod. Zu Ludwig Hohls Novelle ›Bergfahrt‹. – In: Tages-Anzeiger, Zürich, 15. 1. 1976.
- Schautz, Bernard: Le chemin nocturne de Ludwig Hohl. [Über die Lesung bei der ›Société genevoise d'études allemandes‹.] – In: La Tribune de Genève, No. 47, 25. 2. 1970.
- Schiltknecht, Wilfred: Ludwig Hohl: Portrait d'un inconnu. (La littérature en Suisse alémanique.) – In: La Tribune de Lausanne, 9. 8. 1968.
- Schiltknecht, Wilfred: Une vertu de silence. – In: La Revue de Belles-Lettres, 94. Jg., No. 3, Genève, 1969, S. 47-49.
- Schiltknecht, Wilfred: Un récit de Ludwig Hohl. (Lettres suisses alémaniques.) – In: Feuille d'avis de Lausanne, 30. 12. 1970.
- [Schiltknecht, Wilfred] W. S.: ›Tous les hommes presque toujours

s'imaginent‹. Découverte de Ludwig Hohl. – In: La Tribune de Lausanne, 23. 5. 1971.
- Schiltknecht, Wilfred: Ludwig Hohl: »Faire confiance à l'image et au miracle du mot juste«. [Zu ›Chemin de nuit‹ und ›Vom Arbeiten/Bild‹.] – In: Journal de Genève, 14. 4. 1979.
- Schiltknecht, Wilfred: Ludwig Hohl: écrire comme si l'on écrivait pour la première ou la dernière fois. – In: Journal de Genève, 8. 11. 1980.
- Schoder, Georges-G.: Autour de Ludwig Hohl. – In: Le Mondain (La Vie Genevoise), 32. Jg., No. 7, Genève, 1. 8. 1939.
- Schoder, Georges-G.: Un maître écrivain de l'Helvétie moderne: Ludwig Hohl. – In: Le Dauphiné Libéré, Lyon/Genève, 4. 12. 1962.
- Schürch, Peter: Wie eine Gemse über den Gletscher. [Zur Lesung in Burgdorf; zusammen mit Artikel v. Eugène W. Loepfe.] – In: Basler Nachrichten, Nr. 16, 19. 1. 1974.
- [Seelig, Carl] S.: ›Nächtlicher Weg‹ von Ludwig Hohl. (Büchertisch.) – In: Tages-Anzeiger, Zürich, 18. 1. 1944.
- [Seelig, Carl] C.S.: Ludwig Hohl-Abend in Zürich. (Literarische Notizen.) – In: National-Zeitung, Nr. 521, Basel, 7. 11. 1944.
- [Seelig, Carl] C. Slg.: Ein bedeutendes Schweizerbuch. [Zu ›Die Notizen‹, 1. Bd.] – In: Luzerner Tagblatt, 14. 11. 1944.
- [Seelig, Carl] S.: Ein Abend mit Ludwig Hohl. – In: Tages-Anzeiger, Zürich, 22. 11. 1944.
- [Seelig, Carl] C.S.: Begegnung mit Ludwig Hohl. [Lesung bei ›Ex Libris‹, Zürich, aus ›Von den hereinbrechenden Rändern‹, anläßlich der Vernissage des Malers Willy Rieser, Biel – Den Haag.] – In: Tages-Anzeiger, Zürich, 9. 2. 1953.
- Seelig, Carl: Ludwig Hohl und sein Hauptwerk. [Zu ›Die Notizen‹.] – In: National-Zeitung, Basel, 10. 10. 1954.
- Seiler, Alexander J.: Das Kleinste und das Größte. Zum Werk des Schweizer Zeitgenossen Ludwig Hohl. – In: National-Zeitung, Nr. 186, Basel, 24. 4. 1960.
  Dass. (stark gekürzt) in: La Revue de Belles-Lettres, 94. Jg., No. 3, Genève, 1969, S. 40-42 (= übersetzt von Rainer Michael Mason).
- Seiler, Alexander J.: Klein sein müssen, um groß sein zu dürfen. Zum 70. Geburtstag von Ludwig Hohl. – In: Tages-Anzeiger, Zürich, 9. 4. 1974.
  Dass. in: Spektrum, 16. Jg., Nr. 63, Zürich, Juni 1974.
- Seiler, Alexander J.: Bei Hohl. (›Das Wort faßt nicht jeden‹. Ludwig Hohl – Literatur und Existenz.) – In: Tages-Anzeiger Magazin, Nr. 20, Zürich, 17. 5. 1980 (4 Fotos).
- Seiler, Alexander J.: Unversöhnlich fragend nach dem Sinn. Zum Tod des Schriftstellers Ludwig Hohl. – In: Tages-Anzeiger, Zürich, 6. 11. 1980.
  Dass. (gekürzt) in: Frankfurter Rundschau, 15. 11. 1980.

- Seiler, Alexander J.: Ludwig Hohl. Ein Film in Fragmenten. – 73 min., 16 mm, Farbe. Produktion: Zyklop Film AG., Zürich, 1981.
- Silbermann, Ruth: Ludwig Hohl ou de la pensée. – In: La Revue de Belles-Lettres, 94. Jg., No. 3, Genève, 1969, S. 57/8.
  Dass. in: Éléments. Revue Universitaire Romande. No. 4, Genève, Oktober 1969.
- Stange, C.R.: Zwei Schweizer Autoren. [Zu ›Die Notizen‹, 2. Bd.] – In: Basler Nachrichten, Nr 461/42 (3. Beilage), 29. 10. 1954.
- Steiner, Jörg: Spinnen am Abend, erhaltend und labend. – In: Zürcher Woche/Sonntags-Journal, Nr. 18, Zürich, 3./4. 5. 1969.
  Dass. (›A tort et à travers Ludwig Hohl‹) in: La Revue de Belles-Lettres, 94. Jg., No. 3, Genève, 1969, S. 77/8.
- Stierli, Heinz: Er war ein Sucher in den Randzonen. Zum Tod des Schriftstellers Ludwig Hohl. – In: Vaterland, Luzern, 6. 11. 1980.
- Stüssi, Herbert E.: Das Wahrnehmbare wahrnehmen. [Zu ›Daß fast alles anders ist‹.] – In: domino (Schweizer Bücherzeitung), Zürich, Dezember 1967.
- Stumm, Reinhardt: Suchbild. – In: Tages-Anzeiger Magazin, Nr. 43, Zürich, 25. 10. 1980, und Nr. 44, 1. 11. 1980 (Auflösung).
- Stumm, Reinhardt: Der Philosoph im Keller. Zum Tode des Schriftstellers Ludwig Hohl. – In: Hannoversche Allgemeine Zeitung, 6. 11. 1980.
- [Stumm, Reinhardt] R. St.: Das Leben eine Einöde. Zum Tode des Schweizer Schriftstellers Ludwig Hohl. – In: Badische Zeitung, Freiburg (i. Brsg.), 6. 11. 1980.
- Suter, Gody: Prophezeiung und Bitte. – In: Die Weltwoche, Nr. 1295, Zürich, 5. 9. 1958.
- Thomann, Valentin: Ludwig Hohl. – In: Spektrum, 16. Jg., Nr. 63, Zürich, Juni 1974.
- Trolliet, Gilbert: Une lettre de Hohl. – In: La Revue de Belles-Lettres, 94. Jg., No. 3, Genève, 1969, S. 85-88.
- Unseld, Siegfried: [Rede am Tag der Beerdigung von Ludwig Hohl. Genf, 7. 11. 1980, Typoskript.]
- Vogel, Traugott: Ludwig Hohl. – Nachwort zu ›Vernunft und Güte‹, St. Gallen (Tschudy) 1956, S. 17-19.
- Vogel, Traugott: Würde und Unwürde der Armut. Über Ludwig Hohl. – In: (Traugott Vogel) Leben und Schreiben. Achtzig reiche magere Jahre. Zürich (Orell Füssli) 1975, S. 260-293.
- Von der Mühll, Theodora: Schweizerische Prosaerzähler. [Zu ›Nächtlicher Weg‹.] – In: Neue Schweizer Rundschau, N.F. XI, Zürich, Dezember 1943, S. 496/7.
- Vuilleumier, Jean: Ludwig Hohl à l'assaut des cimes. [Zu ›Une ascension‹.] – In: La Tribune de Genève, 19. 9. 1980.
- W., H.: Der Schriftsteller Ludwig Hohl. [Zu ›Nuancen und Details‹

III. und ›Vom Arbeiten‹.] – In: Die Tat, 8. Jg., Nr. 166, Zürich, 17./18. 7. 1943.
– W., H.: Ludwig Hohl: Nächtlicher Weg. Erzählungen. – In: Die Tat, Zürich, 10. /11. 6. 1944.
– Wall, K.: Nuancen und Details. [Zu ›Nuancen und Details‹ und ›Daß fast alles anders ist‹.] – In: National-Zeitung, 125. Jg., Nr. 583, Basel, 16. 12. 1967.
– Wallmann, Jürgen P.: Ludwig Hohl erneut. [Zu ›Nuancen und Details‹.] – In: Die Tat, 30. Jg., Nr. 48, Zürich, 26. 2. 1965.
Dass. (›Reflexionen, Einfälle, Visionen, Parabeln. Wiedergutmachung an Ludwig Hohl?‹) in: Der Tagesspiegel, Nr. 5943, Berlin [-West], 28. 3. 1965.
– Walter, Otto F.: Wenn ich Ludwig Hohl lese. – In: Zürcher-Woche/Sonntags-Journal, 21. Jg., Nr. 18, Zürich, 3./4. 5. 1969.
Dass. in: La Revue de Belles-Lettres, 94. Jg., No. 3, Genève, 1969, S. 71-73 (= übersetzt von Rainer Michael Mason).
– Wandelère, Frédéric: Enfin accessibles au lecteurs français: Ludwig Hohl et Paul Celan. [Zu ›Tous les hommes presque toujours s'imaginent‹.] – In: La Liberté, Fribourg, 17./18. 7. 1971.
– Wandelère, Frédéric: Pour saluer Ludwig Hohl. – In: La Liberté, Fribourg, 13./14. 4. 1974.
– Wandelère, Frédéric: Ludwig Hohl. Un écrivain qui reste à découvrir. – In: La Liberté, Fribourg, 8. 11. 1980.
– Wandelère, Frédéric: ›Une ascension‹ de Ludwig Hohl. [U. a. Kritik an Luc de Goustines Übersetzung.] – In: La Liberté, Fribourg, 6./7./8. 12. 1980.
– [Weber, Werner] Wb.: Im Zeichen der Spirale. Zu Ludwig Hohls ›Notizen‹. – In: Neue Zürcher Zeitung, 27. 11. 1954.
– [Weber, Werner] Wb.: Aus Dankbarkeit. – In: Neue Zürcher Zeitung, 22. 12. 1956.
– Weder, Heinz: [Einleitung zu:] ... Von Einsamkeit zu Einsamkeit. Albin Zollingers Briefe an Ludwig Hohl. – In: Das Wort (Literarische Beilage zur Monatsschrift ›DU‹), 2. Jg., Nr. 11, Zürich, November 1961, S. 65/66.
– Weder, Heinz: Die Tarnung des Untergangs. Über den Schweizer Schriftsteller Ludwig Hohl. – Süddeutscher Rundfunk (Radio-Essay), Stuttgart, Sendung: 1. Programm 16. 3. 1962 (22.30-23.45), 2. Programm 19. 3. 1962 (20.45-21.50). Hessischer Rundfunk, Frankfurt/M., 1. Programm 31. 7. 1962.
Vgl. auch Nachwort (›Über Ludwig Hohl‹) zu ›Wirklichkeiten‹, St. Gallen und Stuttgart (Tschudy), 1963.
– Weder, Heinz: Im Schatten Heraklits. Zu Ludwig Hohls Geburtstag am 9. April. – In: Neues Winterthurer Tagblatt, Winterthur, 4. 4. 1964.

– Weder, Heinz: Zum 60. Geburtstag von Ludwig Hohl. – In: Basler Nachrichten, Nr. 147, 8. 4. 1964.
Dass. in: Die Tat, 29. Jg., Nr. 96, Zürich, 9. 4. 1964.
– Weder, Heinz: Vorwort zu ›Briefe von Albin Zollinger an Ludwig Hohl‹, Bern und Stuttgart (Huber), 1965, S. 7-11.
– Weder, Heinz: Ludwig Hohl, ein Schweizer Schriftsteller. – In: Der kleine Bund, Nr. 275, Bern, 22. 11. 1980.
– Weibel, Luc: La raison des accents. – In: La Revue de Belles-Lettres, 94. Jg., No. 3, Genève, 1969, S. 59-62.
– Weideli, Walter: Pour introduire Hohl. – In: Journal de Genève, No. 65, 17./18. 3. 1962.
Dass. in: La Revue de Belles-Lettres, 94. Jg., No. 3, Genève, 1969, S. 23-27.
– [Weideli, Walter] W. W.: [Vorbemerkung zu:] ›Travail d'écrire‹ von Ludwig Hohl. – In: Journal de Genève, No. 18, 23./24. 1. 1965.
– Widmer, Urs: Einer, der auf Literatur beharrte. Zum Tode von Ludwig Hohl. – In: Süddeutsche Zeitung, München, 6. 11. 1980.
– Witz, Friedrich: Ich wurde gelebt. Erinnerungen eines Verlegers. Frauenfeld (Huber) 1969, S. 279-281 (Ludwig Hohl; die Sache mit den ›Notizen‹).
– Wulff, Christel: Texte und Briefe. [U. a. Besuch bei Ludwig Hohl.] – In: Der Alltag. Sensationsblatt des Gewöhnlichen. Nr. 13/14, Zürich, Weihnachten 1980, S. 14-28.
– Wyss, Dieter: Ludwig Hohl: ›Notizen‹. (Buch der Woche.) – Südwestfunk, Baden-Baden, Sendung 22. 7. 1956 (17.00-17.15).
– Zehm, Günther: Ein Kauz der großen Weltmusik. Zum Tode L. Hohls. – In: Die Welt, Hamburg, 6. 11. 1980.
– Zingg, Martin: Lauter schöne Trümmer. Ludwig Hohl zum 70. Geburtstag. – In: Stuttgarter Zeitung, Nr. 76, 30. 3. 1974.
Dass. (›Es kam mir auf etwas ganz anderes an . . .‹) in: Badener Tagblatt, Baden (CH), 6. 4. 1974.
– Zingg, Martin: Schwierige Kunst: das Einfache begreifen. Ludwig Hohl: Nuancen und Details. – In: Zürichsee-Zeitung/Allgemeiner-Anzeiger / Grenzpost vom Zürichsee, 25. 4. 1975.
Dass. (›Ludwig Hohl – keine leichte Kost‹) in: Die Tat, Nr. 97, Zürich, 26. 4. 1975.
– Zingg, Martin: Ludwig Hohl: Bergfahrt. – In: Neue Deutsche Hefte, 155/24. Jg., Heft 3, Berlin [-W.], 1977, S. 594/5.
– Zoller, Charlotte: Brief aus Genf. (Hommage à Ludwig Hohl.) – In: Hortulus. Vierteljahresschrift für neue Dichtung. 6. Jg., Heft 4, St. Gallen (Tschudy), Dezember 1956, S. 126-128.
– Zollinger, Albin: Möglichkeiten des Schriftstellervereins. [Aus der Rede an der Generalversammlung des SSV in Fribourg, 8. 5. 1938.] – In: Der Geistesarbeiter, 17. Jg., Zürich, Juni 1938, S. 81-86 (Erwäh-

nung von Turel und Hohl).
- Zollinger, Albin: Ludwig Hohl: Nuancen und Details. – In: Der öffentliche Dienst, 32. Jg., Nr. 25, Zürich, 23. 6. 1939.
- Zollinger, Albin: Briefe an einen Freund. Ausgewählt und eingeleitet von Traugott Vogel. – St. Gallen (Tschudy) 1955, S. 89, 111.

3. *Kurzkritiken, Sammelbesprechungen, Hinweise (zu den Buchausgaben)*

Zu ›Nuancen und Details‹, Zürich, 1939: Nieuwe Rotterdamsche Courant 24. 5. 1939 (U. Huber Noodt, ›Duitsch-Zwitsersche letteren‹). Expreß, Biel, 24. 5. 1939. Tagblatt, Burgdorf, 2. 6. 1939. Solothurner Zeitung, 3./4. 6. 1939. Berner Tagblatt, 20. 6. 1939. Le Mois Suisse, Lausanne, Juni 1939. Das ideale Heim, Winterthur, Juni 1939. Der Bund, Bern, 31. 8. 1939. Die Nation, Bern, 7. 9. 1939 (Burgmeier). Rote Revue, Zürich, September 1939. Suisse Romande, 3e Série, No. 6, Dezember 1939. Das Bücherblatt, 5. Jg., Nr. 4, Zürich, April 1941.

Zu ›Nuancen und Details‹, III. Teil, Genf, 1942: La Tribune de Genève, 17. 9. 1942 (Jean Marteau). Der Bund, Bern, 15. 10. 1942. Das Bücherblatt, 6. Jg., Nr. 9, Zürich, 10. 10. 1942. Die Weltwoche, Zürich, 20. 11. 1942 (rjh. = R.J. Humm). ›Bildungsarbeit‹ (Mitteilungsblatt der Schweiz. Arbeiterbildungszentrale), Bern, April 1943.

Zu ›Vom Arbeiten‹, Teil 1 ›Die Notizen‹, Genf, 1943: Luzerner Neueste Nachrichten, 20. 2. 1943. Der Bund, Bern, 15. 4. 1943. La Tribune de Genève, 27. 4. 1943 (Jean Marteau).

Zu ›Nächtlicher Weg‹, Zürich, 1943: Das Fenster (Mitteilungen des Morgarten Verlages), Nr. 1, Zürich, Oktober 1943. La Tribune de Genève, 16. 11. 1943 (Jean Marteau). Der Bund, Bern, 9. 12. 1943. Die Weltwoche, Zürich, 10. 12. 1943 (rjh. = R. J. Humm). Schweizerische Bodensee Zeitung, Romanshorn, 10. 12. 1943. Luzerner Neueste Nachrichten, 11. 12. 1943. Das Bücherblatt, 7. Jg., Nr. 12, Zürich, 11. 12. 1943. Luzerner Tagblatt, 18. 12. 1943.

Zu ›Die Notizen‹, 1. Band, Zürich, 1944: Thurgauer Zeitung, Frauenfeld, 23. 11. 1944. Volksrecht, Zürich, 25. 11. 1944. Tages-Anzeiger, Zürich, 2. 12. 1944. National-Zeitung, Basel, 10. 12. 1944. Neue Zürcher Zeitung, 16. 12. 1944. Die Tat, Zürich, 16./17. 12. 1944. Das Bücherblatt, 9. Jg., Feriennummer, Zürich, Juli 1945.

Zu ›Die Notizen‹, 2. Band, Zürich, 1954: Tages-Anzeiger, Zürich, 20. 11. 1954. Neues Winterthurer Tagblatt, 23. 12. 1954. Zürcher Woche, 24. 12. 1954. St. Galler Tagblatt, Nr. 402, (unverifiziertes Datum). Zeitwende, Hamburg (Verlag Sonntagsblatt), Juni 1955 (Hans

Bänziger, ›Zwei Schweizer Aphoristiker‹). Das Bücherblatt, Zürich, 21. 9. 1956.

Zu ›Vernunft und Güte‹, St. Gallen, 1956: Neue Zürcher Zeitung, 4. 8. 1956. Das Bücherblatt, Zürich, 23. 11. 1956. Berner Nachrichten, 27. 11. 1956 (›Schweizerisches‹). Der Bund, Bern, 7. 12. 1956. Schweizer Monatshefte, 36. Jg., Heft 12, Zürich, März 1957 (Arthur Häny, ›Der Bogen‹).

Zu ›Wirklichkeiten‹, St. Gallen und Stuttgart, 1963: Neue Zürcher Zeitung, 13. 12. 1963. Die Tat, Zürich, 27. 12. 1963. Radio Beromünster, Sendungen 16. 8. 1964 (UKW) und 19. 8. 1964 (MW).

Zu ›Nuancen und Details‹, Olten und Freiburg (i. Brsg.), 1964: Radio Beromünster, Sendungen 16. 8. 1964 (UKW) und 19. 8. 1964 (MW). Die Welt (Welt der Literatur), Hamburg, 26. 11. 1964 (Gody Suter, ›Für heute Förderndes‹). Der Bund, Bern, 4. 12. 1964. Die Weltwoche, Zürich, 19. 3. 1965 (Franz Schonauer, ›Beispiele und Nachweise für eine literarische Moderne‹).

Zu ›Daß fast alles anders ist‹, Olten und Freiburg (i. Brsg.), 1967: Das Wort (Literarische Beilage zur Monatsschrift ›DU‹), 8. Jg., Nr. 6, Zürich, Juni 1967 (Vorbemerk der Red.). Schweizer Monatshefte, 47. Jg., Heft 5, Zürich, August 1967 (Anton Krättli, ›Notizen beim Lesen‹). Journal de Genève, 16./17. 9. 1967. Luzerner Tagblatt, 27. 10. 1967. Zürichsee-Zeitung, Stäfa, 11. 11. 1967 (›Literatur ohne Salz‹). La Tribune de Genève, Nr. 148, 26. 6. 1968. Tages-Anzeiger, Zürich, 1. 4. 1969 (Dieter Bachmann, ›Schande‹ . . . Walter-Verlag will ›Daß fast alles anders ist‹ dem Ramschmarkt übergeben).

Zu ›Drei alte Weiber in einem Bergdorf‹, Bern, 1970: National-Zeitung, Basel, 10. 1. 1971 (Aurel Schmidt, ›Vier Schweizer Autoren‹). Die Tat, Zürich, 30. 1. 1971 (Dieter Fringeli zur ›neuen Buchreihe‹). Basler Nachrichten, 9./10. 6. 1971. Der kleine Bund, Bern, 1. 8. 1971 (›Kurzer Blick auf Kurzes‹).

Zu ›Nächtlicher Weg‹, Frankfurt/M., 1971: Der Bund, Bern, 5. 12. 1971. Basler Nachrichten, 26. 1. 1972 (Regina Käser-Häusler, ›Zweimal am Rande des Lebens‹). Mitteilungsblatt der Schweiz. Arbeiterbildungszentrale, Heft 2, Bern, März 1972. Welt und Wort (Literarische Monatsschrift), Heft 10, Tübingen, 1972. Die Diakonie Schwester, Nr. 10, Berlin [-W.], Oktober 1972.

Zu ›Nuancen und Details‹, Frankfurt/M., 1975: Deutsches Allgemeines Sonntagsblatt, Nr. 21, Hamburg, 25. 5. 1975. Norddeutscher Rundfunk, Hamburg, III. Programm, 19. 7. 1975 (François Bondy, ›Neue Bücher‹).

Zu ›Bergfahrt‹, Frankfurt/M., 1975: Bieler Tagblatt, 22. 11. 1975. Österreichischer Rundfunk, Studio Steiermark, 10. 12. 1975 (›Rezensionen von Neuerscheinungen‹ / Alfred Paul Schmidt). Der kleine Bund, Bern, 14. 12. 1975 (›Leben und Sterben‹). National-Zeitung, Basel, 3. 1. 1976

(Valentin Herzog, ›Das Motiv der Reise, Sechs neue Bücher . . .‹). Mitteilungsblatt der Schweiz. Arbeiterbildungszentrale, Nr. 1, Bern, Januar 1976. Kölner Stadt-Anzeiger 31. 1. /1. 2. 1976. Deutsche Post, Nr. 5, Frankfurt/M., 5. 3. 1976. Deutscher Alpenverein, 28. Jg., München, September 1976. Aachener Volkszeitung, Aachen, 5. 11. 1976.

Zu ›Varia‹, Frankfurt/M., 1977: St. Galler Tagblatt, 15. 12. 1977 (›Bücherschaufenster‹).

Zu ›Das Wort faßt nicht jeden‹, Frankfurt/M., 1980: Frankfurter Neue Presse, 14. 6. 1980 (›Lesezeichen‹). Neue Zeit, Graz, 20. 7. 1980 (›Aktuelle Dichtungskritiken‹). Der kleine Bund, Bern, 30. 8. 1980 (›Von der Versöhnung‹).

Zu ›La Revue de Belles-Lettres‹, No. 3, Genève, 1969: ZW Sonntags-Journal, Nr. 22, Zürich, 1. 6. 1969. Der Bund, Nr. 274, Bern, 23. 11. 1969. L'Impartial, La Chaux-de-Fonds, 2. 12. 1969. Tages-Anzeiger, Zürich, 6. 12. 1969. Feuille d'avis de Lausanne, 11. 12. 1969. National-Zeitung, Basel, 19. 12. 1969. Le Monde, Paris, 13. 5. 1970. Schweizer Monatshefte, 49. Jg., Heft 9, Zürich, Dezember 1969, S. 887.

Zu ›Tous les hommes presque toujours s'imaginent‹, Lausanne, 1971: La Voix Ouvrière, Genève, 16. 4. 1971. Journal de Genève/ Gazette de Lausanne, 1./2. 5. 1971. L'Express, Neuchâtel, 8. 7. 1971. Le Démocrate, Delémont, 15. 11. 1971. Radio TV. Je vois tous, Lausanne, 27. 4. 1972 (zur Sendung Radio Suisse-romande, 2. Programm, 27. 4. 1972, 20.30-21.15). La Vie protestante, Genève, 16. 6. 1972.

Zu ›Chemin de nuit‹, Vevey, 1978: La Tribune de Genève, 12. 12. 1979.

Zu ›L'ascension‹, Paris, 1980: Les nouvelles littéraires, Paris, 18.-25. 9. 1980. Le Journal (Quotidien Rhône Alpes), Lyon, 2. 10. 1980. Le Canard enchaîné, Paris, 8. 10. 1980. La Quinzaine Littéraire, Paris, 16. 10. 1980. Le Figaro, Paris, 10. 11. 1980.

4. *Verschiedenes*

(Reportagen, Artikel über Lesungen, Ehrungen, Literaturkritische Hinweise u. a.)

- [anonym] Een Kleurenblinde Zwitser. – In: Haagsche Post, Den Haag, 23. 4. 1938.
- Aeschlimann, Jacques: Bohème du Bourg-de-Four. (A travers les quartiers de Genève.) – In: La Patrie Suisse, Genève, 5. 6. 1943 (Photos Freddy Bertrand).
- a. s.: Ein Katakombenabend mit Ludwig Hohl. – In: Volksrecht,

Zürich, 11. 11. 1944.
– L.W.: Vortrag von Ludwig Hohl. – In: Die Tat, Zürich, 23. 11. 1944.
– C.G.: Kurzer Besuch bei Ludwig Hohl. Ein deutschschweizerischer Aphoristiker in Genf. – In: Schweizer Familien-Wochenblatt, Zofingen, 28. 4. 1945 (6 Fotos).
– Turicia: Zürcher Karussell. Groß- und Kleinstädtisches. [Zur Verhandlung gegen Artemis vor dem Handelsgericht.] – In: Die Nation, Bern, 29. 3. 1950.
– Turicia: Zürcher Chronik. (Zweierlei Maß.) – In: Die Nation, Bern, 24. 5. 1950.
– (Legalis) Der ›Ketzer‹ Ludwig Hohl klagt – und siegt. Ein interessanter Literaturstreit. – In: Die Tat, Zürich, 7. 11. 1950.
– Justin: Menschen und Paragraphen. ›Die Notizen‹ oder fünf Leser für Ludwig Hohl. – In: Die Weltwoche, Zürich, 10. 11. 1950.
– –s.: Ein Dichter klagt. Eine ›literarische‹ Urteilsbegründung. – In: Tages-Anzeiger, Zürich, 10. 11. 1950.
– F.H.: Zwei Unversöhnliche und eine ›unvoreilige Versöhnung‹. – In: National-Zeitung, Basel, 18./19. 11. 1950.
– –yr: Literaturkritische Handelsrichter. Erfolgreiche Klage eines Schriftstellers gegen ein Zürcher Verlagshaus. – In: Die Neue Zeitung, München, (Mitte Dezember 1950).
– e.b.: Kleine Chronik. Genfer Vortragsleben. [Vortrag von Hohl über Karl Kraus im ›Maison Internationale des Étudiants‹ im Rahmen des Vortragsprogramms des ›Comité d'aide aux Intellectuels‹.] – In: National-Zeitung, Nr. 51, Basel, 31. 1. 1952.
– [anon.] [= Red. Dino Larese] Ludwig Hohl. [Vorbemerkung und Auszug aus dem Schreiben, in dem der Regierungsrat des Kantons Thurgau Hohls Werk würdigt.] – In: Internationale Bodensee-Zeitschrift, 4. Jg., Nr. 4, Amriswil, März 1955.
– [anon.] Ludwig Hohl im Keller-Theater. – In: Bieler Tagblatt, 22. 3. 1956.
– –ch–: Vorleseabend Ludwig Hohl. – In: Seeländer Volkszeitung, Biel, 29. 3. 1956.
– Edouard Roditi: La littérature suisse de langue allemande. – In: Présence, No. 5, Genève-Lausanne, Été 1957, S. 8, 9.
– Friedrich Dürrenmatt: Meine Rußlandreise, III. Teil. [Interview.] – In: Zürcher Woche, Nr. 30, Zürich, 24. 7. 1964. [Auslassung über »asoziales Verhalten eines Dichters . . . etwa Hohl«.]
– Hans Rudolf Hilty: Hans Arp und Nelly Sachs zum Beispiel. – In: Die Weltwoche, Nr. 1608, Zürich, 4. 9. 1964.
– ng–: ›Ladies Night‹ beim Lions Club. – In: Basler Nachrichten, Nr. 528, 13. 12. 1965.
– t.: Ladies Night im Lions Club. Ludwig Hohl erhielt den Lions-Preis

1965. – In: National-Zeitung, Nr. 576, Basel, 13. 12. 1965.
– Dieter Fringeli: Aspekte schweizerischer Gegenwartsliteratur. [... Nichterwähnung und Vergessenheit von Ludwig Hohl und Arnold Kübler.] – In: Die Tat, Zürich, 30. 3. 1968.
– Jörg Steiner: Reise durch eine besetzte Gegend. [Andeutung auf Hohl in Form einer Fiktion.] – In: (Jörg Steiner) Auf dem Berge Sinai sitzt der Schneider Kikrikri. Ein Geschichtenbuch. Neuwied und Berlin [-West] (Luchterhand) 1969, S. 117-127.
– Inga Stauffer-Heuer: Ludwig Hohl – der Übergangene. [Leserbrief.] – In: Der Bund, Nr. 82, Bern, 10. 4. 1969.
– R. Högger: Blut und Boden ... [Leserbrief; Hohl-Zitat im Zus.hang mit Aufführung v. ›Gesang vom lusitanischen Popanz‹ v. Peter Weiss.] – In: Badener Tagblatt, Nr. 185, Baden (CH), 13. 8. 1969.
– Rainer Michael Mason: Giacometti, ou l'ascèse du regard. – In: Tribune de Genève, 19. 11. 1969.
– Heinz Weder: Albin Zollinger, ein Schweizer Dichter. Zu seinem 75. Geburtstag am 24. Januar. [Über Freundschaft mit Hohl, Klappentext Zollingers für ›Nuancen und Details›, 1939.] – In: Die Tat, Nr. 20, Zürich, 24. 1. 1970.
– [anon.] Les prix de la Fondation Schiller. Ludwig Hohl lauréat. – In: Journal de Genève, 3. 6. 1970.
– [anon.] Protestation d'écrivains genevois. [Protesterklärung; für die Gefangenen von Burgos, Spanien.] – In: La Suisse, Genève, 17. 12. 1970.
– [anon.] Le philosophe inquiétant. – In: ›F‹, Revue trimestrielle, No. 1, Paris, 1971.
– [anon.] Vous connaissez: Ludwig Hohl. – In: Jonction 71 [Quartierzeitung], Genève, 1971.
– Dieter Fringeli: Die große Unruhe. Wiederentdeckungen und Wiedergutmachungen in der schweizerischen Literatur. – In: National-Zeitung, Basel, 13. 2. 1972.
– ch.: Ludwig Hohl bei der Casino-Gesellschaft Burgdorf: »... wie die Abgründe des Lebens.« – In: Der Bund, Bern, 26./27. 10. 1973.
– [anon.] Ludwig Hohl 70. – In: Süddeutsche Zeitung, München, 9. 4. 1974.
– [anon.] Ludwig Hohl 70. – In: Frankfurter Allgemeine, 9. 4. 1974.
– Jürg Altwegg: Demonstration schlechten Gewissens. Nach Ludwig Hohls 70. Geburtstag. – In: Luzerner Neueste Nachrichten, (April 1974).
– p. l. w.: Mut zum (sich-) unterbrechen. [Vorrede zu zwei Seiten ›Ludwig Hohl-Kostproben‹.] – In: VPOD. Der öffentliche Dienst, 67. Jg., Nr. 19, Zürich, 10. 5. 1974.
– A. S.: Literarische Vereinigung Winterthur. Ein berühmter Unbekannter. – In: Die Tat, Zürich, 11. 5. 1974.

- Peter Böhm: Ludwig Hohl las im ›Zähringer‹. Der Einsame aus Genf fand sein Publikum. – In: TN, Münsingen (Bern), 20. 6. 1974.
- ne.: Erschütterndes Dokument des Menschlichen. Ludwig Hohl las im Zähringer-Refugium. – In: Der Bund, Bern, 21. 6. 1974.
- ik.: Ludwig Hohl las aus eigenen Werken. [›Literarische Gesellschaft, Biel, ›Théâtre de Poche‹.] – In: Bieler Tagblatt / Seeländer Bote, 24. 2. 1975.
- Jean Steinauer: Le désespoir d'un écrivain. La concierge de M. Hohl a livré ses manuscrits au chiffonnier. – In: 24 heures, Lausanne, 24./25. 4. 1976.
- Annette Freitag: Schock für den genialsten Schweizer Dichter: Lebenswerk vernichtet. – In: Blick, Zürich, 27. 4. 1976.
- Dieter Fringeli: Hohls Lebenswerk kaputt? – In: Basler Nachrichten, 28. 4. 1976.
- Jürg Altwegg: Manuskripte als Altpapier verkauft. (Die Glosse.) – In: Tages-Anzeiger, Zürich, 29. 4. 1976. Frankfurter Allgemeine, 4. 5. 1976.
- [anon.] Die Notiz. [Zur ‹Altpapier-Affaire‹.] – In: Die Weltwoche, Zürich, 5. 5. 1976.
- Jürg Altwegg: Schriftheiliger Ludwig. – Zur Verleihung des Robert-Walser-Preises an Ludwig Hohl. – In: Luzerner Neueste Nachrichten, 13. 4. 1978. [U. a. Lokalzeitungen.]
- Schweizer Fernsehen (SRG): Ausschnitte aus der ›Feier der Verleihung des Preises der Carl-Seelig-Stiftung‹ an den Schriftsteller Ludwig Hohl. (›Aus aktuellem Anlaß‹.) 15. 4. 1978 (11.45 Uhr). [Ansprache Dr. Fröhlich, Preisübergabe, Laudatio Adolf Muschg, Lesung Hohl: ›Von den hereinbrechenden Rändern‹, ›Von einer Löwin‹.]
- M.Kt.: Verleihung des Robert-Walser-Zentenarpreises an Ludwig Hohl. – In: Neue Zürcher Zeitung, 17. 4. 1978.
- Antonino Orlando: Walser zum literarischen Weiterleben gezwungen. – In: Tages-Anzeiger, Zürich, 17. 4. 1978.
- Jean-Louis Zurcher: Ludwig Hohl et Marianne Fritz Lauréats du prix Walser. – In: La Tribune de Lausanne, 17. 4. 1978.
- [anon.] Qui a peur de l'exemplaire Ludwig Hohl? Il vient de recevoir le prix Walser. – In: La Tribune de Genève, 19. 4. 1978. [Leserbrief dazu von R.M. Mason, ›Tribune‹, 6. 6. 1978.]
- Ulrich Greiner: Der furchtbar Sanfte. Die Robert-Walser-Feiern in Zürich und Biel. – In: Frankfurter Allgemeine, 19. 4. 1978.
- Isabelle Martin: Hohl, Walser: vous connaissez? – In: Journal de Genève / Gazette de Lausanne, 22. 4. 1978.
- Emil Zopfi: Extremisten im Gebirge. [Zitat ›Bergfahrt‹.] – In: Tages-Anzeiger Magazin, Zürich, 29. 4. 1978.
- G.G.: L'écrivain solitaire n'est plus. Mort de Ludwig Hohl. – In: La Suisse, Genève, 5. 11. 1980.

– hai.: Ludwig Hohl ist tot. Als Sonderling ein Vorbild. – In: Die Presse, Wien, 5. 11. 1980.
– kien.: Der Schweizer Schriftsteller Ludwig Hohl ist gestorben. – In: Mannheimer Morgen, 5. 11. 1980.
– TimO.: Mort du grand écrivain suisse alémanique Ludwig Hohl. – In: La Tribune de Lausanne, 5. 11. 1980.
– m.p.: Ludwig Hohl, ein Schweizer Sokrates. – In: Davoser Zeitung, 8. 11. 1980.
– [anon.] Gestorben: Ludwig Hohl. (Register.) – In: Der Spiegel, 34. Jg., Nr. 46, Hamburg, 10. 11. 1980.
– [anon.] Portrait-souvenir: Ludwig le méconnu. – In: Genève home informations, No. 314, 13. 11. 1980.
– Fr. A.: Ludwig Hohl: »Un fauve dans la cage genevoise . . .«. – In: La Voix Ouvrière, Genève, 14. 11. 1980.
– Jean Steinauer: Le vieil homme et le vieux papier. L'écrivain Ludwig Hohl est mort à Genève il y a quelques jours; mais sa vie s'était arrêtée depuis plus de quatre ans. – In: Tout va bien (Hebdomadaire), Genève, 14. 11. 1980.
– Ana Simon: Scrisoare Din Geneva. Ludwig Hohl. – In: Románia literará, Nr. 49, Bukarest, 4. 12. 1980.

5. *Lexika*

– Schweizer Schriftsteller der Gegenwart. (Zum 50jährigen Bestehen des SSV.) Bern (Francke) 1962.
Schweiz. Schriftsteller der Gegenwart. Herausgeber: Schweizerischer Schriftsteller-Verband (Koord. u. Schlußred.: Otto Böni). Bern (Buchverlag Verbandsdruckerei) 1978.
– Kürschners Deutscher Literatur-Kalender 1963 / 1967 / 1973/ 1978. Berlin / New York (Walter de Gruyter).
– Gero von Wilpert (Hrsg.), Lexikon der Weltliteratur. Stuttgart (Kröner) 1975.
Dass. in: Gero von Wilpert (Hrsg.), Deutsches Dichterlexikon. Stuttgart (Kröner) 1976.

Quellenangaben:

I.

- Albin Zollinger, Nuancen und Details.
  Aus: Der öffentliche Dienst, 32. Jg., Nr. 25, Zürich, 23. 6. 1939.
- Konrad Bänninger, Rechtfertigung des Künstlers.
  Zu Ludwig Hohls *Nuancen und Details.*
  Aus: Neue Zürcher Zeitung, Nr. 1550, 27. 8. 1939.
- Max Frisch, Vom Arbeiten.
  Aus: Neue Schweizer Rundschau. Zürich, September 1943, S. 324 bis 328.
- A. Dubach, Nächtlicher Weg.
  Aus: Das Goetheanum. Dornach, 5. 3. 1944, S. 76-78.
- Carl Seelig, Ein bedeutendes Schweizerbuch.
  Aus: Luzerner Tagblatt, 14. 11. 1944.
- Armin Mohler, Die Notizen oder Von der unvoreiligen Versöhnung.
  Aus: Basler Studentenschaft, 26. Jg., Nr. 5, Juni 1945, S. 118-119.
- Carl Seelig, Ludwig Hohl und sein Hauptwerk.
  Aus: National-Zeitung, Basel, 10. 10. 1954.
- Werner Weber, Im Zeichen der Spirale.
  Zu Ludwig Hohls *Notizen.*
  Aus: Neue Zürcher Zeitung, 27. 11. 1954.
- Hugo Loetscher, Ludwig Hohl: *Notizen.*
  Aus: Die Tat, 19. Jg., Nr. 353, Zürich, 25. 12. 1954.
- André Chalier, Ludwig Hohl und die Lage des Schriftstellers.
  ›Ludwig Hohl et la condition de l'écrivain‹.
  Aus: La Tribune de Genève, 5. 3. 1955.
- Alexander J. Seiler, Das Kleinste und das Größte.
  Zum Werk des Schweizer Zeitgenossen Ludwig Hohl.
  Aus: National-Zeitung, Nr. 186, Basel, 24. 4. 1960.
- Walter Weideli, Hohl zur Einführung.
  ›Pour introduire Hohl‹. Aus: Journal de Genève, Nr. 65, 17./18. 3. 1962.
- Helmut Heißenbüttel, Zu Ludwig Hohls *Nuancen und Details.*
  Aus: Neue Zürcher Zeitung, Nr. 3581 (93), 30. 8. 1964.
  Auch als Nachwort zu *Nuancen und Details,* Olten und Freiburg (i. Brsg.), 1964, S. 111-117.
- Max Frisch, Über Ludwig Hohl.
  (Aus einem Brief an den Walter-Verlag.)
  Aus: literarium 12. Hauszeitschrift des Walter-Verlags. Olten und Freiburg (i. Brsg.), o. J. (1964).

- Walter Hilsbecher, Das Leben bedeutender. Zu Ludwig Hohls *Nuancen und Details.* Aus: Frankfurter Hefte, 20. Jg., Heft 10, Frankfurt/M., Oktober 1965, S. 725-727.
- Karl Krolow, Daß fast alles anders ist. Aus: Bücherkommentare, Nr. 2, Freiburg (i. Brsg.), Juni 1967.
- Chris Bezzel, Einzelheiten, alt und neu. Zu *Daß fast alles anders ist.* Aus: Süddeutsche Zeitung, 23. Jg., Nr. 243 (Beilage ›Buch und Zeit‹), München, 11. 10. 1967.
- Eva Friedrich, Daß fast alles anders ist. Träume, Erzählungen, Reflexionen. Aus: St. Galler Tagblatt, 8. 12. 1967.
- Michael Guttenbrunner, Ludwig Hohl. Aus: Das Ziegeneuter, 3. Jg., Nr. 7, Wien, April 1969, S. 3-5.
- Otto F. Walter, Wenn ich Ludwig Hohl lese. Aus: Zürcher-Woche/Sonntags-Journal, 21. Jg., Nr. 18, Zürich, 3./4. 5. 1969.
- Peter Bichsel, Der große Untalentierte. Aus: Zürcher-Woche/Sonntags-Journal, 21. Jg., Nr. 18, Zürich, 3./4. 5. 1969.
- Hans Saner, Berggang als Chiffre menschlicher Existenz. Aus: National-Zeitung, Basel, 20. 12. 1975.
- Nicolas Born, Vom Nächtlichen Weg zur Bergfahrt. Aus: Süddeutsche Zeitung, Nr. 82, München, 7. 4. 1976.
- Robert Mächler, Zu einigen Gedanken Ludwig Hohls. Aus: Badener Tagblatt, Baden (CH), 9. 4. 1977.
- Hans J. Fröhlich, Lese-Arbeit. Ludwig Hohls Essays zur Literatur. Aus: Frankfurter Allgemeine, 16. 8. 1980.

II.

- Kurt Müller, Erinnerung und Dank an Ludwig Hohl. ›L'alpiniste‹ (gekürzt). Aus: La Revue de Belles-Lettres, 94. Jg., Nr. 3, Genève, 1969, S. 80.
- Georges-G. Schoder, Auf Ludwig Hohls Seite. ›Autour de Ludwig Hohl‹. Aus: Le mondain, Nr. 7, Genève, 1. 8. 1939.
- Carl Seelig, Ein Abend mit Ludwig Hohl. Aus: Tages-Anzeiger, Zürich, 22. 11. 1944.
- Jürg F. Federspiel, Fragment und Genie á bâtons rompus.

Eine Begegnung mit Ludwig Hohl.
Aus: Die Weltwoche, 26. Jg., Nr. 1295, Zürich, 5. 9. 1958.

- Roger Montandon, In Erinnerung geblieben ...
›Comme s'appellent les souvenirs ...‹.
Aus: La Revue de Belles-Lettres, 94. Jg., Nr. 3, Genève, 1969, S. 82 bis 84.
- Richard Garzarolli: Bei Ludwig Hohl.
›Chez Ludwig Hohl‹.
Aus: La Revue de Belles-Lettres, 94. Jg., Nr. 3, Genève, 1969, S. 89/90.
- Adolf Muschg, Ludwig Hohl: Schreiben als Forschung. ›Sätze, die Kerker spalten‹.
Aus: Die Weltwoche, Nr. 14, Zürich, 3. 4. 1974.
- Alexander J. Seiler, Klein sein müssen, um groß sein zu dürfen.
Aus: Tages-Anzeiger, Zürich, 9. 4. 1974.
- Christoph Geiser, »... und das einzelne wurde gewaltig«.
Begegnung mit Ludwig Hohl.
Aus: Neue Zürcher Zeitung, Nr. 73, 31. 3. 1978.
- Adolf Muschg, Laudatio auf Ludwig Hohl.
(Schauspielhaus Zürich, 15. April 1978.)
Aus: Zürichsee-Zeitung, Stäfa, 28. 4. 1978; Grenzpost am Zürichsee, Richterswil, 3. 5. 1978.
- Alexander J. Seiler, Unversöhnlich fragend nach dem Sinn. Zum Tod von Ludwig Hohl.
Aus: Tages-Anzeiger, Zürich, 6. 11. 1980; Frankfurter Rundschau, 15. 11. 1980.
- Hans Saner, Rede am Tag der Beerdigung.
(Genf, Chapelle des Rois, 7. 11. 1980)
Unveröffentlicht.

III.

- Traugott Vogel, Würde und Unwürde der Armut.
Über Ludwig Hohl.
Aus: Traugott Vogel, Leben und Schreiben. Achtzig reiche magere Jahre. Zürich (Orell Füssli) 1975, S. 260-293.

IV.

- Mani Matter, Aus den *Sudelheften*.
Aus: Mani Matter, Sudelhefte. Zürich/Köln (Benziger) 1974.

V.

– Johannes Beringer, Gebirge ist, was sich erhebt.
  Bemerkungen zu Ludwig Hohls ›Zeitungsarbeit‹ und zur Bibliographie.
– Verzeichnis der Veröffentlichungen von und über Ludwig Hohl.
  Bibliographie 1923-1980.

st 2001 Brechts »Leben des Galilei«
Herausgegeben von Werner Hecht

Erstmals vor fast zwei Jahrzehnten erstellte Werner Hecht einen Materialienband zu Bertolt Brechts *Leben des Galilei.* Daß die Rezeption eines literarischen Werkes Bestandteil seiner Geschichte, seines Fortlebens in der Zeit sei, gilt heute wie damals. Die Neubearbeitung des alten Materialienbandes unternimmt die Verbindung des Aktuellen mit der Tradition, indem sie einerseits das Verbürgte und Beständige wieder bezeugt, andererseits Veränderungen in der Einschätzung, Entwicklungen in Forschung und Theaterpraxis sowie neuen philologischen Funden gerecht wird.

st 2002 Thomas Bernhard, Werkgeschichte
Herausgegeben von Jens Dittmar

Bernhards großem und bereits singulärem Werk – seinen Anfängen und seiner Entwicklungslinie – gilt der zweite Band der neuen Materialienreihe des Suhrkamp Verlages: eine Werkgeschichte, die sowohl germanistischen als auch außerfachlichen Ansprüchen Rechnung trägt. Sie erfaßt alle Texte, die als Einzelveröffentlichungen, in Zeitschriften oder Anthologien erschienen sind und gibt eine Auswahl der kritischen Stimmen mit dem Ziel, das Spektrum möglicher Standpunkte, aber auch Stereotypien der Literaturkritik sichtbar zu machen. Die Werkgeschichte dient damit gleichzeitig als Lesebuch und als Bibliographie der Primär- und Sekundärliteratur.

st 2003 Über Martin Walser
Herausgegeben von Klaus Siblewski

Martin Walser hat seit den Anfängen der Bundesrepublik auf deren Entwicklung schreibend reagiert. Darüber eingehend Aufschluß zu geben, hat sich der neue Materialienband über Martin Walser zum Ziel gesetzt. Bei allen literarischen Detailfragen – nach Romanaufbau oder Sprachkritik – steht Martin Walser als ein Autor von Gesellschaftsromanen, von politischen und sozialen Dramen im Vordergrund der hier vorgelegten Untersuchungen. Eingeleitet wird dieser Band mit einem literarischen Porträt. Ihm folgen Interviews und exemplarische Studien zum Roman-Werk und zur Rezeption seiner Dramen sowie des Romans *Jenseits der Liebe.* Die Faksimilierung fast aller Romananfänge in Manuskriptform – darunter der ersten drei Fassungen von Kapitel 1 des *Sturzes* – gewährt erstmals Einblick in die Werkstatt des Dichters.

st 2004 Über Peter Handke
Herausgegeben von Raimund Fellinger

Im deutschen Sprachraum wie international hat das literarische Werk Peter Handkes ein großes Echo hervorgerufen. Im Zentrum des neuen Materialienbandes stehen detaillierte und umfassende Analysen der einzelnen Werke. Ein zweiter Teil gilt einmal der Untersuchung übergreifender Zusammenhänge: der Zusammenhänge zwischen Werken aus einer bestimmten Periode, zwischen Texten verschiedener Genres. Zum andern werden hier aber auch die Unterschiede in den Schreibhaltungen herausgearbeitet. Der dritte Teil gibt ein Bild der bisherigen Rezeptionsgeschichte und ihrer Phasen. Den Band beschließt eine komplette Bibliographie der Primär- und Sekundärliteratur.

st 2005 Über Ödön von Horváth
Herausgegeben von Traugott Krischke

Nach dem Erscheinen des Bandes *Über Ödön von Horváth* vor neun Jahren war es an der Zeit, eine neue Sammlung vorzulegen, die die wichtigsten neuen Fakten und Erkenntnisse in Beiträgen namhafter Wissenschaftler gesammelt präsentiert. Besondere Akzente liegen dabei auf der Prosa Horváths, auf der Frage nach seiner thematischen Beeinflussung, auf Spätwerk und Rezeption: Probleme, die erst in letzter Zeit verstärkt ins Blickfeld getreten sind, Fragestellungen, die das Horváth-Bild wieder aus vorschnellen Festlegungen gelöst haben. Ein ausführlicher Anhang mit der auf den letzten Stand gebrachten Zusammenstellung »Daten und Dokumente« sowie einer ausgewählten Bibliographie unter Berücksichtigung der wichtigsten Sekundärpublikationen bis zum Sommer 1981 schließt den Band ab.

st 2006 Geschichte als Schauspiel
Herausgegeben von Walter Hinck

Eine Wiedereroberung der Geschichte hat begonnen; überall macht sich das Bedürfnis nach Aufklärung über unsere Vergangenheit bemerkbar. Keine literarische Gattung aber vermag Geschichte so unmittelbar zu vergegenwärtigen wie das historische Drama. Gegenstand der – teilweise kritischen – Deutungen dieses Bandes sind bedeutende Beispiele eines Geschichtsdramas, das den vergangenen und den gegenwärtigen Zustand so miteinander verknüpft, daß im Geschichtlichen die Gegenwart zu einem vertieften Verständnis ihrer selbst und zugleich zu einem Ungenügen an sich selbst gelangt, aber auch zu einem Bild oder zur Ahnung möglicher Zukunft. Von Gryphius über Goethe, Schiller und Kleist, Büchner und Grillparzer führt die Reihe zu Brecht und Dürrenmatt, R. Schneider und Hochhuth, P. Weiss und Kipphardt, Hacks, M. Walser und H. Müller.

st 2007 Über Ludwig Hohl
Herausgegeben von Johannes Beringer

Auf ungewöhnliche, auf unbedingte Weise ist Ludwig Hohl dem nachgekommen, was er als seine Berufung erkannt hatte: dem Schreiben. Er hat sich nicht dazu hergeben können, aus solcher Berufung einen Beruf zu machen, hat sich zugleich geweigert, vor der Höhe und Schwierigkeit seiner Aufgabe abzudanken und in eine Nebentätigkeit auszuweichen. Der Band stellt die wichtigsten Aufsätze, Rezensionen und Berichte über Hohl aus einem Zeitraum von vierzig Jahren wieder vor. Eine sorgfältig erarbeitete Bibliographie wird neben den Sekundärtexten erstmals auch den ganzen Umfang von Hohls Schaffen erkennbar machen.